图说工厂7S管理

（实战升级版）

李家林　江雨蓉　主编

人民邮电出版社

北　京

图书在版编目（CIP）数据

图说工厂7S管理：实战升级版 / 李家林，江雨蓉主编.—北京：人民邮电出版社，2014.1

（图说管理系列）

ISBN 978-7-115-33401-5

Ⅰ.①图… Ⅱ.①李… ②江… Ⅲ.①工业企业管理—图解 Ⅳ.① F406-64

中国版本图书馆 CIP 数据核字（2013）第 241458 号

内 容 提 要

本书在《图说工厂7S管理》第一版的基础上对工作内容、板块设置、实景图片进行了适当的修改和更新，系统地阐述了工厂7S活动推行计划、整理、整顿、清扫、清洁、安全、节约、素养等12个方面的内容，表述详细、图文并茂，并随书附赠实操光盘，为读者提供了实用的参考范例。

本书适合工厂各级管理人员阅读，也适合相关咨询师、培训师阅读。

◆ 主　　编　李家林　江雨蓉

　　责任编辑　刘　盈

　　责任印制　杨林杰

◆ 人民邮电出版社出版发行　　北京市丰台区成寿寺路11号

　　邮编　100164　电子邮件　315@ptpress.com.cn

　　网址　http://www.ptpress.com.cn

　　北京天宇星印刷厂印刷

◆ 开本：787×1092　1/16

　　印张：16　　　　　2014年1月第1版

　　字数：180千字　　2025年8月北京第43次印刷

定　价：45.00元（附光盘）

读者服务热线：(010) 81055656　　印装质量热线：(010) 81055316

反盗版热线：(010) 81055315

总　序

报纸、杂志、网络浏览等传统意义上的"浅阅读"模式正逐渐成为大众阅读的主流，"图说管理系列"图书就恰好顺应了这一趋势。本系列图书以"快餐式、跳跃性、模块化"的写作模式，以"板块分明、图文结合"的形式，把管理的理念通俗化。同时，为了节省读者的时间，本系列图书还随书赠送可改动光盘，以方便读者将光盘内容运用到实际工作中去。

"图说管理系列"两大板块

"图说管理系列"图书由工厂管理和服务管理两大板块组成。

1. 工厂管理板块

工厂是人们制造各类产品的场所。工厂管理是指将各种有效的生产资源导入制造场所，通过计划、组织、用人、指导和控制等活动，如期完成预定生产目标，生产出质量优异的产品。本系列图书中的工厂管理板块图书针对企业最热门也是最需要解决的七个方面（现场管理、7S管理、目视管理、设备管理、安全管理、品质管理和仓储管理）进行了展开与延伸，注重以市场需求为导向，提供了满足不同层次读者需求的系列产品。

2. 服务管理板块

服务业是指提供各类服务的行业，其产品与工厂生产的产品相比，具有非实物性、不可储存性、生产与消费同时性等特征，如酒店提供的客房服务等。本系列图书挑选了三个占比较大的行业（物业、酒店、餐饮），从管理和服务的角度对有关内容进行了整合与详细解读。

"图说管理系列"升级说明

"图说管理系列"图书在出版后得到了读者的广泛好评，许多活跃在管理一线的工作人员看了本系列图书以后，通过来信、来电、留言、电子邮件、微博评论等方式与我们探讨管理方面的业务，他们也希望书中能增加一些新的内容，为此，我们再一次认真总结近几年来的管理经验，经过仔细斟酌，推出了"图说管理系列"实战升级版。

"图说管理系列"实战升级版在"图说管理系列"第一版的基础上对每本书的板块、内容、图片等做了适当的改动与更新，使图书更符合读者的需求。

"图说管理系列"实战升级版图书特色

"图说管理系列"实战升级版图书特色如下。

◇本系列图书将每本书的第一章设置为"管理导引",对管理流程、管理架构、管理关键点以及核心术语进行了详细解读。

◇在每本书的第二章及以后各章中,开头设置了一幅"导视图",方便读者随时了解所学章节在全书中的位置,掌握学习进度。"导视图"之后设置了"关键指引"栏目,对本章内容进行简要介绍,引领读者开始本章的学习。

◇在每本书的每章正文内容中,图书采用"要点01"、"要点02"的形式进行展示,使内容结构更清晰,方便读者逐项学习。同时,图书在正文中插入了大量精美的实景图片,与正文内容互相结合,相互印证,便于读者加深对内容的理解。书中还设置了"请注意"栏目,提醒读者需要重点注意的地方,同时设置了"参考范本"栏目,方便读者即学即用。

◇在每本书的每章末尾设置了"学习笔记"栏目,方便读者将自己的学习心得、学习难点以及运用计划写下来,以加深对正文内容的理解,并将所学知识运用于实际工作中。

"图说管理系列"实战升级版最大特点

"图说管理系列"实战升级版图书板块设置精巧、图文并茂,以简洁精确的文字对企业各项工作的要点进行了非常生动、全面的讲解,方便读者理解、掌握。同时,本系列图书非常注重实际操作,使读者能够边学边用,迅速提高自身管理水平。

"图说管理系列"实战升级版DIY实操光盘

"图说管理系列"实战升级版配备了DIY实操光盘。DIY(英文全称为"Do it Yourself")实操光盘把工作中已经固化了的,也是日常工作中最常用的管理制度、管理表格及工作内容解读为可改动的Word文件形式,供读者参考、检索、打印、复制和下载。读者在使用这些文件的过程中,可根据机构与企业的自身需要进行个性化修改。

→ 前　言

　　《图说工厂7S管理（实战升级版）》一书对7S管理工作的各个方面进行了阐述。全书共12章，内容包括工厂7S管理导引、工厂7S管理基础、工厂7S活动推行、工厂7S管理常用方法以及工厂7S管理的各项内容，如整理、整顿、清扫、清洁、安全、节约、素养等。

　　本书每个章节自成体系，其主要内容介绍如下。

　　◇工厂7S管理导引部分，以图表的形式介绍了7S管理基本流程、7S管理架构、7S管理关键点、7S管理核心术语等内容。

　　◇工厂7S管理基础部分，主要介绍了5S、从5S到7S、7个S之间的关系，以及企业内常见的不符合7S的问题等内容。

　　◇工厂7S活动推行部分，主要介绍了对7S活动的认识误区、成立7S活动推行组织、制订7S活动计划、7S活动前的教育培训等内容。

　　◇工厂7S管理常用方法部分，主要介绍了寻宝活动、定点摄影、红牌作战、油漆作战、定置管理等内容。

　　◇工厂7S管理——整理部分，主要对整理的目的、整理的注意事项、现场检查的实施、区分必需品与非必需品等内容进行了介绍。

　　◇工厂7S管理——整顿部分，主要对整顿的作用、整顿"三定"、整顿的基本推行步骤、工具类物品的整顿要点等内容进行了介绍。

　　◇工厂7S管理——清扫部分，主要对清扫的作用、清扫的注意事项、清扫前的准备工作、实施全面清扫等内容进行了介绍。

　　◇工厂7S管理——清洁部分，主要对前3个S的维持、前3个S的定期检查、前3个S的巡查评比与前3个S的实施等内容进行了介绍。

　　◇工厂7S管理——安全部分，主要介绍了安全的意义、安全教育、将安全责任落实到位、制定现场安全作业基准等内容。

　　◇工厂7S管理——节约部分，主要介绍了节约的含义与目的、生产现场的浪费现象、节约的推行要领等内容。

◇工厂7S管理——素养部分，主要介绍了素养的含义与目的、素养的基本要求、素养的实施等内容。

◇工厂事务部门7S管理部分，主要介绍了事务部门的特点、文件的7S管理、办公空间的7S管理等内容。

在本书的编写过程中，编者得到了许多培训机构、咨询机构的老师和工厂一线管理人员的支持和配合，其中参与编写、提供资料和图片的人员有陈英飞、李冰冰、李家林、王生平、张绍峰、刘冬娟、高凤琴、吴丽芳、宿佳佳、申姝红、郑洁、刘军、李辉、赵静洁、赵建学、陈运花、段青民、杨冬琼、杨雯、赵仁涛、柳景章、唐琼、段利荣、林红艺、贺才为、林友进、刘雪花、刘海江、匡仲潇、滕宝红。在此，编者向他们表示衷心感谢。

本书图片由深圳市中经智库文化传播有限公司提供并负责解释。

→ 目　录

第1章　工厂7S管理导引

7S管理是生产企业现场管理的基础，它有助于企业消除在生产过程中可能出现的各类不良现象，进而提升工作效率和经济效益。

第2章　工厂7S管理基础

7S是由5S演变而来的，增加了"安全"与"节约"两个S，使5S管理更加完善，也更有利于企业改善不良状况。

第3章　工厂7S活动推行

企业应当积极推行7S活动，全面改善各种不合理的生产现状，提高生产和管理效率，节省经营成本。7S活动应按步骤推行，如成立7S活动推行组织、制订7S活动计划等。

第4章　工厂7S管理常用方法

推行7S有许多常用方法，如油漆作战、红牌作战、定点摄影等，这些方法对7S工作的顺利开展起着非常重要的作用。

第5章　工厂7S管理——整理

整理，就是清楚地将工作场所中的物品、机器设备区分为需要品与不需要品，对需要品要妥善保管，对不需要品则进行相应的处理。

第6章　工厂7S管理——整顿

整顿就是对整理后留下来的需要品或腾出来的空间作一个整体性的规划。这项工作旨在提高取用和放回物品的效率。

第7章　工厂7S管理——清扫

清扫就是将工作场所、机器设备内部清扫干净，并保持整洁。这样有利于调节员工的心情，保证产品的质量，降低设备故障率。

第8章　工厂7S管理——清洁

清洁就是保持清扫后状态，将前3个S（整理、整顿、清扫）实施的做法制度化、规范化，并严格贯彻执行及维持成果。清洁就是为了保持前几个管理环节的成果。

第9章 工厂7S管理——安全

安全是7S管理的前提和决定因素，没有安全，企业一切工作都难以开展。有效的安全管理为7S管理提供了最坚实的保障。

第10章 工厂7S管理——节约

节约是指降低成本、减少浪费。该项措施帮助企业充分合理地利用时间、空间、能源等资源，企业发挥最大的效能，打造出一个高效率、物尽其用的工作场所。

第11章　工厂7S管理——素养

推行素养管理这项措施的目的是使员工时刻牢记7S规范，自觉进行整理、整顿、清扫、清洁、节约、安全，使7S活动更重于实质，而不是流于形式。素养是指员工在言行举止上都具有良好的习惯。

第12章　工厂事务部门7S管理

7S管理不应只在生产现场推行，行政、安全、财务等部门也应当积极推行，使整个企业都保持整齐、干净。

光盘目录

第一部分 7S管理主要内容解读

第二部分　实用制度

第三部分　实用表格

光盘目录

第一部分　7S管理主要内容解读

1

第二部分　实用制度

第三部分　实用表格

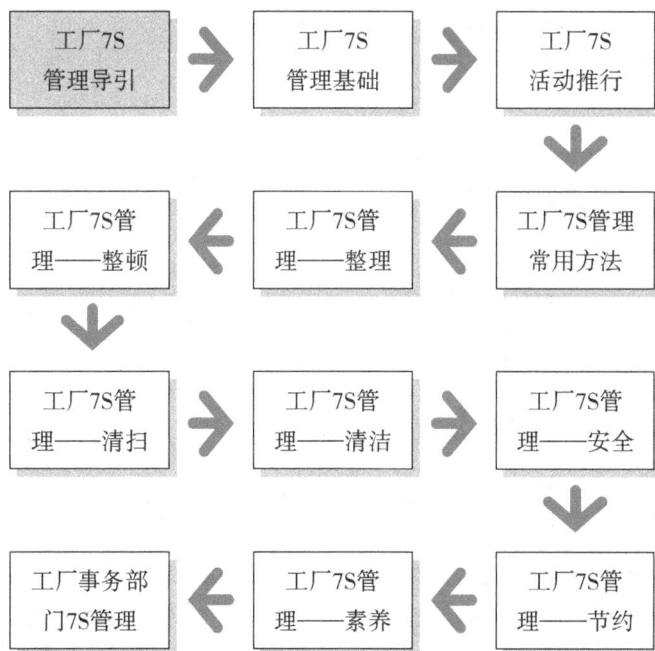

第1章

工厂7S管理导引

导视图

工厂7S
管理导引
➡
工厂7S
管理基础
➡
工厂7S
活动推行
⬇

工厂7S管
理——整顿
⬅
工厂7S管
理——整理
⬅
工厂7S管理
常用方法
⬇

工厂7S管
理——清扫
➡
工厂7S管
理——清洁
➡
工厂7S管
理——安全
⬇

工厂事务部
门7S管理
⬅
工厂7S管
理——素养
⬅
工厂7S管
理——节约

················· 天键指引 ·········

7S管理是生产企业现场管理的基础，它有助于企业消除在生产过程中可能出现的各类不良现象，进而提升工作效率和经济效益。

导引01：7S管理流程图

7S管理涉及到多方面的内容，包括整理、整顿、清洁等多个环节，企业只有按照流程开展7S工作，才能够提高管理效率。7S管理流程如图1-1所示。

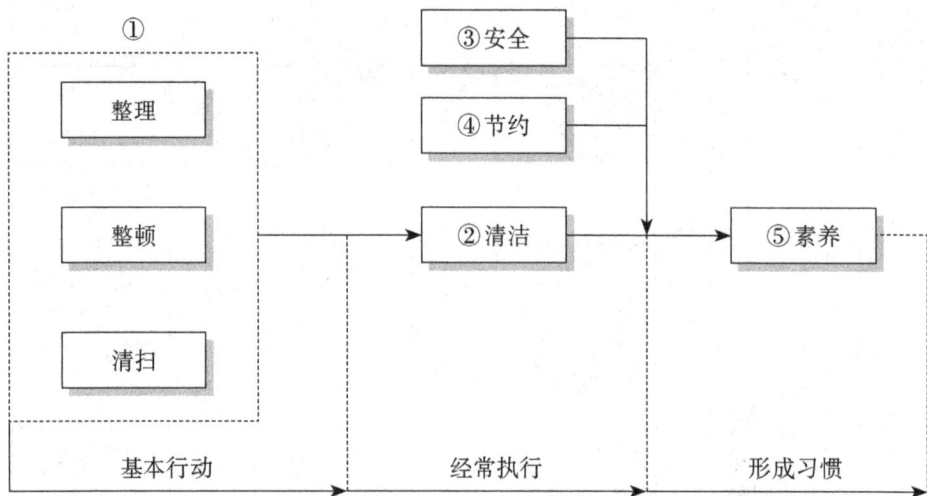

备注：

① 整理、整顿、清扫是7S的基本行动。通过整理，清理出必需品，然后通过整顿，将这些必需品放到合适的位置，并做好标示，最后通过清扫来扫除现场的垃圾、灰尘等，创造一个良好的生产现场。

② 通过清洁，可以检查与巩固整理、整顿、清扫的成果，一旦发现不完善的地方立刻通知责任部门进行整改。

③ 安全是7S活动顺利开展的前提，各级人员在7S活动过程中，都要高度重视安全工作。

④ 只有不断推行节约，才能最大程度上减少浪费，为企业创造更多的效益。

⑤通过素养，可以制定各种行为规范，使员工形成执行7S活动的习惯，将7S活动融入到日常工作中，全面提高企业的管理效率。

图1-1 7S管理流程图

导引02：7S管理架构图

7S管理不只是一个部门的事情，它涉及到整个企业，牵涉到各个部门。因此，企业应建立良好的管理组织来推动7S活动的顺利开展，具体管理架构可参照图1-2所示的内容。

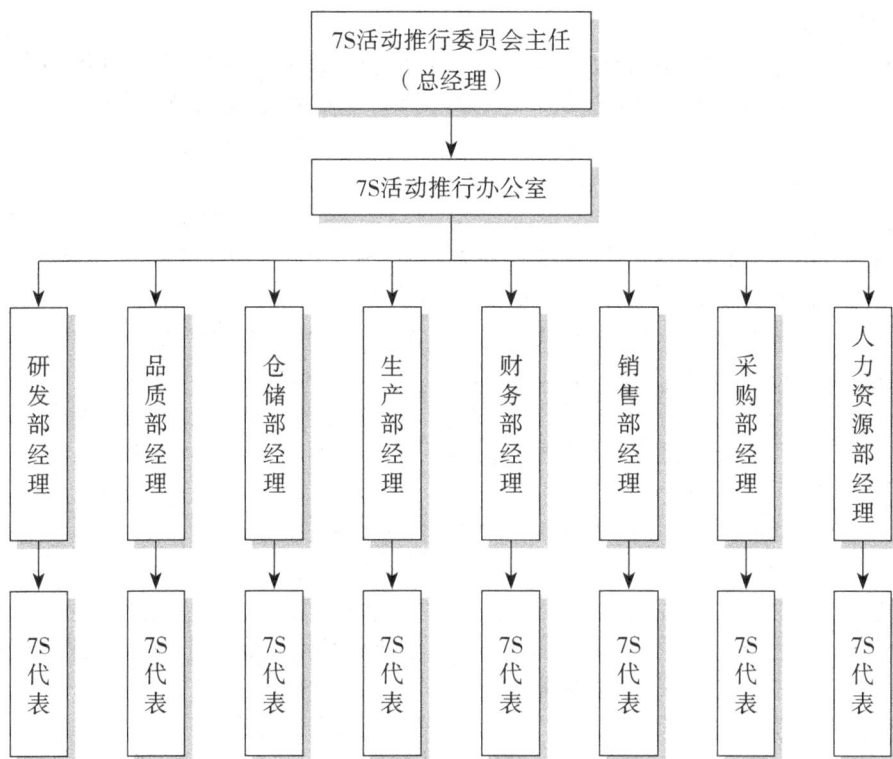

```
        ┌─────────────────────┐
        │  7S活动推行委员会主任  │
        │      （总经理）       │
        └──────────┬──────────┘
                   ▼
        ┌─────────────────────┐
        │    7S活动推行办公室    │
        └──────────┬──────────┘
                   │
   ┌───┬───┬───┬───┼───┬───┬───┬───┐
   ▼   ▼   ▼   ▼   ▼   ▼   ▼   ▼
 研发 品质 仓储 生产 财务 销售 采购 人力
 部   部   部   部   部   部   部   资源
 经理 经理 经理 经理 经理 经理 经理 部经理
   │   │   │   │   │   │   │   │
   ▼   ▼   ▼   ▼   ▼   ▼   ▼   ▼
 7S  7S  7S  7S  7S  7S  7S  7S
 代表 代表 代表 代表 代表 代表 代表 代表
```

备注：

①企业应成立一个7S活动推行委员会全面负责7S活动的推行工作。

②企业应在7S活动推行委员会下面设置7S活动推行办公室，全面负责7S活动各项具体事务的处理工作。

③各部门经理担任7S活动推行委员会委员，在7S活动推行委员会的领导下，协助7S活动推行办公室开展本部门的7S活动。

④各部门可以在部门内部设置7S代表，协助部门经理推动与监督7S活动在部门的推行情况。

图1-2 7S管理架构图

导引03：7S管理关键点

7S管理虽然涉及很多内容，但有些关键点特别重要，也是企业进行7S管理需要高度重视之处，其关键点如图1-3所示。

1 7S管理基础

要了解7S的全面推行要点，首先需要了解7S管理基础，包括5S的起源，以及从5S到7S的演变等

2 7S活动推行

7S活动需要按照一定的步骤推行，如成立推行组织，制订推行计划等，只有按照一个完整的步骤进行，才能保证7S活动取得成功

3 7S管理常用方法

推行7S活动需要用到一些方法，如油漆作战、红牌作战、定点摄影等，通过这些方法可以大大提高7S活动效率

4 整理

通过整理，清除现场的非必需品，保留必需品，使一个拥挤的生产现场变得秩序井然

5 整顿

整顿，就是做好"三定"工作，使所有物品各归其位，摆放整齐、有标志，工作人员拿取方便

6 清扫

通过清扫，彻底扫除现场各处脏污，创造一个干净整洁的工作环境，使员工拥有更好的心情，以便提升产品质量，降低事故发生率

7 清洁

清洁，就是对前3个S实施检查，巩固其成果，将效果持续保持下去

8 安全

加强安全管理，才能切实保障现场各项工作的顺利开展

9 节约

不必要的浪费会大大减少企业的经营利润，提高经营成本，因此，企业必须加强节约管理，节省成本

10 素养

通过素养，可以使员工养成良好的7S规范，自觉推行7S活动，保障7S工作取得全面成功

11 事务部门7S管理

与生产部门的7S工作一样，事务部门的7S工作同样重要，只有积极推行7S管理，才能使整个企业保持整齐、干净

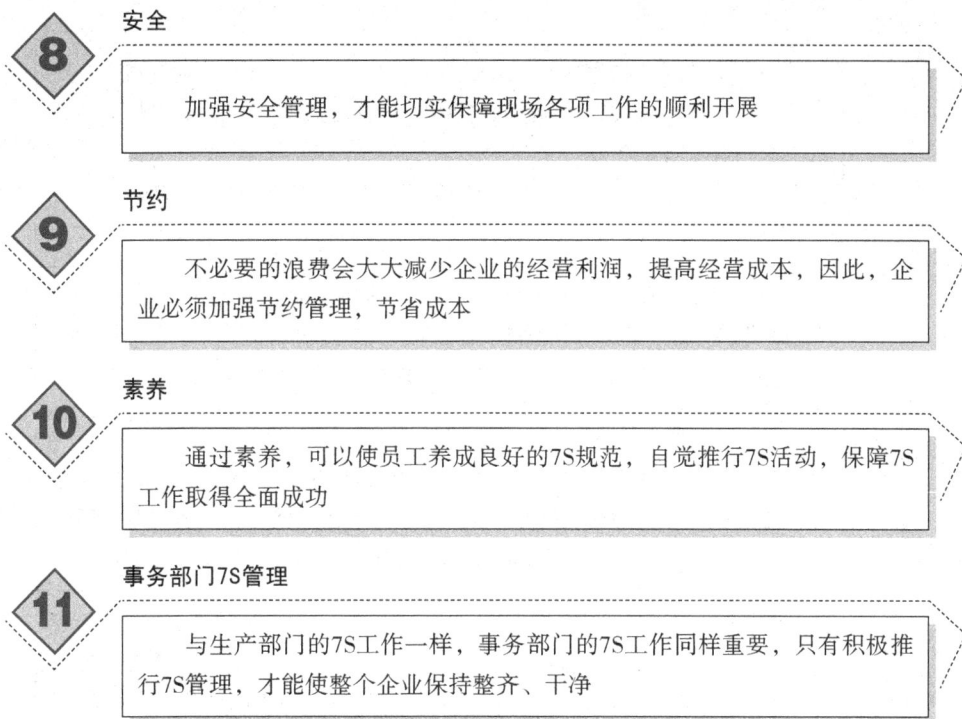

图1-3　7S管理的关键点

导引04：7S管理核心术语

7S管理会产生一些核心术语，如7S示范区、7S活动计划等，这些核心术语是7S管理的重要内容，其内容如图1-4所示。

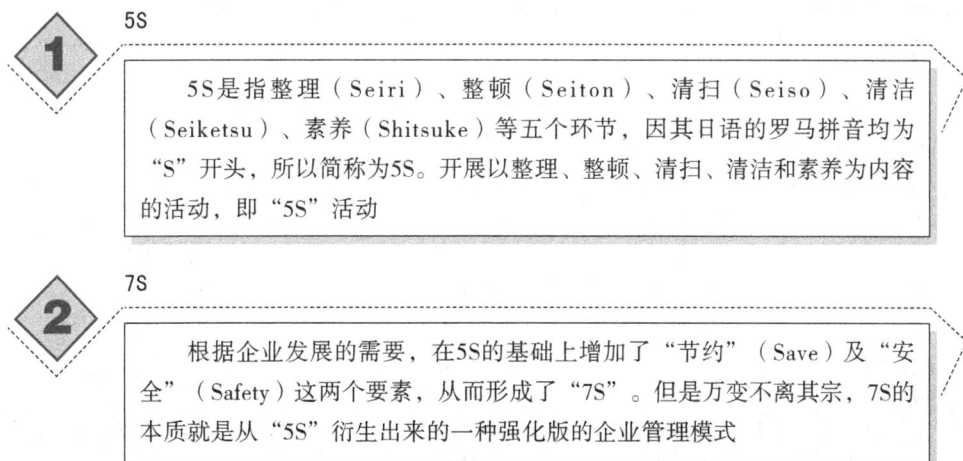

1 5S

5S是指整理（Seiri）、整顿（Seiton）、清扫（Seiso）、清洁（Seiketsu）、素养（Shitsuke）等五个环节，因其日语的罗马拼音均为"S"开头，所以简称为5S。开展以整理、整顿、清扫、清洁和素养为内容的活动，即"5S"活动

2 7S

根据企业发展的需要，在5S的基础上增加了"节约"（Save）及"安全"（Safety）这两个要素，从而形成了"7S"。但是万变不离其宗，7S的本质就是从"5S"衍生出来的一种强化版的企业管理模式

3 7S活动计划

7S活动计划是整个7S推行活动的基础，制订一个好的计划就相当于拥有了一个良好的开端。计划是在各种预测的基础上制订的，对于整个7S活动具有一定的指导意义

4 示范区

企业推行7S活动时，应先建立示范区，积累经验后再在企业范围内全面推行，做到以点带面。这样有利于保证7S活动深度开展，并提高成功率

5 寻宝活动

寻宝活动是7S推行过程中一种有趣的整理方法。所谓"宝"，指的是生产过程中的无用物品、设备、工具等。寻宝活动就是在"整理"的环节中，找出无用物品，并进行彻底整理的过程

6 定点摄影

定点摄影是一种常用的7S活动方法，是指在同样的位置、同样的高度、同样的方向对同样的物体进行连续拍摄，以便清晰地对比改善状况，让员工了解改善进度和改善效果

7 红牌作战

红牌，也叫问题票，是企业在开展7S活动过程中，在发现问题的地方做出标示的标牌。红牌作战是使用红色标签对企业各角落的问题点进行明示的方法，是7S活动的方法之一

8 油漆作战

油漆作战是指在清扫过程中，使用不同颜色的油漆对墙壁、地板等区域进行涂抹与画线，以明确划分各区域

9 定置管理

定置是指对生产现场、人、物进行作业分析和动作研究，使物品按生产需要、工艺要求科学地固定在特定位置上，以达到物与场所的有效结合，缩短取物时间，消除人的重复动作，促进人与物的有效结合

10 必需品

必需品是指对现场生产具有重要作用的物品，从各类物品中清理出必需品并合理摆放在生产现场是整理工作的主要目的

11 非必需品

非必需品是指经过整理，发现的各类废弃的材料、彻底损坏的设备等物品，这些物品已失去利用价值，企业应及时从现场将其清除，以保证现场空间放置更多的必需品

12 整顿"三定"

整顿"三定"是指定位、定品和定量，即确定物品放置位置、物品的标志以及放置的数量

13 污染源

污染源是指各类污染发生的源头。要控制污染，企业必须首先控制好污染源

14 现场安全作业基准

现场安全作业基准是指用于现场安全作业的指导文件，包括安全作业要点、注意事项等。企业要制定现场安全作业基准，使员工养成自觉遵守的习惯

15 早会

早会是一个非常好的提升员工文明礼貌素养的平台。企业应建立早会制度，这样有利于培养团队精神，使员工保持良好的精神面貌

16 事务部门

事务部门是企业中区别于生产部门的各类部门，如总务、行政、安全、财务、人力资源等部门

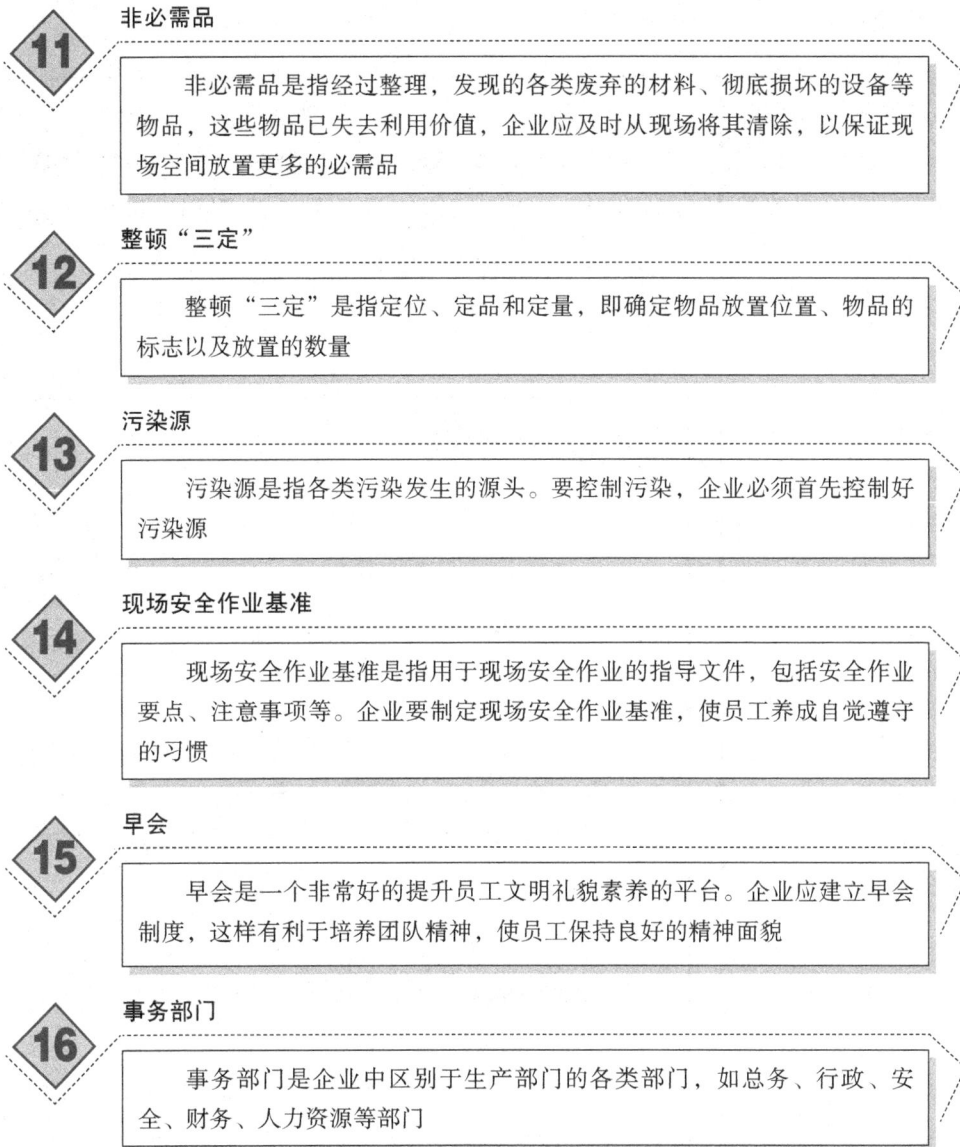

图1-4 7S管理的核心术语

学习笔记

通过学习本章内容，想必您已经掌握了不少学习心得，请仔细填写下来，以便继续巩固学习。如果您在学习中遇到了一些难点，也请如实写下来，方便今后重复学习，彻底解决这些难点。

我的学习心得：

1. _____
   _____

2. _____
   _____

3. _____
   _____

4. _____
   _____

5. _____
   _____

我的学习难点：

1. _____
   _____

2. _____
   _____

3. _____
   _____

4. _____
   _____

5. _____
   _____

第2章

工厂7S管理基础

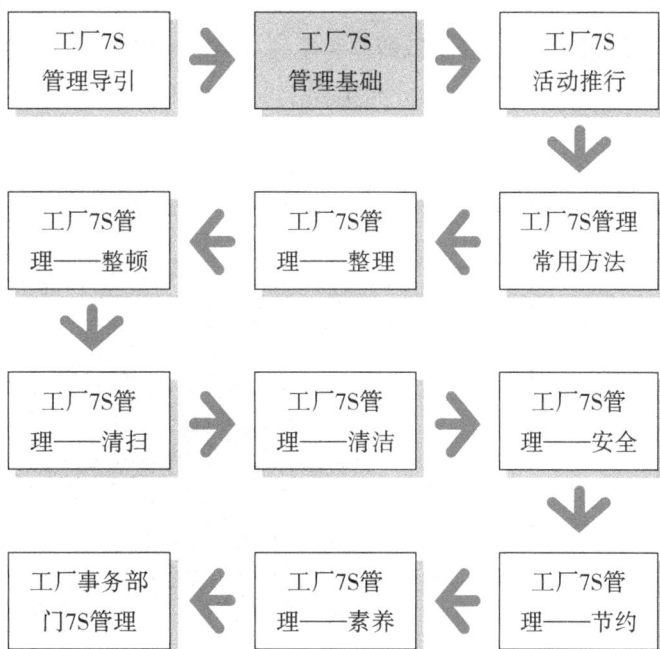

工厂7S
管理导引 → 工厂7S
管理基础 → 工厂7S
活动推行

↓

工厂7S管
理——整顿 ← 工厂7S管
理——整理 ← 工厂7S管理
常用方法

↓

工厂7S管
理——清扫 → 工厂7S管
理——清洁 → 工厂7S管
理——安全

↓

工厂事务部
门7S管理 ← 工厂7S管
理——素养 ← 工厂7S管
理——节约

导视图

······· 关键指引 ········

7S是由5S演变而来的，增加了"安全"与"节约"两个S，使5S管理更加完善，也更有利于企业改善不良状况。

要点01：5S

5S是指在生产现场，企业对机器、人员、材料和方法等生产要素进行有效管理的一种方法，具体内容包括整理、整顿、清扫、清洁和素养五个环节。

1. 5S的起源

5S是20世纪50年代起源于日本的一种独特的现场管理方法。在1955年，5S的宣传口号为"安全始于整理，终于整顿"。也就是说，最初推行的只是前两个"S"即整理与整顿，其目的是确保企业拥有足够的作业空间并保证其安全性。后来因为生产和品质控制的需要又逐步提出了后三个"S"，也就是清扫、清洁和素养。

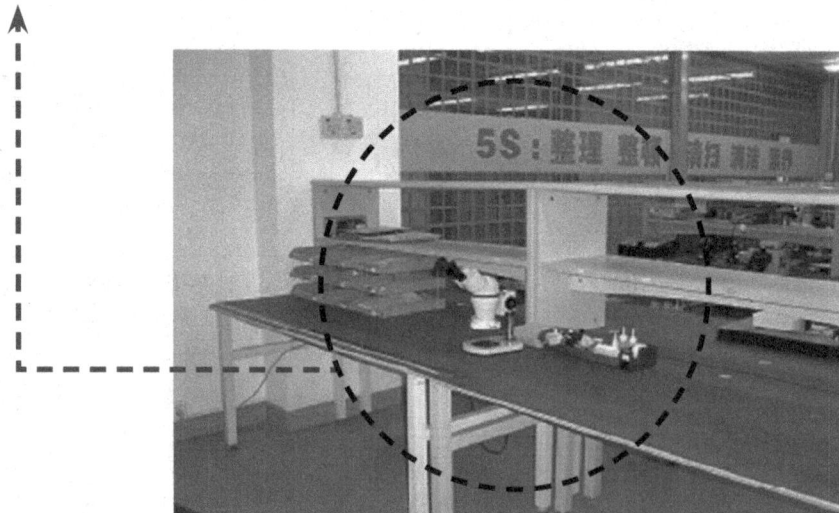

2. 5S的定义

5S来自于日语罗马拼音Seiri（整理）、Seiton（整顿）、Seiso（清扫）、Seiketsu（清

洁）、Shitsuke（素养），因为这五个单词的首字母都是"S"，所以简称为"5S"。

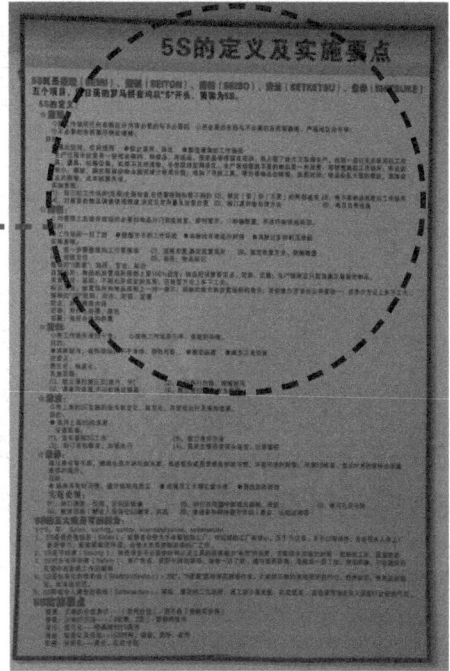

（1）整理

所谓整理，就是清除现场非必需品，保留必需品，将混乱的状态调整到井然有序的状态。

（2）整顿

整顿比整理更深入，是对整理后的现场做好定位、标识等工作。整顿的主要目的是为了在必要的时候，员工能迅速找到需要的东西。

（3）清扫

清扫是指清除工作场所内的垃圾和异物等，使现场保持干净整洁。

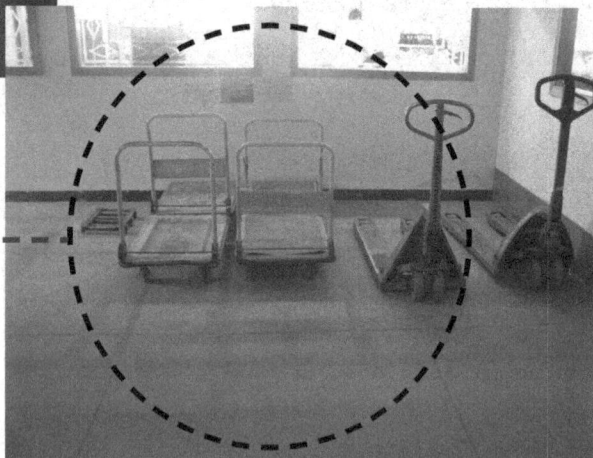

（4）清洁

清洁就是加强对前3个S的管理，使工作场所保持整洁的状态。

（5）素养

所谓素养，是指员工在仪表和礼仪两个方面都做得很好，能严格遵守企业推行的5S规定，并自觉养成良好的习惯。素养是"5S"的核心，是企业开展各项活动的前提。

要点02：从5S到7S

5S在企业的生产经营和发展等方面发挥了积极的作用。随着现代化生产方式的推行，在5S取得成效之后，人们又根据实际情况增加了几个"S"，这是企业加强自我管理的正确选择。

1. 有关5S的一些说法

5S管理方法现已被广泛应用于全球各个国家和地区的企业之中，不同地区在推进5S的过程中还经常使用一些与日文相对应的说法。欧美国家的有些企业称5S为"5S作战"或"5C作战"，我国香港地区的企业则称之为"五常法"。

（1）5S作战

5S作战的具体内容如图2-1所示。

1 分类（Soft）

区分要与不要的物品，将不要的物品清除掉

2 定位（Straighten）

合理放置需要的物品，以便取用

3 刷洗（Scrub）

清除垃圾、污物等

4 制度化（Systematize）

将日常活动及检查工作列入管理制度之中

5 标准化（Standardize）

将上述四个步骤标准化，并持续推行下去

图2-1 5S作战的具体内容

（2）5C作战

5C作战的内容如图2-2所示。

1 清除（Clear out）

区分要与不要的物品，将不要的物品清除掉

2 安置（Configure）

合理安置需要的物品

3 清扫和检查（Clear & Check）

将工作场所打扫干净，并及时监督检查

4 遵守（Conform）

制定标准，并遵照执行

5 习惯和实践（Custom & Practice）

养成良好的习惯，并持续改善

图2-2　5C作战的具体内容

（3）五常法

五常法的内容如图2-3所示。

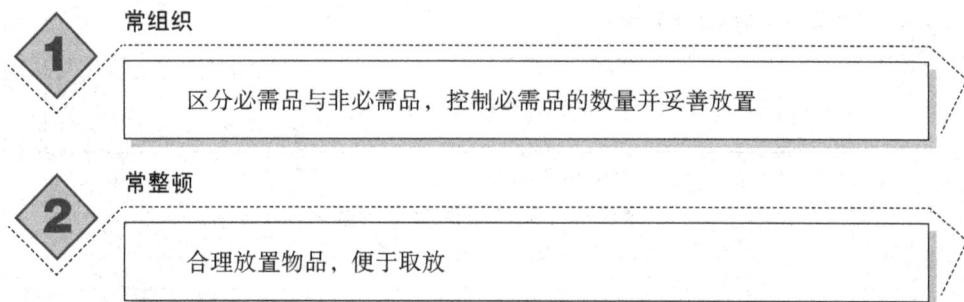

1 常组织

区分必需品与非必需品，控制必需品的数量并妥善放置

2 常整顿

合理放置物品，便于取放

3 常清洁

彻底清扫工作场所，并保持干净

4 常规范

坚持做到常组织、常整顿、常清洁

5 常自律

按规定方式操作，养成良好的工作习惯

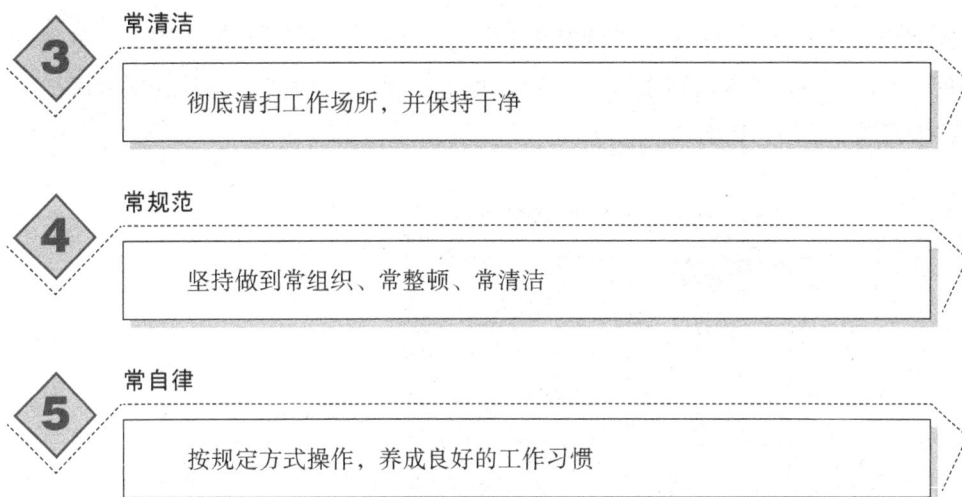

图2-3 五常法的具体内容

2．从5S到7S的发展

根据企业进一步发展的需要，在5S的基础上增加了"节约"（Save）及"安全"（Safety）这两个要素，从而形成了"7S"。但是万变不离其宗，7S本质上就是从"5S"衍生出来的一种强化版的企业管理模式。

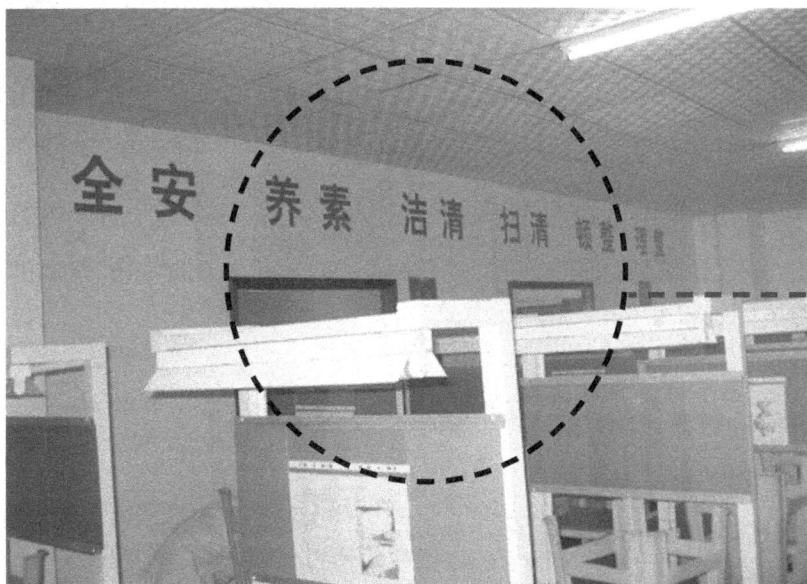

（1）安全

安全是指为了使生产劳动在符合安全要求的物质条件和工作秩序下进行，防止伤亡事故、设备事故及各种灾害的发生，保证劳动者的安全健康和生产、劳动的正常进行而采取的各种措施及从事的一切活动。

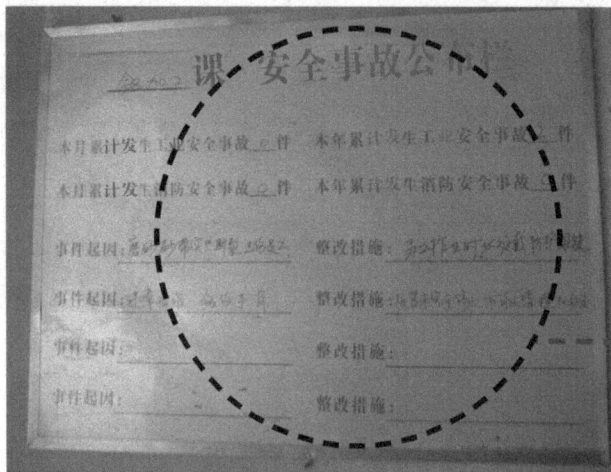

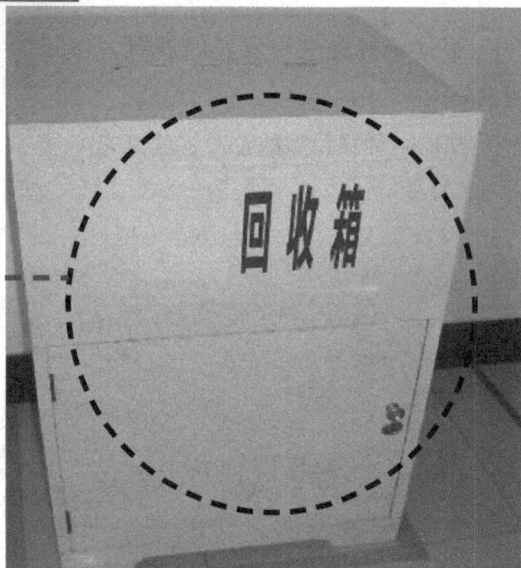

（2）节约

节约就是要减少浪费，降低成本。

要点03：7个S之间的关系

整理、整顿、清扫、清洁、安全、节约、素养，这7个"S"并不是各自独立、互不相关的。它们之间是相辅相成、缺一不可的关系。

7个"S"之间的关系可以用下面几句口诀来形象地描述。

（1）只有整理没整顿，物品真难找得到。

（2）只有整顿没整理，无法取舍乱糟糟。

（3）整理整顿没清扫，物品使用不可靠。

（4）3S效果怎保证？清洁出来先一招。

（5）标准作业练素养，安全生产最重要。

（6）日积月累勤改善，公司管理水平高。

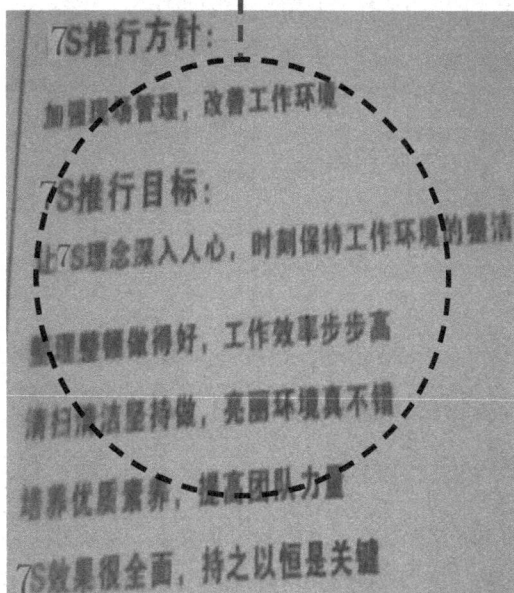

由此可见，整理是整顿的基础，整顿又巩固了整理工作，清扫则显现了整理和整顿的效果；通过清洁和素养，企业形成了一个整体的改善氛围；安全和节约能保证以上成果的实现。

企业实行7S的目的在于通过消除浪费现象和推行持续改善，使企业的管理处于最佳的状态。通过整理、整顿、清扫、清洁、安全、节约和素养这7个"S"的综合推进，最终达到企业的经营管理目标。

请注意

7个S之间是相辅相成、互相作用的关系，企业只有全面推行7S活动才能取得显著的成效，提高管理水平和员工的综合素质。

要点04：企业内常见的不符合7S的问题

企业中通常会存在各种各样的不符合7S的问题。本节按问题的性质分别列出企业现场存在的一些问题，以便有针对性地推进7S，从而达到改善的目的。

1. 物品管理方面的问题

这方面的问题包括物品没有标识、物品没有定位、物品随意堆放、物品上有灰尘、物品的包装破损、无用物品未处理等。

2. 安全管理方面的问题

这方面的问题包括较多的安全隐患、灭火器的配备与存放不规范、安全通道不畅、消防设备维护存在隐患、应急措施不明确、摆放了一些不安全的设备等。

3．区域管理的问题

这方面的问题包括物品存放区域划分混乱、区域内有垃圾灰尘、区域管理责任不明、区域内乱贴乱画、区域内没有画线标志、门窗桌椅破损等。

4．设备方面的问题

这方面的问题包括设备上有油污、灰尘、油漆脱落、乱贴乱画、无用设备未处理、设备故障未修复、设备有安全隐患等。

5．企业作业方面的问题

这方面的问题包括无谓搬动多、作业停顿多、困难作业多、操作不规范不安全等。

6．企业环境的问题

这方面的问题包括地面有垃圾，空气不流通，温湿度过高，粉尘、异味、噪音严重，采光或照明不好，更衣室、休息室、厕所脏乱，员工没有休息场所等。

7. 员工精神面貌方面的问题

有的员工在工作期间着装随意、工作服上污渍斑斑，有的员工上班时无精打采、无所事事。此外，员工之间没有良好的合作，员工的抱怨较多。这些都会影响员工工作的积极性。

要点05：推行7S活动的重要作用

推行7S活动有八大作用，它能够使亏损、不良、浪费、故障、切换产品时间、事故、投诉、缺勤八大方面问题的发生率都为零。有人形象地称此类企业为"八零企业"。

1．零亏损

通过推行7S活动，企业能够提高管理水平，进而提升产品质量，促进销售，减少库存，实现"零亏损"的目标。

2．零不良

推行7S活动，可以使企业严格地按要求生产，能够有效提高产品的质量。同时，员工正常操作机械设备并经常保养，也可以大大减少次品的数量。所以，产品的不良率可以降至零。

3．零浪费

企业推进7S活动能降低成本，减少库存，大幅提高工作效率，避免零件、半成品和成品库存过多，争取达到零浪费。

4．零故障

推行7S活动后，企业可实现无尘化生产，各种设备发生故障的几率就会降低，进而达到零故障。

5．零切换产品时间

经过整顿后，一切物品摆放整齐且有标志，员工可以随时拿取和使用工具，从而为产品切换节省时间。

6．零事故

7S专门针对安全进行了有效的规划，对消防设施和灭火器的放置定位、安全出口等进行了准确的设置，消除了安全隐患，基本上杜绝了安全事故的发生。

7．零投诉

通过实施7S，企业可以大大提高员工的敬业精神，使他们更乐于为客户提供优质的服务。这样一来，客户的投诉就会降低甚至为零。

8．零缺勤

7S可以营造一目了然的工作场所，岗位明确，环境干净，没有灰尘、垃圾。当工作成为了一种乐趣，员工自然不会无缘无故地缺勤。

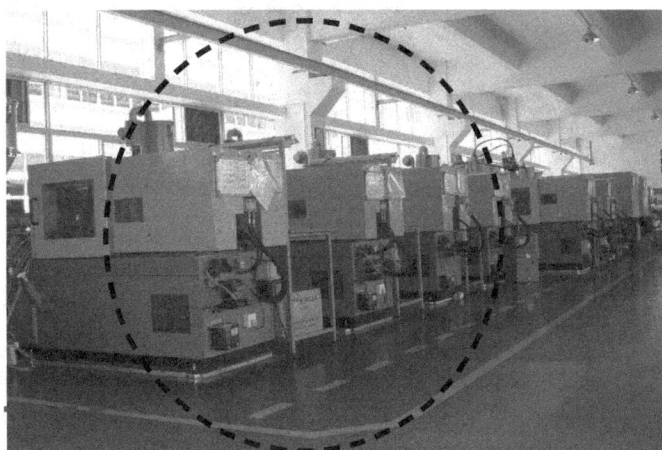

要点06：7S活动的目的

企业实行优质管理，主要目的是为了创造最大的经济效益和社会效益。实施7S活动既能帮助企业成为"八零企业"，又能达到企业的经营目标。

企业推行7S活动，可以达到以下目的。

1．提高效率

在良好的工作环境中，身边是有素养的工作伙伴，物品摆放有序、不用寻找，员工就可以集中精力工作，效率自然就会提高。

2．改善零件在库周转率

企业推行7S活动后，员工能够做到在需要时立即取出有用的物品。工序间物流通畅，能够减少甚至消除零件的滞留时间，改善零件在库周转率。

3．降低生产成本

企业通过实施7S活动，可以减少浪费，降低生产成本。

4．缩短作业周期，确保交货期

企业由于实施了"一目了然"式的管理，减少了人员、设备和时间上的浪费，保证了生产流程顺畅，提高了作业效率，缩短了作业周期，从而确保了交货期。

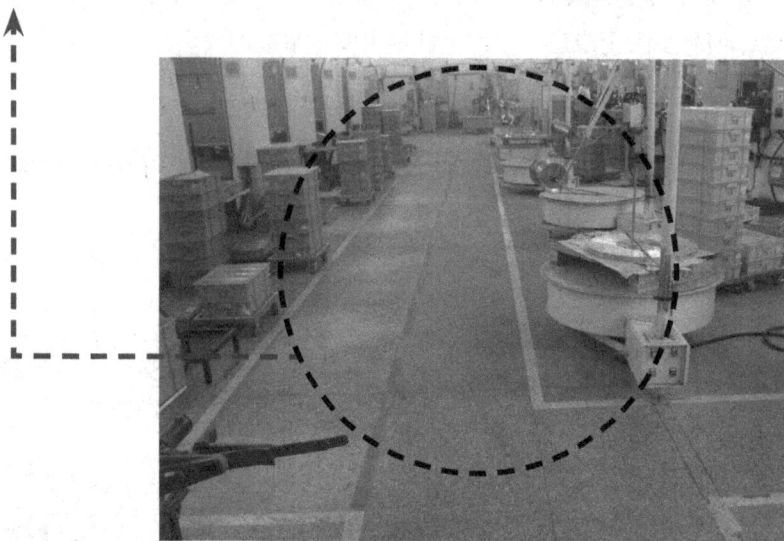

5．减少甚至消除故障，保证品质

通过经常性的清扫、点检，不断净化工作环境，避免污物损坏机器，维持设备的高使用率，从而提高产品的品质。

6．保障企业的安全生产

实施7S的企业舒适、宽敞、流程顺畅，极少发生意外事故；安全用品摆放整齐；员工遵守作业标准，就不会发生工作伤害；7S活动强调危险预知训练，使每个人都有危险预知能力，从而确保生产安全。

7．提高服务水平，赢得客户青睐

提供优质服务是企业赢得客源的重要手段之一。企业实施7S提高了员工的综合素质，可以让客户感到方便和放心，提高客户的满意度。

8．改善员工的精神面貌

干净整洁、温馨舒适的工作环境能使员工在工作时心情舒畅，更有成就感和满足感，这样有利于吸引和留住优秀的人才，避免人才流失。

学习笔记

通过学习本章内容，想必您已经掌握了不少学习心得，请仔细填写下来，以便继续巩固学习。如果您在学习中遇到了一些难点，也请如实写下来，方便今后重复学习，彻底解决这些难点。

同时本章列举了大量实景图片，与具体的文本内容互为参照和补充，方便您边学边用，请如实填写您的运用计划，以使工作与学习相结合。

我的学习心得：

1. _____
2. _____
3. _____
4. _____
5. _____

我的学习难点：

1. _____
2. _____
3. _____
4. _____
5. _____

我的运用计划：

1. _____
2. _____
3. _____
4. _____
5. _____

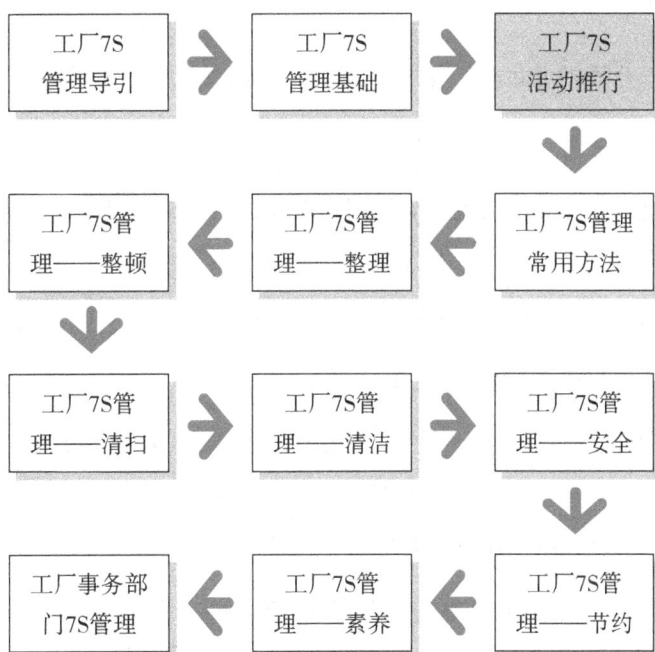

第3章

工厂7S活动推行

导视图

工厂7S 管理导引 → 工厂7S 管理基础 → 工厂7S 活动推行

↓

工厂7S管理——整顿 ← 工厂7S管理——整理 ← 工厂7S管理常用方法

↓

工厂7S管理——清扫 → 工厂7S管理——清洁 → 工厂7S管理——安全

↓

工厂事务部门7S管理 ← 工厂7S管理——素养 ← 工厂7S管理——节约

企业应当积极推行7S活动，全面改善各种不合理的生产现状，提高生产和管理效率，节省经营成本。7S活动应按步骤推行，如成立7S活动推行组织、制订7S活动计划等。

要点01：对7S活动的认识误区

7S活动的推行方法与一般管理活动的实施（如提案改善等）并没有太大的差别，但由于7S会因为工作环境的不同而提出不同的要求，因此会让很多管理者和员工产生一些认识上的错误。

企业管理者和员工对7S活动的认识通常有以下十个误区。

1．我们厂已经做过7S了

这是一个很常见的认识错误。其实，所谓"做过了"有两种情况：一种是说这话的人本身并不了解7S，他认为7S只是阶段性的项目，做一次就可以一劳永逸了；另一种是企业曾经做过但是现在没有坚持，或者说没有做出效果。

2．7S就是把现场打扫干净

很多人认为7S只不过是一种大扫除活动，是为了改善企业形象而开展的活动。实际上，7S活动不仅能够使现场保持清洁，更重要的是通过持续不断的改善活动，使员工养成良好的工作习惯，提高员工的个人素养。

3．7S只是生产现场员工的事情

许多非生产一线的员工觉得7S活动是生产现场员工的事情，与自己没多大关系，这种观点是错误的；只有生产部门推行7S活动很难在企业范围内取得预期效果。7S活动强调的是全员参与，包括非生产部门的参与，管理层尤其要以身作则。

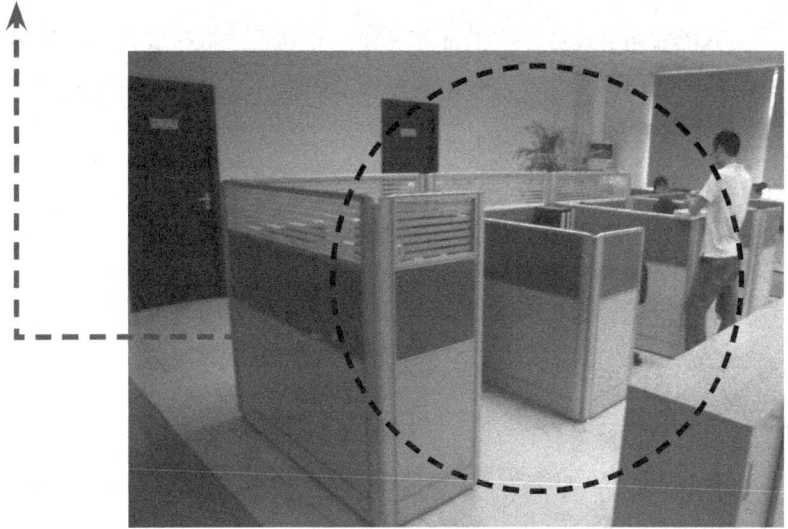

4. 做好7S就不会再有任何问题了

7S活动并不能够"包治百病"，也不可能解决企业内部所有的问题。企业要想赢利，除了推行7S活动之外，还需要注意在战略管理、营销策略等方面下工夫。

5. 7S活动看不到经济效益

有些管理者总是急功近利，7S活动没做多久就期待得到经济效益，如销售额、利润飞速增长等。事实上，7S活动初期的效果更多地体现在现场管理水平的提升、员工意识的改进和企业形象的改善上。7S活动对企业经济效益的贡献是一个长期持续的过程，例如，推行7S活动之前，灭火器无标志，极有可能造成安全隐患，给企业带来严重损失，而在推行7S活动之后，对灭火器进行定位与标示，则可以避免安全隐患的产生。

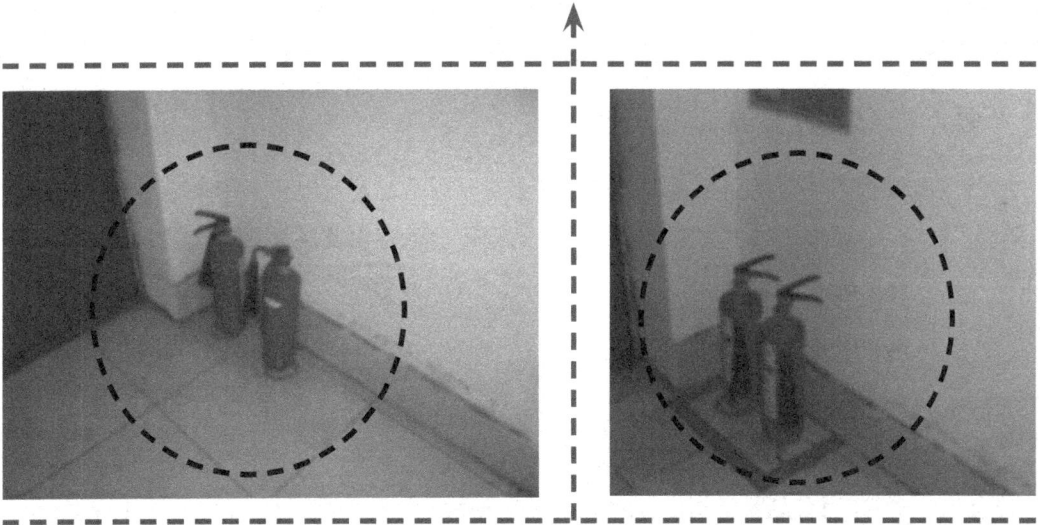

6．我们厂很小，推行7S没什么用

就像盖房子需要坚实的地基一样，企业虽小但做好7S同样重要，因为7S活动是现场管理最基础的项目。在企业规模还不大的时候，让每一位员工都养成良好的7S习惯，比等到企业规模大了、员工多了才做这件事情会容易得多。

7．由于太忙而没有时间推行7S

很多管理者认为目前的工作已经非常繁重，实施7S会增加员工的负担。实际上，实施7S正是为了提前发现问题、解决问题，防止突发事件的发生。实施7S之后，工作反而会变得轻松。

8．7S活动太形式化了，没有实质作用

有些人认为7S活动过于注重形式，缺少实质性的内容，因此对7S活动的实施效果始终持怀疑的态度。7S活动的实施确实需要一些形式，如板报、宣传标语、培训、竞赛活动等，但其目的是为了使员工通过不断的重复，养成良好的工作习惯。

9．推行7S活动主要靠员工自发行为

很多企业将推行7S活动失败的原因归结为员工不愿意参与。事实上，实施7S活动，并不主要靠员工的自动自发行为，而是依靠带有强制性的执行标准，员工在实施过程中必须按照7S的要求执行。因此，企业实施7S活动虽然强调员工的全体参与，但依然应该由企业高层管理者自上而下地推动和监督。

10．我们的员工素质差，做不好7S

可能在企业推行7S活动之前，员工的素质不高。但必须明确，企业实施7S活动的目的之一就是提高员工素质，使员工养成良好的习惯。因此，企业以员工素质差为由拒绝7S是极其错误的。

要点02：成立7S活动推行组织

为了有效推行7S活动，企业需要建立一个符合规范的推行组织，用来指导整个7S活动顺利开展。企业要推进7S就必须有一个组织构架，也就是说要成立一个部门，以此为核心推动7S的具体实施。

1．7S活动推行组织的职责

（1）设定7S活动的方针和目标。

（2）确定7S活动的推行方法和方案。

（3）制订推行计划及策划推行活动。

（4）实施7S活动教育培训。

（5）制定7S活动考核评价标准。

（6）建立7S活动监督检查体系。

2．7S活动推行组织的人员组成

企业可以建立7S活动推行委员会作为7S活动的推行组织，该委员会的委员必须对7S有高度认识，具有前瞻性，并且具备一定的开拓能力。

一般而言，推行委员会的最高责任者就是企业董事长或总经理，委员主要由各直接部门经理兼任。如果部门经理职责较多，也可选派部门内其他人员担任委员。间接部门一般只选派1名成员，人数众多的制造部门则可适量增选。此外，还要考虑男女比例，注重平衡。

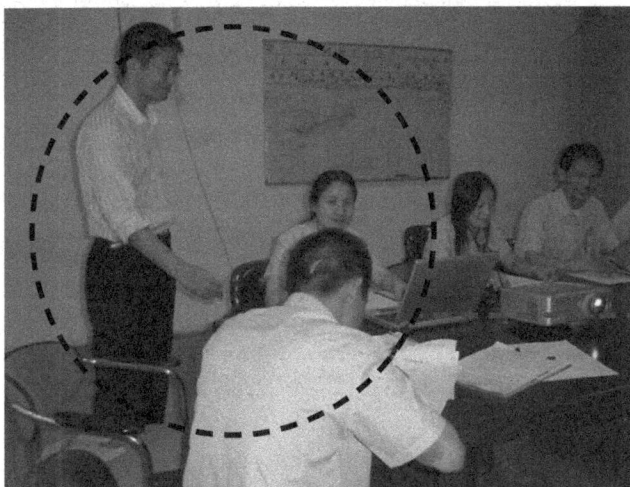

3．建立推行组织的注意事项

（1）层级不能过多，可以分3~4层。

（2）人员一定要精干，要有主见和热情，甚至要有影响力或号召力。

（3）活动过少达不到预期的效果，过多又会影响到正常工作，最好是一周对7S推行活动进行一次汇总或召开一次会议。

（4）企业管理者要给予一定的支持，提供足够的资源，如经费、办公文具及场所等。

请注意

企业要建立7S活动推行组织，明确组织成员各自的责任和分工，共同促进7S活动的开展。

要点03：制订7S活动计划

7S活动计划是整个7S推行活动的基础，制订一个好的计划就相当于拥有了一个良好的开端。计划是在各种预测的基础上制订的，对于整个7S活动有着指导意义。

1. 明确7S活动目标

7S活动推行部门可以结合企业的发展宗旨和经营方针，提出整个活动的目标，为7S活动指明方向。在活动开始后，各部门又可以根据各自特点提出部门的具体目标，做到具体问题具体分析。

制定7S活动目标应符合以下原则要求。

（1）相关性原则

企业制定7S活动目标时，应与企业的产品、活动、资源等情况密切相关，为企业整体目标服务。

（2）先进性原则

7S活动目标应具有先进性或挑战性，只有这样才能激发员工的改善意识和拼搏精神，为实现组织和个人的目标而努力。

（3）可实现性原则

7S活动目标必须切实可行，能够实现。

（4）可量化原则

如果不能制定出定量目标，也应制定出定性目标，从而使这些目标是可以被考核的或可以被控制的。

（5）时间性原则

7S活动目标要具有一定的时限性，企业必须明确在什么时候完成目标，给实施者一定的压力，以保证整体进度。例如，现场物品管理全部实现三定（定品目、定位置、定数量）、物料误取、误用次数为零、工业伤害事故降低50％等。

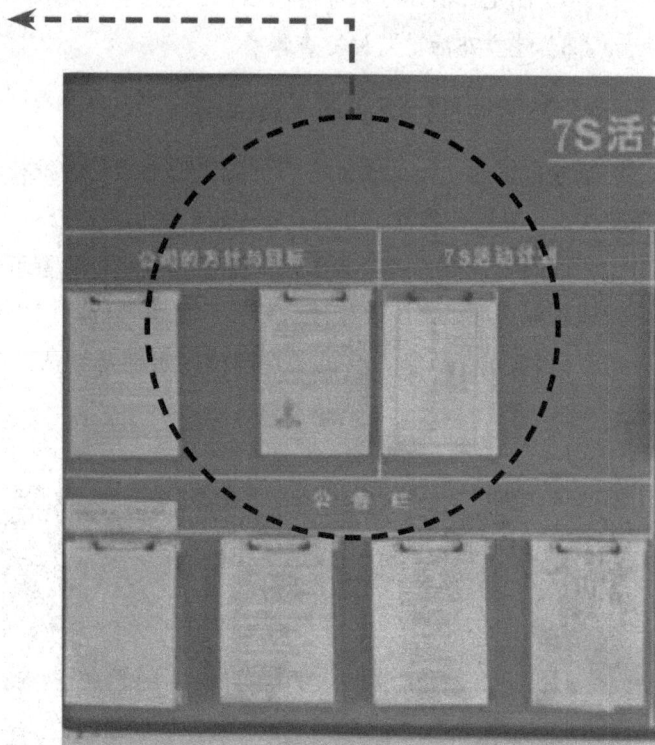

2．制订7S计划

（1）长期计划与短期计划

①长期计划通常以年度作为考核时限。各年度有不同的工作内容。一般而言，长期计划需要规划近三年的计划，具体内容如图3-1所示。

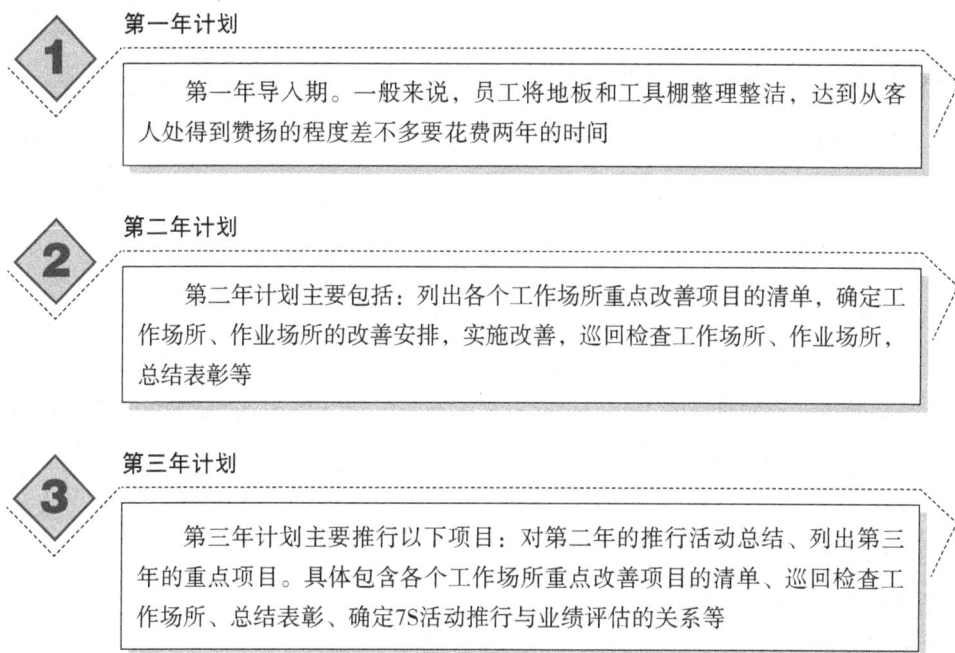

1　第一年计划

第一年导入期。一般来说，员工将地板和工具棚整理整洁，达到从客人处得到赞扬的程度差不多要花费两年的时间

2　第二年计划

第二年计划主要包括：列出各个工作场所重点改善项目的清单，确定工作场所、作业场所的改善安排，实施改善，巡回检查工作场所、作业场所，总结表彰等

3　第三年计划

第三年计划主要推行以下项目：对第二年的推行活动总结、列出第三年的重点项目。具体包含各个工作场所重点改善项目的清单、巡回检查工作场所、总结表彰、确定7S活动推行与业绩评估的关系等

图3-1　三年计划的具体内容

②短期计划用来明确具体的改善项目和具体日程，如每周一清扫地板等。每完成一个短期计划之后，员工应在该计划上用记号标注。

（2）企业的7S活动推行计划和各部门的7S实施计划

企业的7S活动推行计划是比较宏观抽象的，而各部门的计划则是对企业7S活动推行计划的落实和细化，要求有具体明确的实施内容和时间。

3．制定7S活动实施办法

对于7S活动的推行与开展，企业要通过书面形式让员工了解哪些事情可做，哪些事情不可做，要怎么做才符合7S的要求。书面规范一般包括以下四点：

（1）活动时间和目的；

（2）区分必需品与非必需品的办法；

（3）7S活动评鉴方法；

（4）7S活动奖惩方案。

4．制定7S活动章程

7S活动推行组织建立后，要集体讨论、制定相应的规章制度，为日后的工作明确方向和方法。制定章程后，推行组织要及时向全体员工公布，让所有员工知晓并照章执行。

> **请注意**
>
> 7S活动推行计划具有纲领性的作用，推行组织必须充分结合本企业的实际情况，认真讨论制订。

要点04：7S活动前的教育培训

推行7S活动前，必须使企业各级管理人员和全体员工了解为什么要做和怎样去做，这样才能让大家积极投入并参与其中。因此，关于7S的教育培训是至关重要的。

1．培训对象与内容

（1）骨干人员的培训

7S活动是员工广泛参与的活动，但首先需要骨干人员组成强有力的推行组织，来为员工培训做好榜样。企业对这些人员主要集中培训7S的内涵以及推行7S活动的意义等内容。

（2）一般员工的培训

员工是7S活动的实施者，对于他们的培训内容主要包括以下四个方面：

①7S的内涵；

②推行7S活动的目的和意义；

③7S的实施方法；

④有关的评比和奖惩措施等。

2．培训方式

（1）按授课形式分

① 课堂培训。课堂培训是指组织员工在教室里进行集中培训，通过对7S理论知识的讲解和案例分析，使员工对7S有一个基本的理性认识。

②现场培训。现场培训是指让员工回到自己的工作现场，在老师的指导下，对自己的工作环境进行一些改善。

（2）按师资来源分

①自行培训。自行培训是指企业对员工进行培训，一般由本企业员工担任教员。

②外部培训。外部培训是指由企业聘请一些管理咨询企业的顾问进行专门辅导，这个环节一般需要半年到一年的时间。

3．考核检查与总结经验

为了检验员工对7S知识的了解程度，检验其是否真正掌握了7S的运用方法，企业应对员工进行考核。考核可采用现场考核或书面考核的方式，并对考核的结果进行评价，做到奖优罚劣，为优秀员工颁发证书并通报表扬，不及格者则需进行补考至及格为止。

此外，在教育培训的过程中，企业7S培训部门要及时总结，为下一次培训做好准备。

要点05：7S活动前宣传造势

推行组织已经建立起来，各项相关准备工作也已逐步到位，接下来企业就需要开展大规模的宣传造势，创造良好的7S活动氛围。

1. 征集7S活动口号和制作7S标语

在工作现场张贴一些7S宣传画、标语等，不仅能美化工作环境，而且能让员工随时看到7S知识，有加强认知的作用。此外，企业还可以在内部有奖征集口号，促使员工积极参与7S活动。

以下是一些典型的7S标语。

【参考范本】典型的7S标语

部分典型的7S标语
整理整顿做得好，工作效率步步高。
清扫清洁坚持做，亮丽环境真不错。
7S效果很全面，持之以恒是关键。
培养优质素养，提高团队力量。
决心、用心、信心，7S活动有保证。
全员投入齐参加，自然远离脏乱差。

（续）

创造清爽的工作环境，提升工作士气和效率。

人人做整理，工作有条理；全员做清扫，环境更美好。

改善措施是基础，不懈努力是关键。

2．制作一些宣传板报

企业和各部门还可以通过制作7S板报来宣传7S知识，展示相关成果，开展7S征文活动，提示目前存在的一些问题等。

板报是提高员工认识水平的一种有效的宣传工具，主要是为了在企业内部营造浓厚的7S活动氛围，使7S活动更容易获得企业所有员工的理解和支持。

制作板报时要注意以下三点：

（1）应将板报设在员工上下班必经的场所，如通道、休息室附近等，要求空间比较宽敞；

（2）板报内容要定期更新和维护，否则就失去了价值；

（3）板报内容要简明清晰，尽量少用文字，多用可视性比较强的漫画、照片和表格等。

3．利用企业内部刊物

很多企业都有内部刊物，企业可用它来宣传7S活动，如经常发表领导强调7S活动的讲话，介绍7S知识及7S活动的进展情况和优秀成果等。内部刊物的影响较大，利用好了能对7S活动起到很好的推动作用。

4．编写7S活动推行手册

为了让员工更加了解和正确推行7S活动，企业可将7S活动内容编写成册。手册中详细介绍7S活动的含义、目的、推行要领以及企业要求等。要做到员工人手一册。

5．编制7S活动看板

将7S活动的相关情况登在看板上，便于员工熟知。

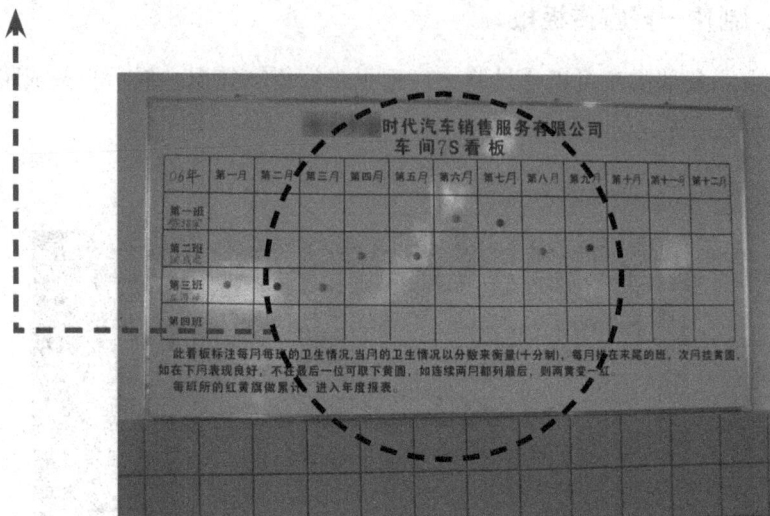

要点06：示范区的7S活动

企业推行7S活动时，应先建立示范区，积累经验后再在企业范围内全面展开，做到以点带面。这样有利于保证7S活动的开展深度，并提高成功率。

1．建立示范区的原因

在7S活动的导入过程中，有时会因为各种各样的问题而影响7S活动的持续推行。一般而言，当企业出现下面这些情况时，就有必要在示范区推行7S活动。

（1）企业各级管理人员对7S活动的目的、效果和开展方法等认识不统一或管理不到位，不能充分发挥领导作用。

（2）有的企业规模大，不同的部门很难在一起开展活动，或部门之间在具体活动上不能协调一致，这就需要由示范区起带头模范作用。

（3）员工持观望、怀疑的态度。

（4）有的企业全面推行7S活动已超过三个月，仍没有取得实质性进展，这就需要示范区起到激活的作用。

2．示范区的选择原则

企业选择7S活动示范区时应注意以下原则。

（1）选择硬件条件差、改善难度大的部门作为示范区

选择一个硬件条件差、改善难度大的车间或部门作为示范区，通过短期集中推行7S活动，使管理现场得到根本改善，这将对员工产生巨大的视觉冲击，真正发挥示范作用。例如，某车间在改善前，开关按键上面很脏，经过7S活动后，变得干净有标志。

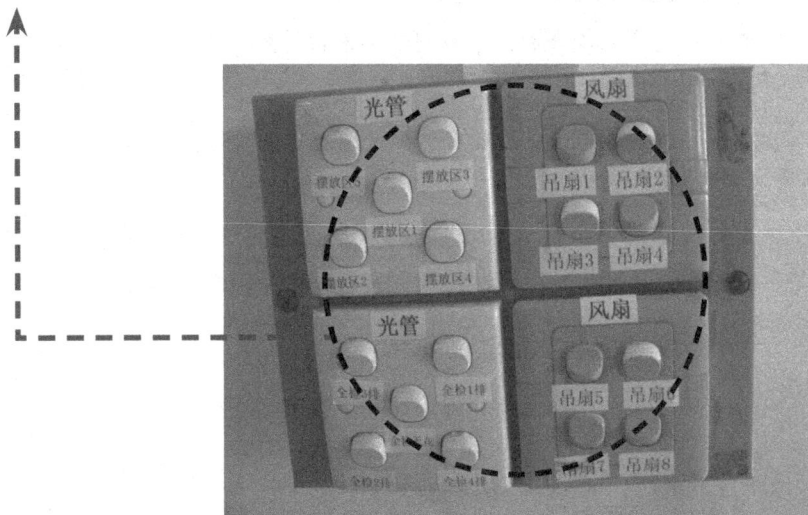

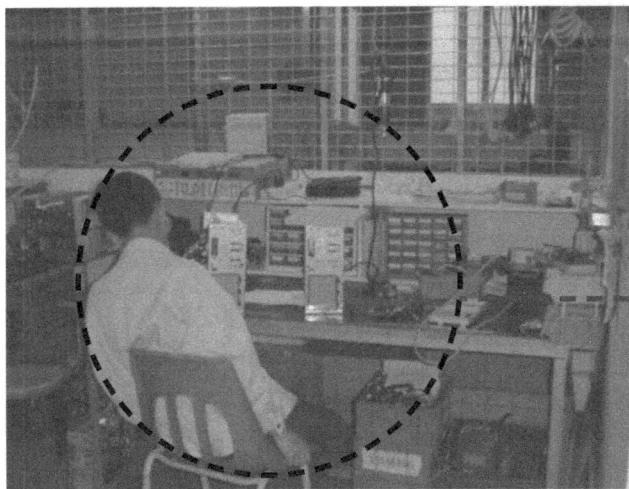

（2）选择具有代表性的部门作为示范区

企业选择的示范区应具有一定的代表性，其存在的问题应具有普遍性，如员工坐姿不良等。只有这样，改善的效果才有说服力，才能被大多数人认同和接受。

（3）所选示范区的责任人改善意识要强

要想让示范区的7S活动在短期内见效，选择改善意识比较强的负责人尤为重要。否

则，再好的愿望都将会落空。

3．建立示范区的四个步骤

（1）诊断评论

推行7S活动之前，企业要对生产现场进行诊断评论，客观掌握企业的整体水平，弄清楚企业的薄弱环节，以及推行7S的难点在什么地方等。

（2）选定示范区

企业进行全面诊断后，结合7S活动推行计划，选定一个示范区，集中力量进行改善。

（3）实施改善

企业在改善示范区的过程中，要注意保留直接数据。

（4）确认效果

确认效果是一个总结、反省的过程。企业要通过对前期工作的分析评价，辨明是非，统一认识，调动员工的积极性，为开展后续工作扫清障碍。

4．开展示范区7S活动的程序

企业开展示范区7S活动的程序如图3-2所示。

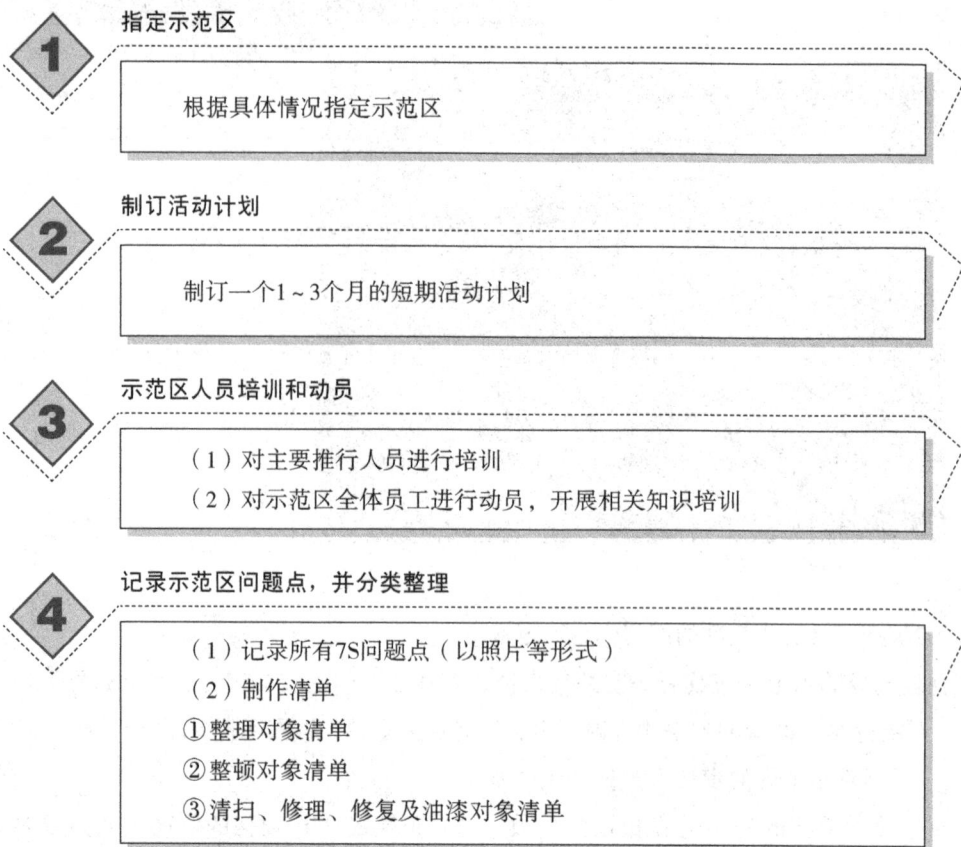

1 指定示范区

根据具体情况指定示范区

2 制订活动计划

制订一个1～3个月的短期活动计划

3 示范区人员培训和动员

（1）对主要推行人员进行培训
（2）对示范区全体员工进行动员，开展相关知识培训

4 记录示范区问题点，并分类整理

（1）记录所有7S问题点（以照片等形式）
（2）制作清单
①整理对象清单
②整顿对象清单
③清扫、修理、修复及油漆对象清单

5 决定7S活动具体计划

决定整理、整顿、清扫、修理、修复、油漆的具体计划（如时间、地点、人员、材料、工具等）

6 集中制定对策

根据日程计划集中制定对策

7 7S成果总结和展示

（1）以照片等形式记录改善后的状况（定点拍照），将改善前后的照片等进行整理对照

（2）对活动进行总结和报告，把有典型意义的事例展示出来

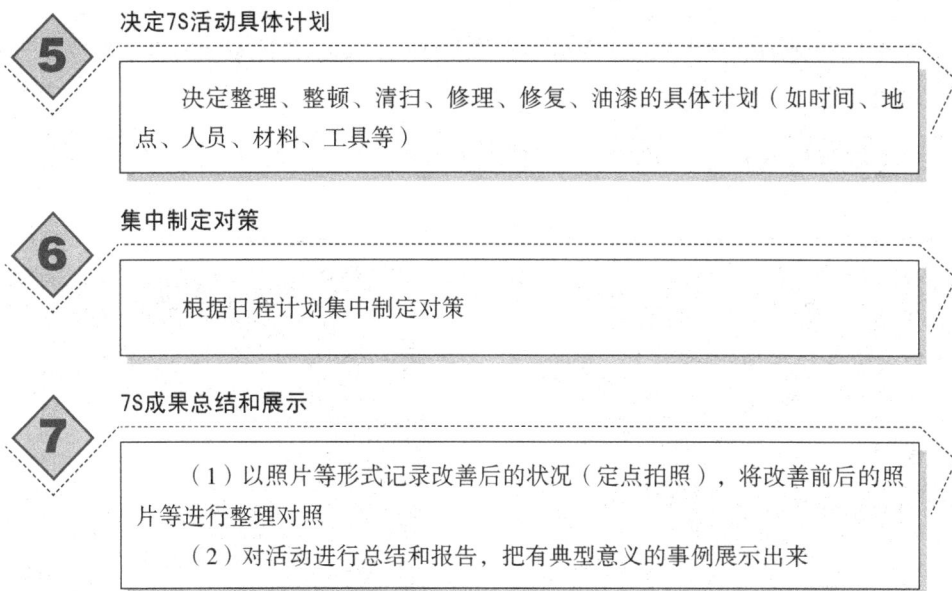

图3-2　开展示范区7S活动的程序

5．示范区的活动重点

在示范区推行7S活动时，企业应该重点落实整理、整顿和清扫活动，并通过这三项活动改变现场的面貌。

（1）在短期内突击进行整理

采取长期分段进行整理的方法是不明智的。特别是在示范区7S活动中，企业有必要在一个较短的时间内，对整个车间的物品进行一次大盘点，严格分出有用的和无用的物品，为清除无用物品做好准备。

（2）下狠心处理无用物品。

（3）快速整顿

整顿的一个重要任务就是标识。一般来说，标识要尽量采用全企业统一的方法、文字和颜色等。但是，为了快速做好示范区的整顿工作，示范区可以独自（有时是临时）决定标识的方法。标识的制作力求简单便捷，等到全面推广的时候再来研究全企业统一的标示方法。

（4）彻底清扫

在短期内，企业发动示范区全体员工进行集中清扫。清扫之后，还要对那些难点问题进行突击整治。

要点07：7S活动的全面推行

当示范区7S活动推行成功后，企业就应该把示范区的工作经验全面推广到各车间和各部门，进而在企业中全面推行。

1．实施区域责任制，将7S内容规范化

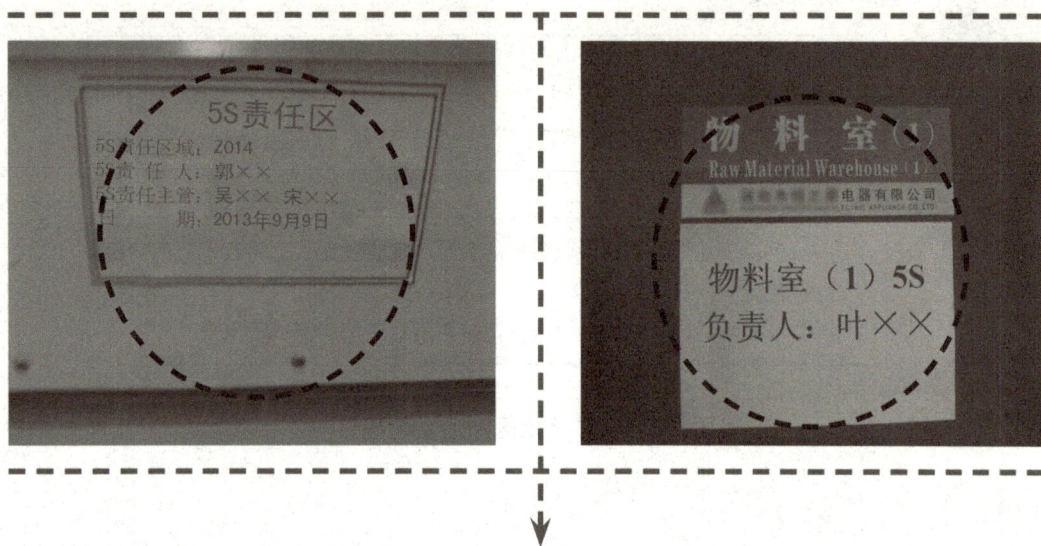

企业要将7S活动责任具体落实到人，使每位员工都清楚自己的7S活动内容，知道5W2H。5W2H的具体内容如图3-3所示。

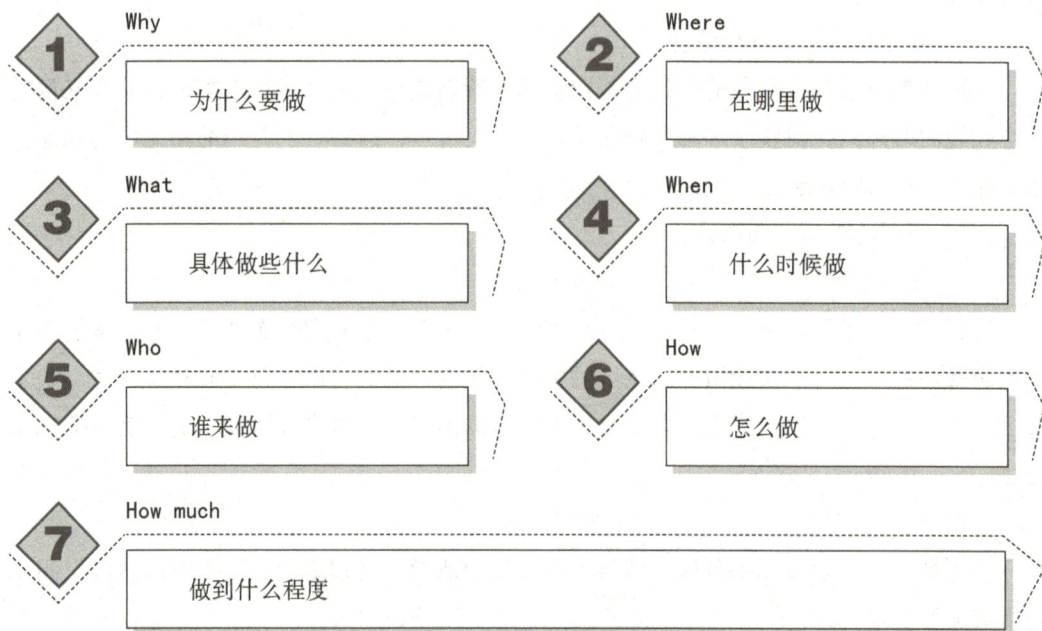

1 Why 为什么要做	**2** Where 在哪里做
3 What 具体做些什么	**4** When 什么时候做
5 Who 谁来做	**6** How 怎么做
7 How much 做到什么程度	

图3-3　5W2H的具体内容

各部门要坚持每月清扫责任区，清扫范围包括班组管理区域以及车间主干道、次干道等，清扫时间约为30分钟。以下是一张活动责任区域划分表，可供参考。

【参考范本】公司7S活动责任区域划分表

公司7S活动责任区域划分表

部门名称	责任区域	责任人
装配车间	成套组、户外组、二次线组、母排组	王××
组件车间	压气组、断路器组、SF6组	李××
钣金车间	数控组、冲压组、钣焊组、抛光组	苗××
金工车间	机加组、钳工组、工具室	刘××
试制车间	模具组、机修组、空压机房、配电室、发电机房	马××
生产部	办公室、包装组、绝缘处理组、丝网印刷	牛××
仓库	成套库、组件库、原材料库、中转库、模具库、废品库、油库	杨××
品质部	计量理化室、检验组、测试组	吴××
技术中心	总师办、质管部、资料室、总师室、工艺部、工程部、开发部	张××
营销财务部	财务部、营销部、营销经理室、售后服务、成品库	陈××
公司办公司	办公室、会议室、经理室	洪××
后勤	食堂、楼梯道、厂区路面、花坛、会议室、经理室、自行车棚、公共实施等	赵××

备注：

1. 中转库和材料库之间的区域归仓库管辖；

2. 母排厂房前、左右区域归钣金车间管辖；

3. 装配车间东过道：发电机房以南归钣金车间管辖，以北至转弯后过道归后勤管辖；

4. 一二区楼梯：1～2层由2楼责任区单位负责，2～3层由3楼责任区单位负责……依次类推。

2．全员参与

企业推行7S活动最有效的方法就是全体员工积极参与。

（1）促进全员参与。企业要使全体员工参与7S活动，就需要员工明确各自的职责，并积极落实。

（2）企业要通过各种丰富多彩的活动，如利用各种宣传工具或开展多种形式的活动，来激发员工的参与热情。

3．进行评估监督检查

评估监督主要通过巡视、检查和互检的方式来推行。

（1）巡视是指7S活动推行委员会在各个工作场所巡查并指出有关7S活动的问题。

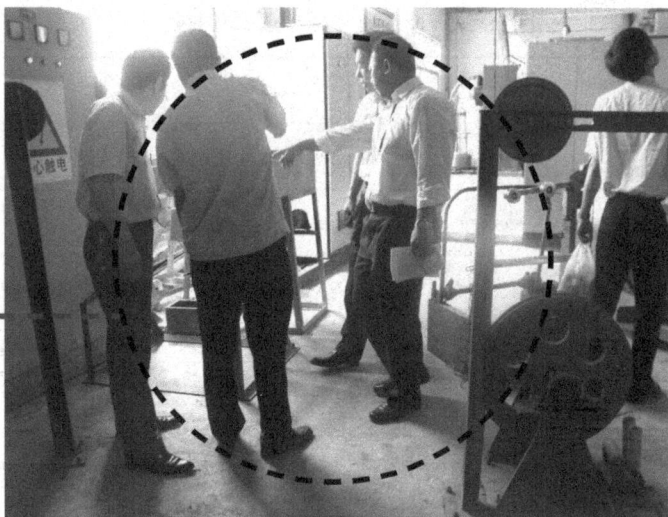

（2）检查是指由企业领导检查车间，车间领导检查班组，班组再检查个人和小组，做到层层检查。

（3）互检是指班组内部员工进行相互检查。互检既可以发现被检查者的不足之处，又可以发现被检查者的优点和本人工作的差距，然后认真学习与改进。

要点08：7S活动的评比与考核

7S活动的评比与考核是企业为检验各部门是否有效推行7S活动，以及推行的效果如何而进行的内部自检过程。它是企业推行7S活动的一种有效手段。

1．评比与考核准备

企业在开展评比与考核工作前必须做好准备工作。准备工作结束后，应及时公布出来。

（1）制定考核评分标准

评分标准主要分为两种：一种是用于工作现场的评分标准，适用于车间、仓库等一线部门；另一种是科室评分标准，适用于办公室等非生产一线的部门。

制作评分表时要从企业的实际情况出发，为不同的部门设定不同的标准。表3-4和表3-5是两种常用的评分表。

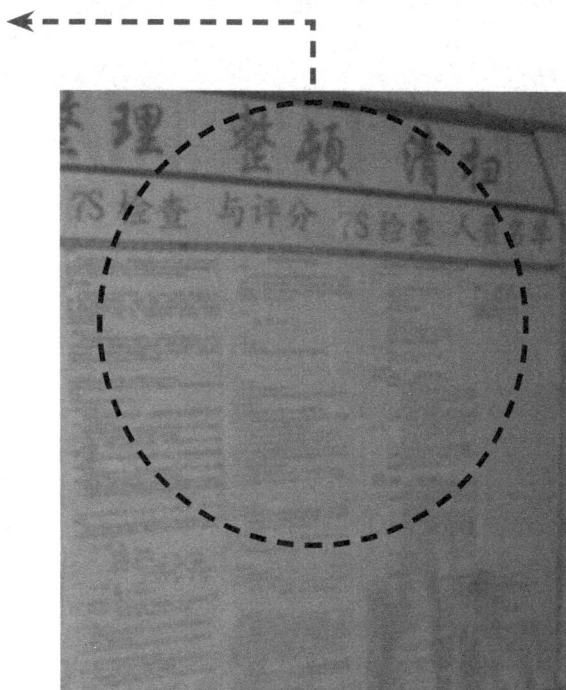

表3-4　生产现场评分表

车间		评分者						
评分	/100	前次评分	/100	____年___月___日				
7S	评分项目	评分内容		评分				
				0	1	2	3	4
整理（12）	对现场物品是否进行分类处理	（1）有无不要的库存品、半成品、机器设备等 （2）不要的物品是否从现场清除 （3）丢弃物品的判断标准如何						
整顿（12）	是否实施标志大行动	（1）有无场所标示及位置标示的看板 （2）有无漆上白色等颜色明显的区划线 （3）治工具（也称治具、夹具）的放置方法是否合理						

43

7S	评分项目	评分内容	评分				
			0	1	2	3	4
清扫（20）	是否有清扫标准	（1）地板是否经常保持干净 （2）是否经常做机器的清洁工作 （3）是否对设备的跑气、漏油、漏水等现象进行点检 （4）是采用轮流制还是责任制					
清洁（20）	是否对前3个S的成果进行检查	（1）是否有粉尘、恶臭 （2）角度、照明度是否良好 （3）员工是否仍穿着污脏的工作服 （4）弄脏后除了清扫外，有无想出避免弄脏的方案 （5）有无遵守整理、整顿、清扫的规定					
安全（12）	是否对员工进行了安全教育	（1）是否使用各种安全标志牌 （2）是否制作安全宣传栏、安全手册等 （3）是否检查工作场所，消除安全隐患					
节约（12）	是否对员工进行了节约教育	（1）是否张贴各种节约宣传画 （2）是否对电器实施了目视管理 （3）是否对各种残料进行回收利用					
素养（12）	是否制定员工行为规范	（1）员工服装是否整齐一致 （2）同事之间在会面时是否打招呼 （3）是否遵守时间与场所规定 （4）是否彻底执行规则或作业方法					
整体	对评分状态做出诊断						

表3-5　事务部门评分表

部门		评分者			
评分	/100	前次评分	/100	____年___月___日	

7S	评分项目	评分内容	评分				
			0	1	2	3	4
整理 （12）	是否对办公区域进行整理	（1）抽屉中有无不要的图纸、会议资料等 （2）个人桌面、抽屉中有无不要的备品、资料等 （3）是否制定文件或备品处理的标准					
整顿 （16）	是否实施标志大行动	（1）场所标示是否一目了然 （2）品名标示是否一目了然 （3）物品放置是否易于取用 （4）区划线或揭示板是否清楚					
清扫 （12）	是否经常进行清扫	（1）垃圾筒内是否还能再放垃圾或纸屑 （2）清扫擦拭是否已成习惯 （3）地板、玻璃是否清扫					
清洁 （20）	是否检查前3个S的成果	（1）空气是否流通 （2）角度、照明度是否良好 （3）员工是否穿着污脏的工作服 （4）配色、空气、采光等是否良好 （5）是否遵守整理、整顿、清扫的规定					
安全 （8）	是否实行安全检查	（1）是否定期检查，消除安全隐患 （2）是否有安全宣传栏、安全标语、安全标志牌					
节约 （12）	是否节约用电、用水、用纸	（1）是否做到人走灯灭 （2）是否对各种废纸做到回收利用 （3）员工是否共用办公桌					
素养 （20）	是否制定素养规范	（1）服装是否显得杂乱 （2）员工是否在会面时打招呼 （3）是否遵守约定时间 （4）日常的谈话、接听电话等是否礼貌得体 （5）每个人是否都能遵守会议或休息时间					
整体	对评分状态做诊断						

（2）评分道具的准备

①评分用档案夹（在封面做出清楚标示）。

②评分标准表（放入档案夹封面内页）。

③评分记录表（夹于档案夹内）。

④"评分员臂章"及"评审人员作业标准"（写清如参考路线、时间，档案夹的传递方法，评分表上交时间，缺勤安排方法，评分表填写方法等）。

（3）评分时间

开始评分时频度应较密，每日一次或每两日一次，一个月做一次汇总，并提出表扬和纠正措施。

（4）确定评比与考核组成员

评比与考核组一般由3~5名人员组成，其中设组长一名。小组成员可以是推行事务办公室的人员、一些部门的负责人或7S代表，但被评比与考核部门的人员不能进入评比与考核组。

（5）确定检查内容

评比与考核组要根据被评比与考核部门的实际情况确定重点检查的事项，以使评比与考核工作做到有的放矢。

2．实施评比和考核

评比与考核的过程分为两个部分：一个部分是诊断会，由被评比与考核部门就7S活动的开展情况向评比与考核组进行汇报；另一部分是评比与考核组进行现场考核。

（1）评比与考核会

召开评比与考核会是为了使评比与考核组了解被评比与考核部门推行7S活动的总体情况，部门负责人应就本部门7S活动的推行情况进行汇报。汇报的内容如下：

①推行7S活动的目的；

②7S活动的方针、目标；

③推行7S活动的经过；

④7S活动的实施效果；

⑤今后本部门推行7S活动的方向；

⑥本部门7S活动的成果；

⑦典型改善事例介绍。

（2）现场评比与考核

评比与考核会结束后便进入了现场评比与考核阶段。现场评比与考核的方式主要是评比与考核组听取现场工作人员实地介绍7S活动的改善事例和心得，并按评分标准进行实地检查，检查结果也要及时公布。

3．总结评分与考核结果

总结一般包括以下三个方面的内容。

（1）评比与考核事实的记录

评比与考核组成员将从评比与考核会和现场评比与考核中得到的有关事实记入"7S活动评比与考核表"，如表3-6所示。

表3-6　7S活动评比与考核表

编号：

区域	代号	扣分	扣分合计	得分

（2）评比与考核报告表的制作

评比与考核组组长根据各个成员的"7S活动评比与考核表"填写"7S活动评比与考核结果报告表"（如表3-7所示），并连同"评比与考核表"一起上交7S活动推行办公室。

表3-7　7S活动评比与考核结果报告表

区域	代号	扣分合计	得分	问题描述

（3）不合格项整改通知

7S活动推行委员会判定部门7S活动的工作制度和活动效果是否合格。针对问题事项向评比与考核部门发出"7S活动整改措施表"（如表3-8所示）。各部分负责人应在规定的期限内进行有效整改，并经验证人验证后才算合格。

表3-8　7S活动整改措施表

组别：　　　　　　　　　　　　　　　　　　　　　　　　　　　编号：

序号	整改内容	责任人	期限	验证人	验证时间

备注：验证人签字即表示此项已经验证合格。

（4）表彰

企业对7S活动评比与考核中表现优秀的部门要进行表彰。表彰可以采取发放锦旗、奖杯、广播通报表扬等方式。

学
习
笔
记

通过学习本章内容，想必您已经掌握了不少学习心得，请仔细填写下来，以便继续巩固学习。如果您在学习中遇到了一些难点，也请如实写下来，方便今后重复学习，彻底解决这些难点。

同时本章列举了大量实景图片，与具体的文本内容互为参照和补充，方便您边学边用，请如实填写您的运用计划，以使工作与学习相结合。

我的学习心得：

1. _____
2. _____
3. _____
4. _____
5. _____

我的学习难点：

1. _____
2. _____
3. _____
4. _____
5. _____

我的运用计划：

1. _____
2. _____
3. _____
4. _____
5. _____

第4章

工厂7S管理常用方法

导视图

```
┌─────────┐      ┌─────────┐      ┌─────────┐
│ 工厂7S   │ ──▶ │ 工厂7S   │ ──▶ │ 工厂7S   │
│ 管理导引 │      │ 管理基础 │      │ 活动推行 │
└─────────┘      └─────────┘      └─────────┘
                                       │
                                       ▼
┌─────────┐      ┌─────────┐      ┌──────────┐
│ 工厂7S管 │ ◀── │ 工厂7S管 │ ◀── │ 工厂7S管理 │
│ 理——整顿 │      │ 理——整理 │      │ 常用方法  │
└─────────┘      └─────────┘      └──────────┘
     │
     ▼
┌─────────┐      ┌─────────┐      ┌─────────┐
│ 工厂7S管 │ ──▶ │ 工厂7S管 │ ──▶ │ 工厂7S管 │
│ 理——清扫 │      │ 理——清洁 │      │ 理——安全 │
└─────────┘      └─────────┘      └─────────┘
                                       │
                                       ▼
┌──────────┐     ┌─────────┐      ┌─────────┐
│ 工厂事务部 │ ◀── │ 工厂7S管 │ ◀── │ 工厂7S管 │
│ 门7S管理  │     │ 理——素养 │      │ 理——节约 │
└──────────┘     └─────────┘      └─────────┘
```

推行7S有许多常用方法，如油漆作战、红牌作战、定点摄影等，这些方法对7S工作的顺利开展起着非常重要的作用。

要点01：寻宝活动

寻宝活动是7S推行过程中一种有趣的整理方法。所谓"宝"，指的是生产过程中的无用物品。寻宝活动就是在7S整理的环节中，找出无用物品，并进行彻底整理的过程。

1. 寻宝活动的意义

（1）它是专门针对各个场
所里的一些死角、柜子及其他容
易被人忽视的地方进行的整理活
动，目的明确，针对性强，容易
取得实效。

（2）它具有很强的趣味性，
有利于提高员工的参与度和积极
性。

（3）它能够打破部门、区域
之间的界限，保证所有角落都能
够得到治理。

2. 寻宝活动的实施步骤

（1）制订寻宝活动计划

计划中包括奖励措施、责任区域、寻宝标准、集中摆放场所和时间期限等。

（2）实施寻宝活动

员工要收集清理出的物品，将其统一摆放到指定的场所，同时要做好以下工作。

①对处理前的物品或状态进行拍照，以记录物品的现有状态。

②对清理出的物品进行分类，并列出清单。清单中应记录物品的出处、数量，并提出
处理意见，按程序报相关部门审核批准。"不用物品处理记录表"如表4-1所示。

表4-1　不用物品处理记录表

部门：　　　　　　　　　　　　　　　　　　　　　　　　　　　　　　年　　月　　日

物品名称	规格型号	单位	数量	处理原因	所在部门意见	7S推进委员会意见	备注

制表：　　　　　　　　审核：　　　　　　　　　　批准：

③调查物品的出处，员工清理物品前需获得使用部门的确认。

（3）集中判定和分类处理

将物品集中之后，组织者应及时进行集中评价，确定物品的处理方法。物品的处理方式一般有如下五种。

①对确实无用的物品予以报废。

②将本部门不需要，而其他部门用得上的物品，调拨给需要的部门。

③对积压的原材料，尽量与原生产厂家进行协商或降价出售。

④机械设备可作为旧货降价出售；工装、模具应尽量改做他用；将无使用价值的物品作为废品出售。

⑤对易造成环境污染的不用物品，交有处理资质的单位处理，防止发生环境污染。

（4）进行账面处理

对于无用物品，财务部要做必要的账面处理以备日后账目核对。

（5）总结表彰

活动结束后，组织者要进行必要的总结，按照事先约定的标准，选出优秀的部门和个人，并给予表彰与奖励。

要点02：定点摄影

定点摄影是一种常用的7S活动方法，是指在同样的位置、同样的高度、同样的方向对同样的物体进行连续拍摄，以便清晰地对比改善状况，让员工了解改善进度和改善效果。

1. 含义

所谓定点摄影，就是在同一地点、同一方向，将工厂不符合7S规定之处于改善之前的状态拍摄下来并张贴在大家都看得到的地方，然后将改善后的效果也拍摄下来公布，两相对比使大家了解改善的成果。例如，在下列两张图中，左图为未改善前的图片，该塑料桶的盖子未盖上，右图则为改善后的图片，盖子已盖上。定点摄影主要包含以下内容。

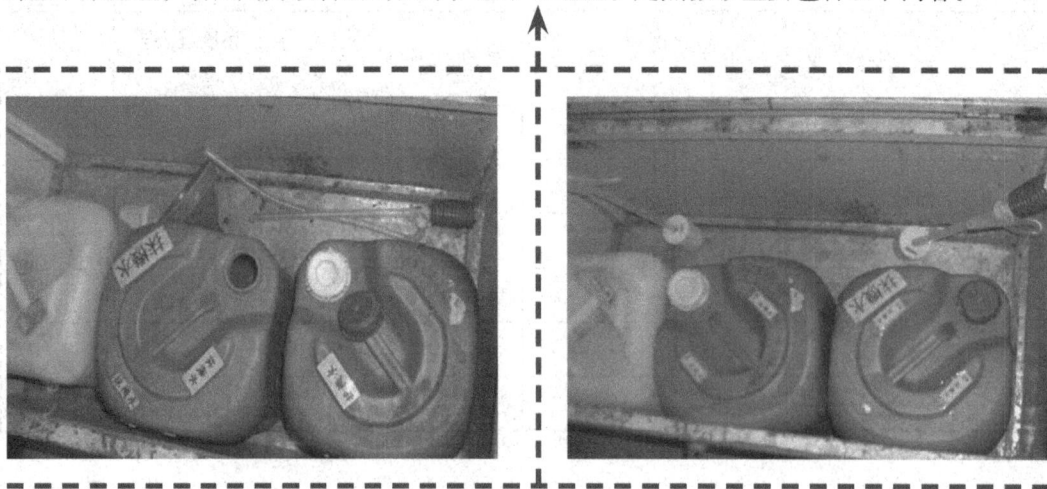

（1）将推行7S活动前的情形与推行7S活动后的状况进行定点"摄影"。

（2）制作海报，将照片展示出来，使大家都能看到改善情形并相互比较。

2．定点摄影的作用

（1）定点摄影的照片可以作为各部门揭露问题和自我反省的材料。

（2）改善前的现场照片能促使各个部门尽快采取解决措施，而改善后的现场照片能让员工获得成就感与满足感，形成进一步改善的动力。

3．照片的运用

除了将照片贴在员工看得见的公告栏上之外，企业还应将其贴在特制的图表上，并以此为基础召开会议。

在"定点摄影图表"（如表4-2所示）上的第一阶段（通常安排四个阶段）记下拍摄日期，贴上照片，计入评分。评分从低到高依次为1分、2分、3分、4分、5分。建议栏的填写较随意，可以由上级填写建议，也可作为对员工的要求等。

表4-2　定点摄影图表

阶段	照片	摄影日期	评分	建议

4．定点摄影的注意事项

企业实施定点摄影时，要做好以下工作。

（1）拍摄前必须征得被拍摄者的同意。

（2）拍摄时，拍摄者应尽量站在同一位置，面向同一方向。如果要变焦，应使用同一焦距。

（3）照片上要印上日期。定点拍摄的前后两张照片的不同点只是照片反映的改善前后的状况和拍摄的日期。

请注意

定点摄影能使企业发现许多需要改善的地方，为7S的持续推行提供参考依据。

要点03：红牌作战

红牌，也叫问题票，是企业在开展7S活动的过程中，贴在发现问题的地方，以作标示的标牌（如表4-3所示）。红牌作战是使用红色标签对企业各角落的问题点进行明示和整理的方法，是7S活动的方法之一。

表4-3　问题票

管理编号：　　　　　　　　　　　　　发行人：

区域或设备名		日期	
问题描述：			
对策结果记录：			
对策人		责任人	

1．红牌作战的内容

（1）整理

在整理的过程中，员工应该能够清楚地区分出要与不要的物品，留下必须要的物品，彻底抛弃不要的物品。

（2）整顿

在整顿的过程中，员工需要按照"定物、定位、定量"的基本原则，针对需要改善的物品、地点、事件等，分别用"红牌"标示出来。

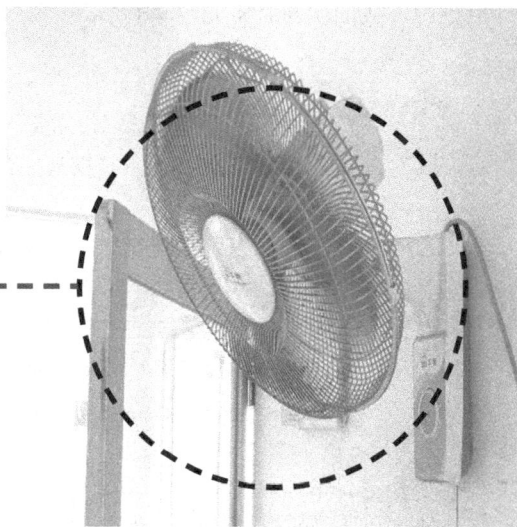

（3）清扫

在清扫的过程中，对发现的脏污的地方、设备用"红牌"贴出来。

（4）清洁

开展清洁工作时，需要对前3S进行检查，对脏污、混乱之处贴上"红牌"。

（5）安全

在不安全的地方或是存在安全隐患的区域贴上红牌。

（6）节约

对工作场所中存在的一切浪费现象贴上红牌，等待后续处理。

（7）素养

在培养素养的阶段中，红牌作战可以帮助员工养成良好的工作习惯，提高自身素质。

2．红牌作战的实施步骤

（1）成立红牌作战小组

红牌作战小组组长由具有决策权的厂长、总经理或董事长担任，成员主要是生产、仓储、技术、品管、营销等部门的主管。

（2）明确红牌对象

红牌作战的实施对象如图4-1所示。

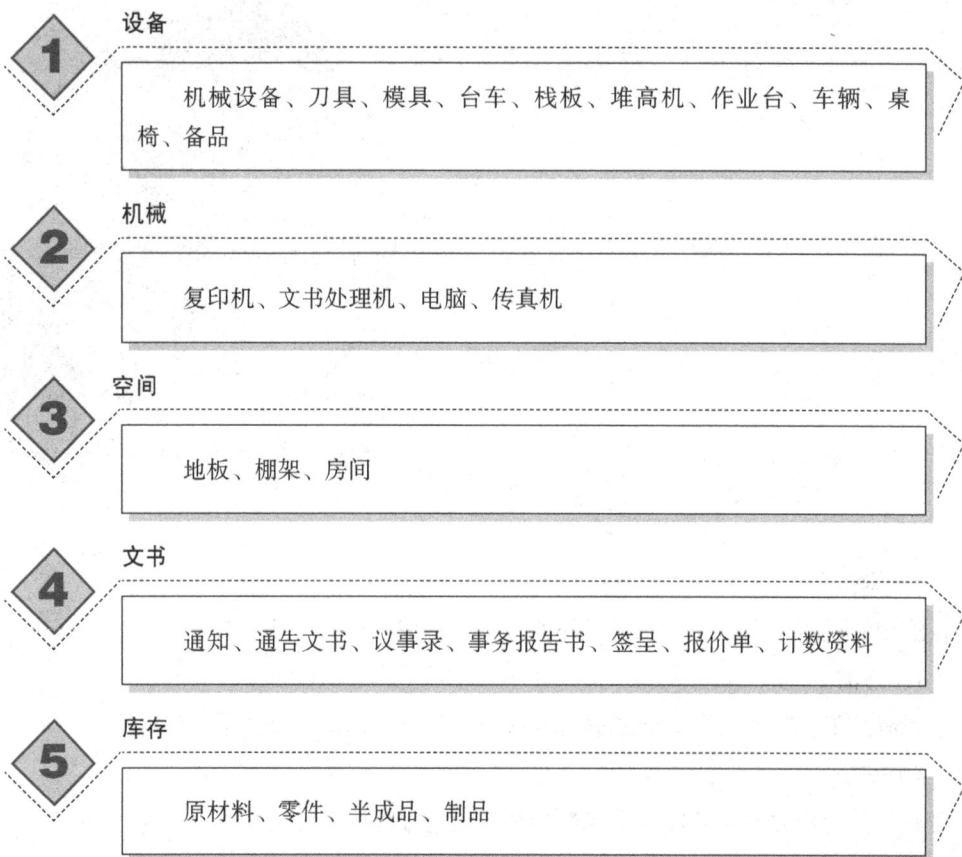

1 设备

机械设备、刀具、模具、台车、栈板、堆高机、作业台、车辆、桌椅、备品

2 机械

复印机、文书处理机、电脑、传真机

3 空间

地板、棚架、房间

4 文书

通知、通告文书、议事录、事务报告书、签呈、报价单、计数资料

5 库存

原材料、零件、半成品、制品

6 备品

文件夹、文件盒、橱柜、锁具、资料盒、桌、椅

7 文具

铅笔、圆珠笔、橡皮、夹子、计算用纸

7 其他

传票、名片、图书、杂志、报纸、图面、说明书等

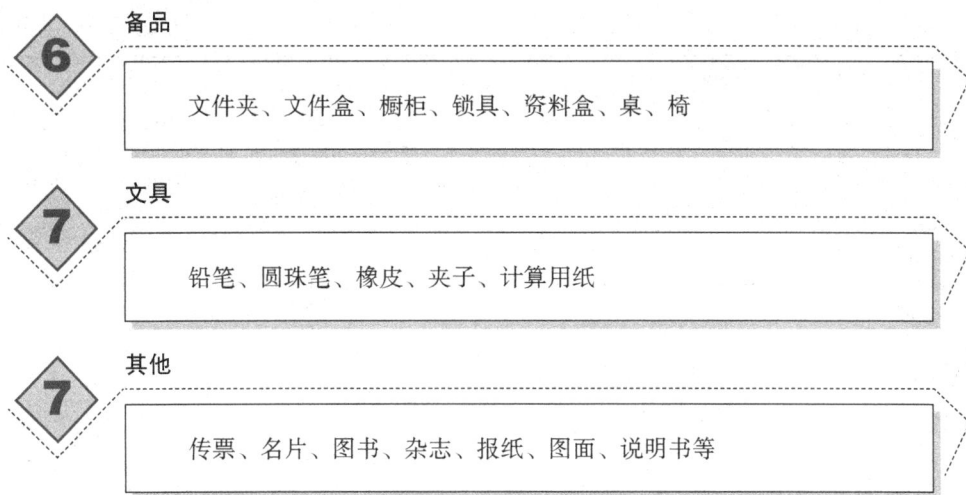

图4-1 红牌对象

（3）确立红牌基准

红牌作战的重点是整理，而整理的重点就是确定要与不要的东西，如表4-4所示。

表4-4 红牌基准

项目	要	不要
机器	一周内用得到	一周内用不到
手工具	经常要用	偶尔才用得到
材料	三天内用到	超过三天才用到

（4）制作红牌

红牌是指用红色的纸做成的7S管理问题揭示单。其中，红色表示警告、危险、不合格或不良。红牌的内容包括责任部门、问题描述和相应对策、要求完成整改的时间、实际完成的时间以及审核人等。红牌的样式较多，如表4-5和表4-6所示。

表4-5 红牌示例（1）

部门		日期	
问题描述			

（续表）

对策					
完成日期		审核		编制	
验收结果					
验收日		审核		编制	

表4-6　红牌示例（2）

红牌		
类别	□原材料　　□半成品　　□半制品　　□制品 □机械设备　□模具、治具　□工具、备品　□其他	
品名		
编号		
数量	个　　　　　金额	元
理由	□不要　□不良　□不急　□边材　□不明　□其他	
处理部门		
处理方式	□丢弃 □退回 □移往红牌集中处 □另案保管 □其他	处理完
＿＿年＿＿月＿＿日	贴附日期：	处理日期：
整理编号		

（5）贴上红牌

①贴红牌时，须摒弃"所有东西都是有用"的观念。

②要先了解红牌作战的对象、基准。

③对一些明确符合贴红牌条件的对象要及时贴上红牌，如放置各种杂物的设备。如有疑问或模棱两可，可先贴上红牌。

④不能由该部门的小组成员在自己部门的物品上贴红牌。

⑤不能使用黄色标签。

⑥部门主管如有异议应直接向委员会提出申诉，不可自己撕掉红牌。

（6）红牌评价与处理

①红牌记录

小组成员将贴附的红牌移往红牌集中处后，应予以记录。具体如图4-7所示。

表4-7　红牌记录表

责任单位（人）：　　　　　　　　　　　　　　　　　　编号：

原因	
建议改善措施	
改善要求	
红牌位置	改善限期
处理结果：	

确认人：

②对于不合格品、不用品、留滞品和边材的处理措施。

红牌作战小组将不合格品和不用品作废弃处理，将留滞品移往红牌物品放置处，对边材进行判断并对不要的边材进行处理。

③如发现设备对改善工作会造成一定的困扰或阻碍时，应作废弃处理。

3．红牌作战的注意事项

（1）红牌作战的目的不是处罚，红牌作战小组在实施过程中要向广大员工解释清楚，增强他们的参与感。

（2）贴红牌的频率不宜过快，应给部门留出一定的整改时间。

（3）贴红牌时理由要充分，证据要确凿，要说明原因，以便整改。

（4）贴红牌时要区分严重程度，只有是实实在在的问题才可以贴红牌。

（5）贴红牌的对象可以是材料、产品、机器和设备等，但绝不能针对个人。

要点04：油漆作战

油漆作战主要适用于清扫活动。在清扫阶段，最常见的做法就是搞一次彻底的清扫，员工把看得见和看不见的地方都清扫干净。但是，仅仅这样做并不够，只有实施"油漆作战"，才能彻底改变现场的面貌。

1．实施油漆作战

实施油漆作战时一般依照以下四个步骤。

（1）制订油漆作战计划

油漆作战计划包括以下六个方面的内容。

①决定对象区域、设备等，如未划线的工作地面。

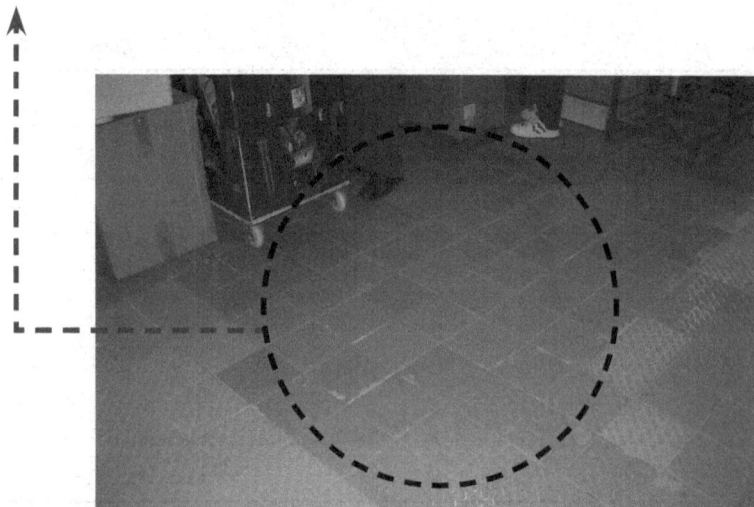

②对处理前的状况进行记录、拍照等。

③确定标准，即规划区域、通道，决定不同场所使用油漆的颜色等。

④准备工具、材料。

⑤明确参与人员和责任分档。

⑥学习涂刷油漆的方法等。

实施人员最好先咨询油漆厂家，并在专家的指导下制作《油漆使用方法指导书》，对涂刷前的处理、涂装用具、溶剂、涂层的厚度、干燥的时间、配色等进行说明。

（2）示范区试验

在全面涂刷油漆之前，企业要选定一个示范区或示范设备，按照事先确定的标准进行实验。实验的目的是为了确认该标准是否合适，实验后企业可以在听取多方意见的基础上对标准进行修改。

（3）全面开展油漆作战

根据修改后的计划，企业管理者具体安排和开展涂刷油漆活动。

（4）在活动结束后进行对比总结。

2．油漆作战的具体做法

（1）选择地板颜色

根据不同的用途，利用颜色区分地板。作业区可运用作业方便的颜色，休闲区则要用舒适、让人放松的颜色，具体的地板颜色如图4-2所示。

1 作业区	2 通道
绿色	橘色或荧光色
3 休闲区	4 仓库
蓝色	灰色

图4-2　地板颜色

（2）画线

确定地板的颜色后，接下来就是画线。画线的标准如表4-8所示。画线的实施要点如下。

a. 既可以使用油漆，也可以用有色胶带或压力板"画线"。

b. 从通道和作业区开始画线。

c. 决定右侧通行或左侧通行（最好与交通规则相同，即右侧通行）。

d. 表示出入口的线应采用虚线。

e. 需注意之处或危险区域可画老虎标记。

表4-7　画线标准

区分		颜色	宽度	备注
区块画线		黄色	10厘米	实线
出入口线		黄色		虚线
通道线		黄色		箭头
老虎标记		黄色与黑色		黄与黑的斑点
置物场所线	半成品	白色	5厘米	实线
	作业品	白色	5厘米	脚落线
	烟灰缸等	白色	3厘米	虚线
	不合格品	白色	5厘米	实线

备注：黄线不可以踏，区画线必须是实线。

①区块画线

区块画线指的是把通道与作业区的区块划分开的线。通常以黄线表示，也可以用白线表示。实施要点如下。

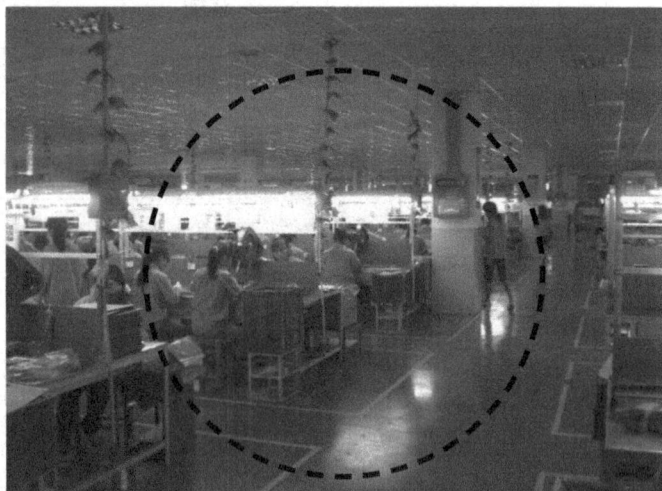

a. 画直线。

b. 做到清楚醒目。

c．减少角落弯位。

d．转角处要避免直角。

②出入口画线

勾画出人能够出入的线即出入口线。通常用黄线表示，不可踩踏。画线要点如下。

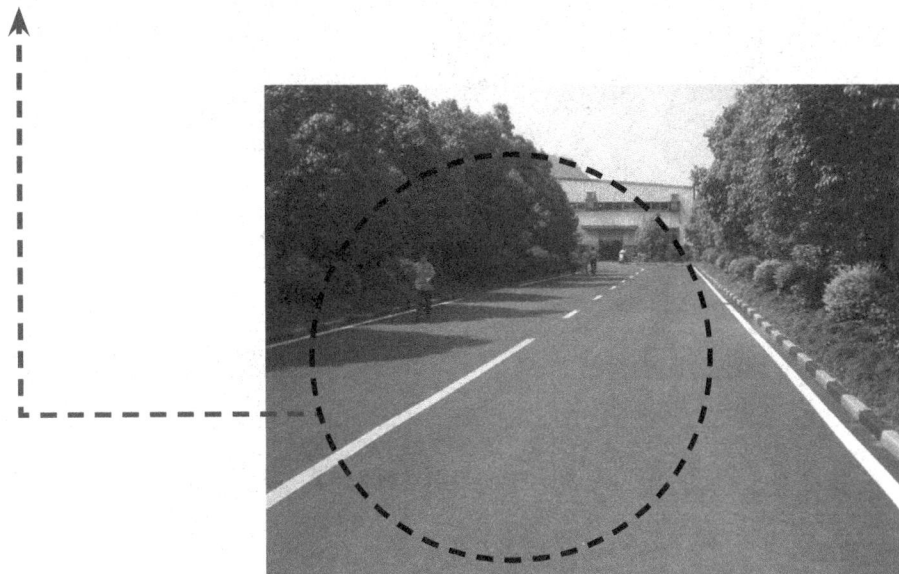

a．区块画线是实线，出入口线是虚线。

b．出入口线用于提示需确保此场所的安全。

c．要彻底从作业者的角度设计出入口线。

③通道线

首先决定是靠左还是靠右的通行线。最好与交通规则相同，即靠右通行。通道线画线要点是：

a．采用黄色或白色的线条，要有箭头；

b．在楼梯上也要画线。

④老虎标记

老虎标记是指黄色与黑色相间的斜纹所组成的线，因与老虎色相似，故称之为老虎标记。画线要点如下。

a. 清理易出危险的地方，如通道的瓶颈处、脚跟处、横跨通道处、楼梯等。

b. 老虎标记要很清晰，可用油漆涂上或贴上黑黄相间的老虎标记胶带。

⑤置物场所线

放置物品的地方称为放置场所。标示放置场所的标线即置物场所线。企业要特别把半成品或作业台等当做画线对象。画线要点如下。

请注意

开展油漆作战时企业要选择合适的时机，要以不影响生产为前提，并注意实施过程中的安全性。

a．清理出半成品等的放置场所。

b．清理出作业台、台车、灭火器等的放置场所。

c．通常是画白线，对不合格品则用红线或醒目的线标识。

要点05：定置管理

定置即对生产现场、人、物进行作业分析和动作研究，使物品按生产需要、工艺要求科学地固定在特定位置上，以达到物与场所的有效结合，缩短取物时间，消除人的重复动作，促进人与物的有效结合。

1．定置管理的内容

定置管理的内容大致分为工厂区域定置、生产现场定置和办公室定置等。

（1）工厂区域定置

工厂区域包括生产区和生活区。

①生产区包括总厂、分厂（车间）和库房。

a．总厂定置包括分厂、车间界线划分，大件报废品摆放，改造厂房的拆除物临时存放，垃圾区划定，车辆停泊等。

b．分厂（车间）定置包括工段、工位、机器设备、工作台、工具箱、更衣箱等的定置。

c．库房定置包括货架、箱柜、储存容器等的定置。

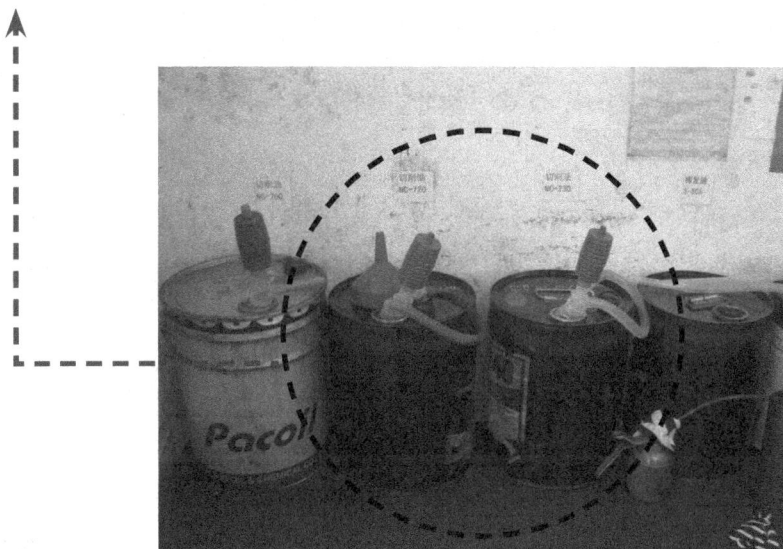

②生活区定置包括道路建设、福利设施、园林修造和环境美化等。

（2）生产现场定置。

（3）办公室定置包括设计各类文件资料流程、办公桌及桌内物品定置、文件资料定置、文件资料柜定置等。

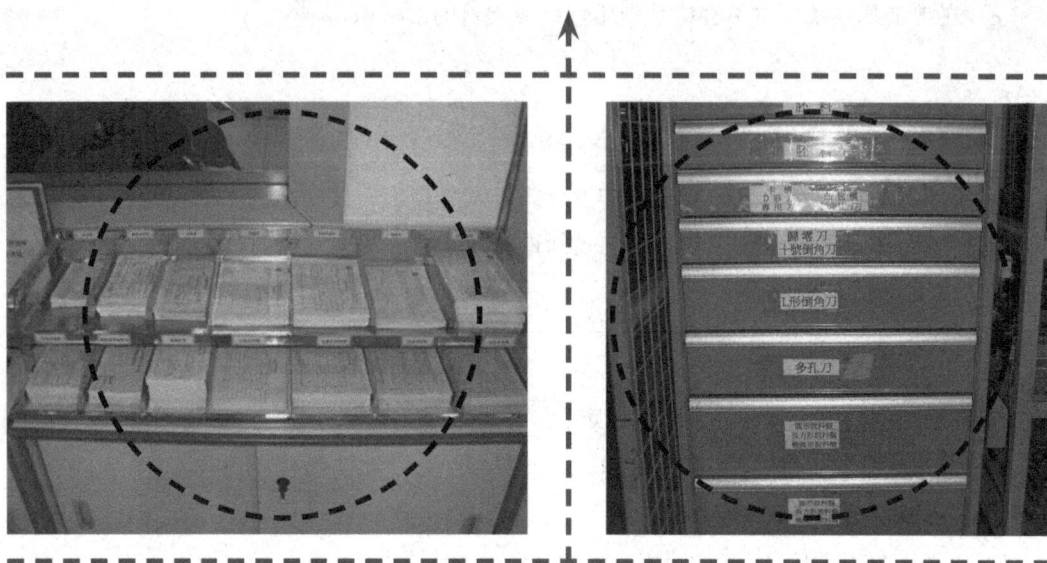

2. 定置管理的实施步骤

（1）研究现场

组织者通过对现场进行研究，确定一个合理有效的方法，使定置管理实现科学化、规范化和标准化。

（2）分析人、物结合状态

在工作场所中，A状态是良好状态，B状态是改善状态，C状态是需要彻底改造的状态，D状态是废弃状态。具体内容如表4-9所示。

表4-9 人、物结合状态

状态代号	结合状态名称	具体含义
A	紧密结合状态	正待加工或刚加工完的工件
B	松弛结合状态	暂存放于生产现场，不能马上进行加工或转运到下道工序的工件
C	相对固定状态	非加工对象，如设备、工艺装备、生产中所用的辅助材料等
D	废弃状态	各种废弃物品，如废料、废品、铁屑、垃圾及与生产无关的物品

这是开展定置管理的第二个阶段，也是最关键的一环。定置管理的原则是提倡A状态，

改造B、C状态，清除D状态，以达到提高工作效率和工作质量的目的。

（3）分析物流、信息流

在生产现场中需要定置的物品无论是毛坯、半成品、成品，还是工装、工具、辅具等都随着生产的进行而按照一定的规律流动着，它们所处的状态也在不断地变化，这种定置物规律的流动性与状态变化，称为物流。

随着物流的变化，生产现场也存在着大量的信息，如表示物品存放地点的路标，表示所取物的标签，定置管理中表示定置情况的定置图，表示不同状态物品的标牌，为定置摆放物品而划出的特殊区域等，都是生产现场中的信息。随着生产的进行，当加工件由B状态转化为A状态时，信息也随着物品的流动而变化，这就是信息流。

通过对物流和信息流的分析，员工要不断掌握加工件的变化规律和信息的连续性，并对不符合标准的物流、信息流进行改正。

（4）设计定置图

①常见定置图分类，如图4-3所示。

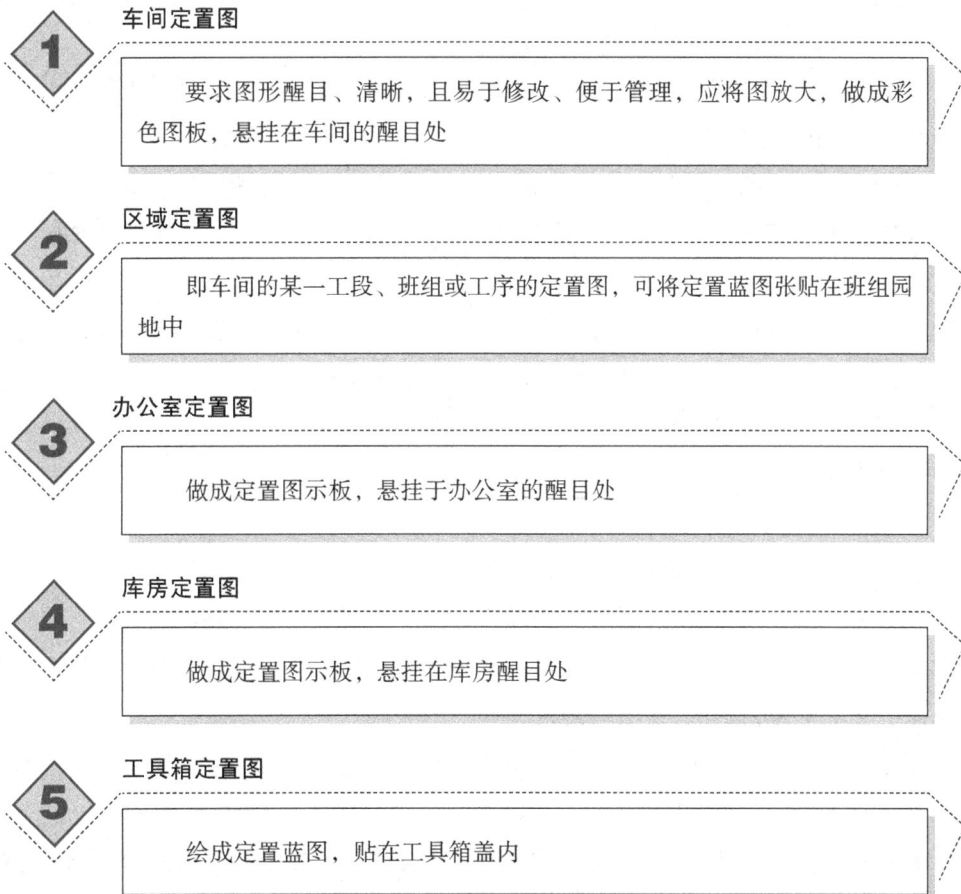

1 车间定置图
要求图形醒目、清晰，且易于修改、便于管理，应将图放大，做成彩色图板，悬挂在车间的醒目处

2 区域定置图
即车间的某一工段、班组或工序的定置图，可将定置蓝图张贴在班组园地中

3 办公室定置图
做成定置图示板，悬挂于办公室的醒目处

4 库房定置图
做成定置图示板，悬挂在库房醒目处

5 工具箱定置图
绘成定置蓝图，贴在工具箱盖内

⑥ 办公室定置图

统一绘制蓝图，贴于办公桌上

⑦ 文件资料柜定置图

统一绘制蓝图，贴于资料柜内

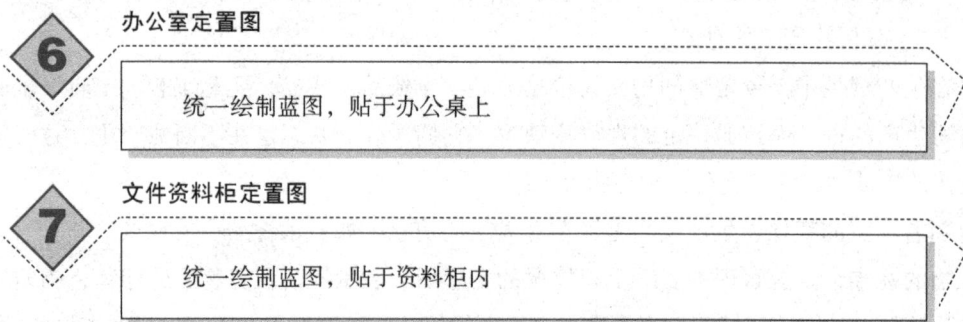

图4-3　常见定置图类型

② 定置图绘制

定置图的绘制应遵守一定的原则，具体原则如下。

a. 应将现场中所有物品绘制在图上。

b. 定置图绘制以简明、扼要、完整为原则，物形为实际物品的大概轮廓，按比例调整尺寸，相对位置要准确，区域划分要清晰鲜明。

c. 对于生产现场中暂时没有，但已定置并决定制作的物品，也应在图上标示出来，准备清理的无用之物则不得在图上出现。

d. 定置物可用标准信息符号或自定信息符号进行标注，并在图上加以说明。

e. 定置图应按定置管理标准的要求绘制，但应随着定置关系的变化而进行修改。

③ 定置图设计步骤

a. 对场所、工序、工位、机台等进行定置诊断分析。此阶段的主要任务是：通过分析，找出经济合理的工艺路线和搬运路线以及合理的操作方法。

b. 制定A、B、C三类标准。

c. 绘制定置图。

（5）信息媒介物设计

信息媒介物设计包括信息符号设计和示板图、标牌设计。

① 信息符号。在设计信息符号时，如有国家规定的（如安全、环保、搬运、消防和交通等）应直接采用国家标准。对于其他符号，企业可根据行业特点、产品特点和生产特点进行设计。设计符号应简明、形象、美观。

② 定置示板图。定置示板图是现场定置情况的综合信息标志，它是定置图的艺术表现和反映。

③ 标志牌。标志牌是指示定置物所处状态、标志区域、指示定置类型的标志，包括建筑物标牌，货架、货柜标牌，原材料、在制品、成品标牌等。

（6）实施定置

实施定置是定置管理工作的重点，包括以下三个步骤。

①清除与生产无关的物品

生产现场中凡出现与生产无关的物品，员工都要清除干净，可制定判断物品要与不要的标准。

②按定置图实施定置

各车间、部门应按照定置图的要求，将生产现场的设备、器具等物品进行分类、搬、转、调整并予以定位。定置物要与定置图相符，位置要正确，摆放要整齐，要有储存器具。

③放置标准信息牌

放置标准信息牌时要做到牌、物、图相符，由专人管理，无关人员不得随意挪动。放置标准信息牌时要以醒目和不妨碍生产操作为原则。

（7）检查与考核

①检查与考核的方式

定置管理的检查与考核一般分为以下两种情况。

a．定置后开展验收检查，检查不合格的不予通过，必须重新定置，直到合格为止。

b．企业定期对定置管理进行检查与考核。这是一项需要长期开展的工作，它比定置后的验收检查工作更为复杂和重要。

②定置考核的指标

定置考核的基本指标是定置率，它表明生产现场中必须定置的物品已经实现定置的程度。其计算公式是：

$$定置率 = \frac{实际定置的物品个数（种数）}{定置图规定的定置物品个数（种数）} \times 100\%$$

企业在考核定置率时，可以分项考核，再计算总的定置率。如考核工具箱的定置率、工位器具的定置率、操作者的定置率等。

企业定置管理考核应成立检查小组，每月定期检查1~2次。日常检查由生产科负责，将检查结果纳入经济责任制考核。

3. 生产现场的定置管理

（1）区域定置

①A类区：放置A类物品。如在用的工具、卡尺、量尺、辅具，正在加工、交检的产品，正在装配的零部件等。

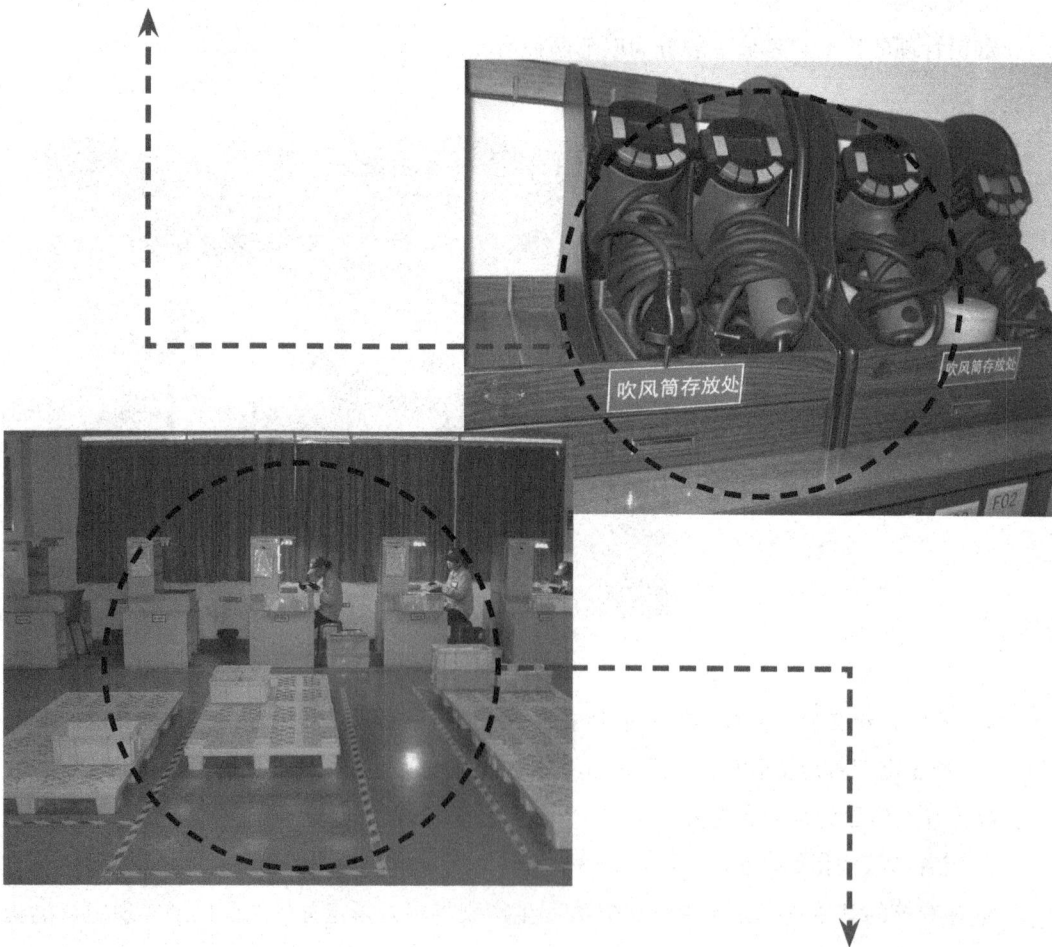

②B类区：放置B类物品。如重复上场的工装、辅具、运输工具、储存工具，计划内投

料毛坯，待周转的半成品，待装配的外配套件及代保管的工装，封存设备，车间待管入库件，待料，临时停滞料（因工艺变更）等。

③C类区：放置C类物品。如废品、垃圾、料头、废料等。

（2）设备、工装的定置

①根据设备管理要求，按照精密、大型、稀有、关键、重点等类型对设备进行分类管理。

②部门自制设备、专用工装经验证合格后交设备管理部门管理。

③按照工艺流程，部门将设备合理定置。

④部门对设备附件、备件、易损件、工装进行合理定置，便于加强管理。

（3）工位器具的定置标准化

工位器具是指在工作地或库房存放生产对象或工具的各种装置，如工具箱、工具柜、工件架等。工位器具标准化的主要内容如下。

①必须按标准设计定置图。

②工具摆放要符合定置图的要求，不准随意堆放。

③一律将定置图及工具卡片贴在工具箱内门壁上。

④工具箱的摆放地点要标准化。

⑤同工种、工序的工具摆放要标准化。

⑥编制工位器具图册。企业中使用的工位器具，若需自制时，最好统一设计、制造，并同已有的工位器具（包括外购的）汇集成册，也可以促使其实现标准化、统一化。

（4）现场各工序、工位、机台的定置标准化

①必须有各工序、工位、机台的定置图。

②要有图纸架、工艺文件等资料的定置规定。

③有工、卡、量具、仪表、小型工具、工作器具在工序、工位和机台停放的定置要求。

④有材料、半成品及工位器具等在工序、工位摆放的数量、方式的定置要求。

⑤附件箱、零件货架的编号必须同账、卡、目录相符，账卡等信息要有流水号目录。

（5）安全设施的定置

①消防灭火器材的定置：周围画红色斑马线。

②配电器材的定置：周围画红色斑马线。

③移动设备、易发生机械伤人的现场：画虎纹线。

（6）操作者定置

①人员实行机台（工序）定位。

②某台设备、某工序缺人时，调整机台操作者的原则是保证生产不间断。

③培养多面手，提倡一专多能。

（7）检查现场的定置

①要有检查现场的定置图。

②要划分不同区域并用不同颜色标示，如图4-4所示。

1 成品、半成品待检区

蓝色

2 合格区

绿色

3 废品区

红色

4 返修区、待处理区

黄色

图4-4　现场区域颜色标识一览表

③可将小件物品装在不同颜色的大容器内，以示区别。

4．定置管理的实施要点

（1）一定要按统一标准制作定置图，并尽可能按生产组织划分定置区域。

（2）在推行定置管理时，物品的摆放、区域的划分等都需要使用各种信息符号来表示，以达到直观的目的。

（3）对于那些易燃、易爆品，要实行特别定置。

（4）对于有储存期限要求的物品，在库存报表上要有关于时间期限的特定信号或标志，库存账本上应有序号和物品目录，注意保证账物相符。

（5）检查现场定置图，用不同的颜色区分不同的区域。

学
习
笔
记

通过学习本章内容，想必您已经掌握了不少学习心得，请仔细填写下来，以便继续巩固学习。如果您在学习中遇到了一些难点，也请如实写下来，方便今后重复学习，彻底解决这些难点。

同时本章列举了大量实景图片，与具体的文本内容互为参照和补充，方便您边学边用，请如实填写您的运用计划，以使工作与学习相结合。

我的学习心得：

1. _____
2. _____
3. _____
4. _____
5. _____

我的学习难点：

1. _____
2. _____
3. _____
4. _____
5. _____

我的运用计划：

1. _____
2. _____
3. _____
4. _____
5. _____

第5章

工厂7S管理——整理

导视图

| 工厂7S
管理导引 | → | 工厂7S
管理基础 | → | 工厂7S
活动推行 |

| 工厂7S管
理——整顿 | ← | 工厂7S管
理——整理 | ← | 工厂7S管理
常用方法 |

| 工厂7S管
理——清扫 | → | 工厂7S管
理——清洁 | → | 工厂7S管
理——安全 |

| 工厂事务部
门7S管理 | ← | 工厂7S管
理——素养 | ← | 工厂7S管
理——节约 |

整理，就是清楚地将工作场所中的物品、机器设备区分为需要品与不需要品，对需要品要妥善保管，对不需要品则进行相应的处理。

要点01：整理的目的

对于企业而言，如果不及时整理工作场所，会造成包括空间、时间、资金等方面的浪费。实施整理能有效避免这些浪费，提高工作效率。实施整理具有以下目的。

1. 腾出空间，增加作业面积

生产现场经常会有一些残余的物料、待修品、待返品和报废品等，这些东西既占据空间又阻碍生产。因此，企业必须将这些东西从生产现场中整理出来，以便留给作业人员更多的空间。

2．减少库存，节约资金

生产现场中非必需品就是浪费源头。如果员工不经常清理，即使是再宽敞的工作场所也会变得越来越小，企业还要建立各种名目的仓库，甚至要不断扩建厂房。杂乱无章地摆放货品，也会增加盘点的难度，使盘点的准确度大打折扣，导致成本核算失准。通过整理，就会避免因重复采购而带来的资金浪费，同时还有利于控制库存。

3．减少磕碰机会，提高产品质量

生产现场中往往有一些无法使用的工装夹具、量具、机器设备，如果不及时清理，会使现场变得凌乱不堪。这些地方通常是管理的死角，如果在一些对无尘要求比较高的企业，将直接影响产品的质量，通过整理就可以消除这一隐患。

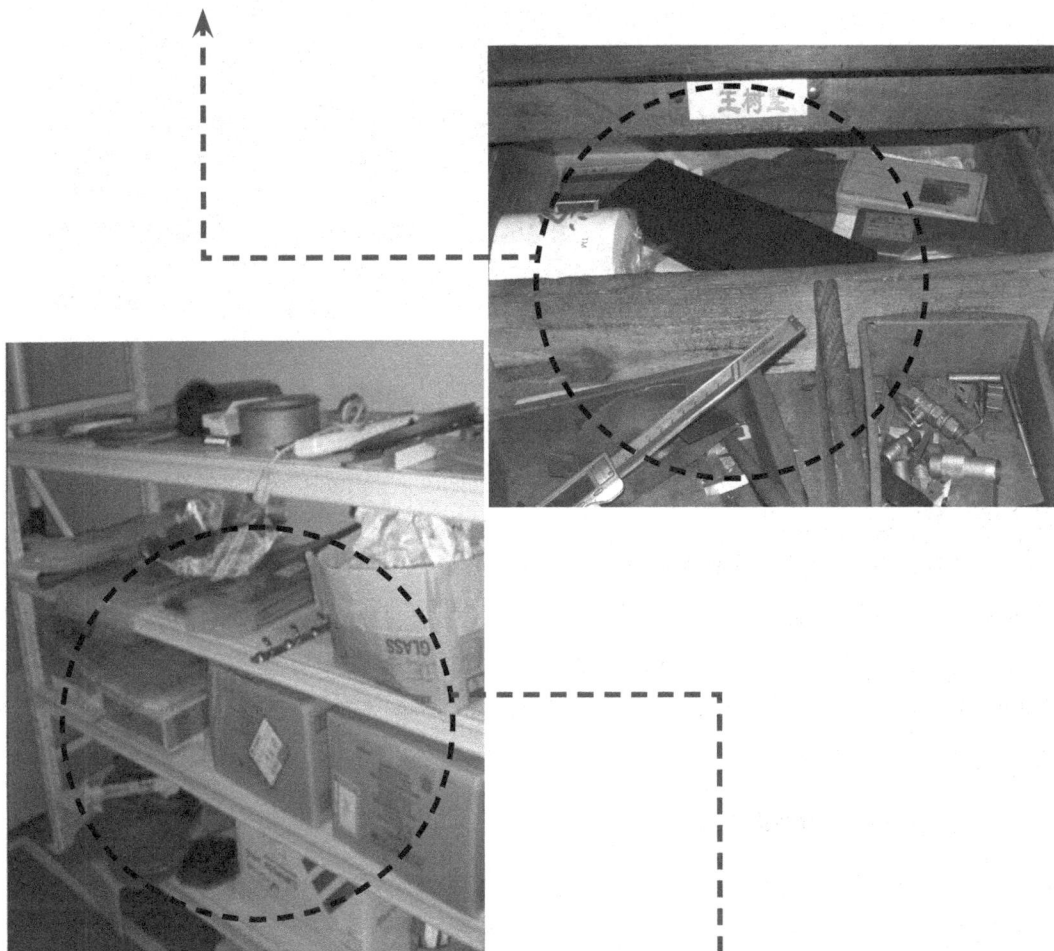

4．消除管理上的混放、混料等差错

在未经整理的工作现场，大量的物料被杂乱无章地堆放在一起，会给企业管理带来很大难度，容易造成工作上的差错。

要点02：整理的注意事项

1. 整理不是扔东西

从生产现场中清理出来的非必需品，有的只是在本部门无用，但可用于其他的地方；如事务部门废弃的机箱，可以将其铁片拆下来改做其他用具如文具筒等。

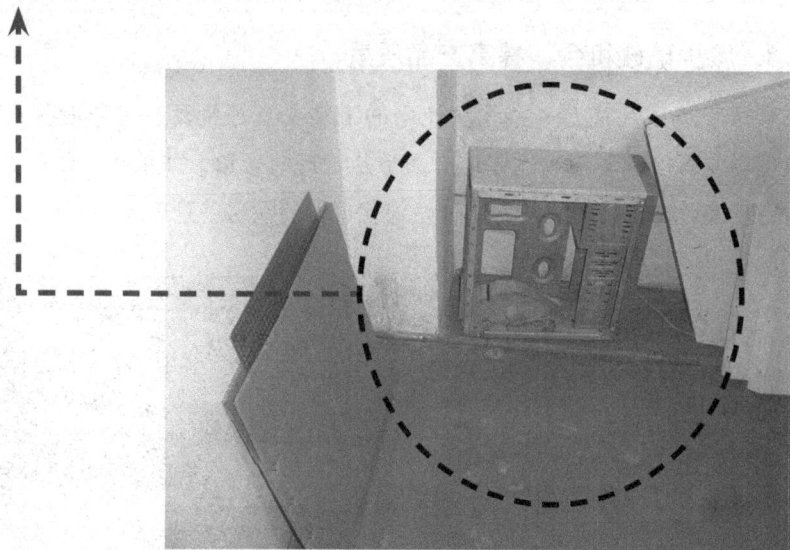

因此，整理并不是扔东西，即使是确实需要报废的物品，也应按财务规定，办理报废手续，并收回其"残值"。千万不可只图一时"痛快"，不分青红皂白地把清理出来的物品当做垃圾一扔了之。

在整理过程中，要遵循先"分开"后"处理"的原则。分开是先将要的（必需的）和不要的（用不着的）东西分开；将过期的和未过期的东西分开；将好的和坏的东西分开；将经常用的和不经常用的东西分开；将原件和复印件分开等。在分开的过程中，不需考虑如何处理。待分开后，再考虑如何处理。视物品和内容的不同可以有多种处理方式，如废弃、烧毁、切碎、收藏、转送、转让、廉价出售和再循环等。

2. 不要产生新的非必需品

不少企业在实施整理之后，虽然生产现场有了很大的改善，但过了一段时间后，又发现现场有了不少新的非必需品。产生非必需品的原因主要有以下三个方面。

（1）没有严格执行限额领料制度，没有为多余的零部件、材料办理退料缴库手续。

（2）未按生产部门下达的计划进行生产，没有将多生产的部件退入库房而是将其摆在了生产现场。

（3）没有及时清理生产过程中产生的废弃物，如各种包装物、塑料袋等，从而占据了生产空间。

因此，在日常工作时，员工不要超计划多领物料，不要生产计划外的产品，在制造过程中要进行过程控制，不生产不合格品。员工要立即清理作业后残留的物料，不要在生产现场放置私人物品。员工放置物品时要遵循平行、直角、直线的原则，使之一目了然。对于不能使用的工具和用不上的工具，员工要及时将其整理出现场。不制作多余的备份文件等。

3．整理的同时，需做到追根溯源

在整理的同时，企业还要做到追根溯源，也称"源头行动"，就是不断追溯，直到找出问题的根源所在，然后彻底解决。通常，企业由于以下原因产生各种废料废物。

（1）原辅材料采购量控制和库存管理不善。

（2）过程控制中计量不准确。

（3）投料过程中出现跑冒滴漏现象。

（4）设备泄漏。

因此，在整理时，企业一定要找出产生废料废物的源头，并对源头进行彻底根治。

要点03：现场检查的实施

实施现场检查，是整理的第一步。工作现场包括员工看得见与看不见的地方，尤其是容易被忽略的地方，如设备内部、桌子底部、文件柜顶部等位置。

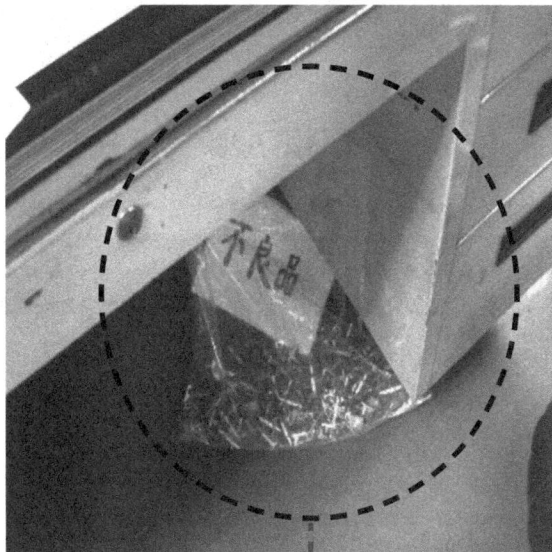

实施现场检查时，检查人员要做好对地面、天花板、工作台、办公区和仓库等区域的检查工作，具体的检查内容如表5-1所示。

表5-1　现场检查的主要内容

序号	场所	具体内容
1	地面（尤其要注意死角）	（1）推车、台车、叉车等搬运工具 （2）各种合格品、不合格品、半成品、材料 （3）工装夹具、设备装置

（续表）

序号	场所	具体内容
1	地面（尤其要注意死角）	（4）材料箱、纸箱、容器等 （5）油桶、漆罐、油污 （6）花盆、烟灰缸 （7）纸屑、杂物
2	工作台	（1）抹布、手套等消耗品 （2）螺丝刀、扳手、刀具等工具 （3）个人物品、图表资料 （4）余料、样品
3	办公区域	（1）抽屉和橱柜里的书籍、档案 （2）桌上的各种办公用品 （3）公告板、海报、标语 （4）风扇、时钟等
4	天花板	（1）导线及配件 （2）电线 （3）尘网 （4）单位部门指示牌 （5）照明器具等
5	墙上	（1）标牌、指示牌 （2）挂架、意见箱 （3）吊扇、配线、配管 （4）蜘蛛网
6	仓库	（1）原材料、辅材料 （2）呆料 （3）废料 （4）其它非材料的物品
7	室外	（1）废弃工装夹具 （2）生锈的材料 （3）自行车、汽车 （4）托板 （5）推车、轮胎

请注意

对于各个场所，检查人员都要检查到而不能有遗漏。尤其对于看不见、容易被忽略的地方要特别注意检查整理。

要点04：区分必需品与非必需品

整理的实施要点就是将现场中摆放的物品清理出来，并进行分类，然后按照判断标准区分物品的使用等级，进而决定是否需要该物品。

1．必需品与非必需品的判别标准

在实施整理的过程中，企业对必需品与非必需品必须制定相应的判别标准（如表5-2所示），以便员工根据标准实施"大扫除"。企业在制定标准时，一定要考虑自身的实际情况。

表5-2　必需品与非必需品的判别标准

序号	类别	说明	
1	必需品	（1）正常的机器设备、电气装置 （2）工作台、板凳、材料架 （3）台车、推车、拖车、堆高机 （4）正常使用的工装夹具 （5）还有使用价值的消耗用品 （6）原材料、半成品、成品和样本 （7）栈板、图框、防尘用具 （8）在用的办公用品、文具 （9）使用中的清洁工具、用品 （10）各种使用中的海报、看板 （11）有用的文件资料、表单记录、书报、杂志 （12）其他必要的私人用品	
2	非必需品	1．地板上	（1）废纸、杂物、油污、灰尘、烟蒂 （2）不能或不再使用的机器设备、工装夹具 （3）不再使用的办公用品 （4）破烂的栈板、图框、塑料箱、纸箱、垃圾桶 （5）呆料、滞料和过期品
		2．工作台和架子上	（1）过时的文件资料、表单记录、书报、杂志 （2）多余的材料 （3）损坏的工具、样品 （4）私人用品、破压台玻璃、破椅垫
		3．墙壁上	（1）蜘蛛网 （2）过期和老旧的海报、看板 （3）破烂的信箱、意见箱、指示牌 （4）过时的挂历、损坏的时钟、没用的挂钉

序号	类别		说明
2	非必需品	4．天花板上	（1）不再使用的各种管线 （2）不再使用的吊扇、挂具 （3）老旧无效的指导书、工装图

2．确定保管场所基准

员工可以根据物品的使用次数和使用频率判定物品应该放在什么地方。企业应对保管对象进行分析，根据物品的使用频率明确放置场所，制作出"保管场所分析表"（如表5-3和表5-4所示）。

表5-3　保管场所分析表

序号	物品名称	使用频率	归类	是必需品还是非必需品	建议场所
		一年没用过一次			
		也许要用的物品			
		三个月用一次			
		一星期用一次			
		三天用一次			
		每天都用			

表5-4　物品的使用与保管场所

	使用频率	处理方法	建议场所
不用	全年一次也未使用	废弃处理	待处理区
少用	平均2个月～1年用1次	分类管理	集中场所（工具室、仓库）
普通	1～2个月用1次或以上	置于车间内	各摆放区
常用	1周使用数次或1日使用数次或每小时都使用	工作区内随手可得	如机台旁、流水线旁、个人工具箱

备注：应视企业具体情况决定划分几类及相应的场所。

请注意

只有企业明确整理的标准，才能让员工知道如何区分需要和不需要的东西，并进行正确处理。

要点 05：清理非必需品

在确定了必需品与非必需品的判别标准后，员工就要清理非必需品，以便于充分利用空间。

1．清理非必需品的着眼点

非必需品可分为两种：一种是使用周期较长的物品，另一种是对目前的生产或工作无任何作用、需要报废的物品。

清理非必需品的原则是看该物品现在有没有"使用价值"，而不是原来的"购买价值"，同时注意以下几点事项。

（1）清理前需考虑的事项

①考虑为什么要清理以及如何清理。

②规定清理的日期和规则。

③在清理前明确现场需放置的物品。

④区分要保留的物品和不需要的物品，并向员工说明保留的理由。

⑤划定保留物品的安置场所，如不合格品区。◀-----

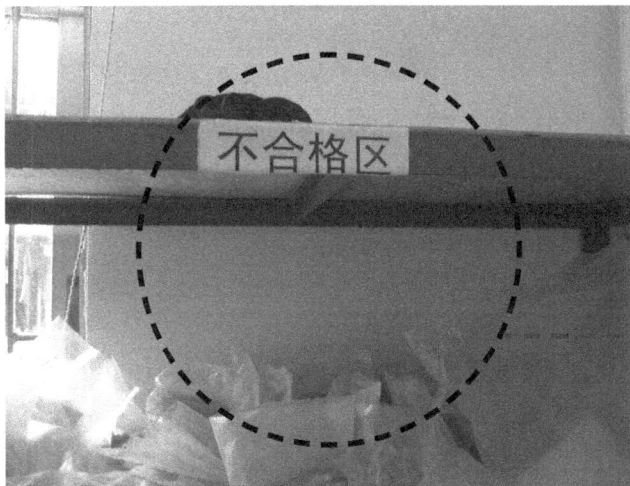

（2）清理暂时不需要的物品时，员工应认真判断这些物品是否有保留的价值，并弄清保留的理由和目的。如果不能确定今后是否还会有用，可根据实际情况决定一个保留期限，先暂时保留一段时间，等过了保留期限后，再做决定。物品的判断标准及放置场所如图5-1所示。

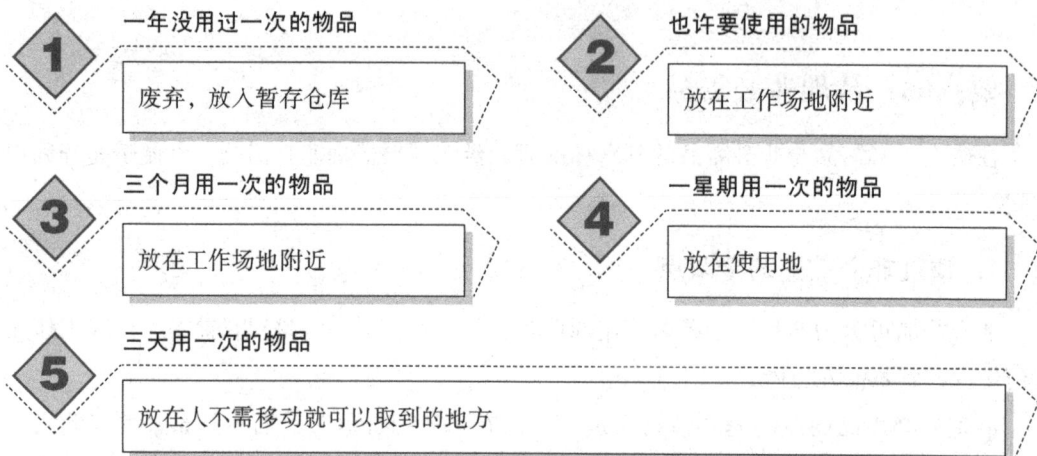

图5-1　物品的判断标准及放置场所

2．判定非必需品

（1）非必需品的判定步骤

①把那些非必需品摆放在某一个指定场所，并在这些物品上贴上红牌。

②由指定的判定者根据制定好的判别基准对等待判定的物品进行最终判定，决定其应是否为必需品。

（2）非必需品判定者

由于企业里需要进行判定的对象物很多，并且有可以判断的和难以判断的物品，为了高效地完成判定工作，企业可以根据对象物的不同确定相应的判定者。

①一般物品。由班组长初步判定，车间主任最终判定。

②零部件。由车间主任初步判定，生产部经理最终判定。

③机器设备。由生产部经理初步判定，总经理最终判定。

除此之外，企业还可以统一由7S活动推行委员会判定非必需品，设计一个有效的判定流程，由各个部门对各类物品进行判定。

对于非必需品的判定，企业要注意以下事项。

①对那些贴有非必需品红牌的物品，要约定判定期限，因为判定的拖延将会影响7S活

动的开展，最好迅速判定。

②当那些贴有非必需品红牌的物品被判定为有用物品的时候，判定者要及时向物品所属部门说明判定的依据或理由，物品所属部门要及时进行重新安置和摆放。

要点06：处理非必需品

企业在依据标准判定出非必需品后，就必须对非必需品做出相应的处理，以提高其工作效率。

1. 处理方法

对于贴了非必需品红牌的物品，企业必须逐件核实现品实物和票据，确认其使用价值。若经判定，该物品为必需品，那么就要揭去非必需品红牌。若该物品被确认为非必需品，则应该确定处理方法。一般来说，对非必需品有以下四种处理方法。

（1）改用

将材料、零部件、设备和工具等改用于其他项目或调到其他需要的部门。

（2）修理、修复

对不合格品或故障设备进行修理、修复，恢复其使用价值。

（3）作价卖掉

由于销售、生产计划或规格变更，有时新购入的设备或材料等物品用不上。在这种情况下，企业可以和供应商协商退货，或者（以较低的价格）卖掉，回收货款。

若该物品有使用价值，并可能涉及专利或商业机密，应按企业的具体规定进行处理；如果该物品只是一般废弃物，经过分类后可将其出售。

若该物品没有使用价值，可根据企业的具体情况折价出售，或作为培训、教育员工的工具。

（4）废弃处理

对那些实在无法发掘其使用价值的物品，必须按废弃基准作废弃处理。企业要在考虑环境影响的基础上，从资源再利用的角度出发进行处理。废弃处理的具体方法如下。

①由专业企业回收处理。

②在生产现场设置"废料箱"，用于放置废弃的物品。

③对要废弃的设备贴上作废标志。◀----------┐

④选择专门的场所进行废弃处理。

2．建立一套非必需品废弃的程序

为了维持整理活动的成果，企业必须建立一套非必需品废弃申请、判断、实施及后续管理的程序和机制。

企业建立非必需品废弃的程序是为了给整理工作的实施提供制度保证。生产现场中有许多无用的物品，但员工都不清楚是否废弃、该如何废弃，只好将它们摆放在现场。

一般来说，非必需品废弃的申请和实施程序如下。

（1）物品所在部门提出废弃申请。

（2）技术或主管部门确认物品的使用价值。

（3）相关部门确认再利用的可能性。

（4）财务等部门确认。

（5）企业高层负责人审批通过废弃处理决定。

（6）由指定部门实施废弃处理，填写"废弃单"，保留废弃单据以便备查。

（7）由财务部门做账面销账处理。

以下是一份非必需品处理程序范本。

【参考范本】公司非必需品处理程序

公司非必需品处理程序

第一条　目的

为使工作现场的非必需品能够及时地、有效地处理，使现场环境、工作效率得到改善和提高，特制定本程序。

第二条　适用范围

本程序适用于某工厂及驻厂相关科室对非必需品的处理。

第三条　定义

非必需品，即工作现场中一切不用的物品。

第四条　职责划分

1. 企业质检科负责对不用物料进行管理和判定。

2. 企业设备科负责对不用设备、工具、仪表、计量器具进行管理和判定。

3. 企业技术科负责对不用原材料进行管理和判定。

4. 企业办公室负责对不用物品进行审核、判定、申报。

5. 销售部、设备厂负责对不用设备、工具、仪表、计量器具、物料、原材料进行处置。

6. 财务部负责管理必需品的处置资金。

第五条　工作程序

1. 日常工作中，各车间、部门要及时清理非必需品，将非必需品置于暂放区，报责任部门主管审核后，由责任单位进行分类和标识，并记录在"非必需品处理清单"及台账中。

2. 正常情况下，各车间、部门每月向有关科室申报处理一次非必需品。由责任科室分类填写"非必需品处理清单"，报厂长审核、批准。

3. 各厂每季度（特殊情况除外）汇总"非必需品处理清单"一次，并在下一季度第一个生产例会报主管经理，协调设备部、财务部、销售部、设备厂判定处理方案。

4. 各相关部门严格按批准的方案实施，然后填写"非必需品处置详情表"报财务部。

5. 财务部负责全面管理处置回收的资金。

第六条　支持性文件及表单

1. 《低值易耗品及账外物资管理办法》。

2. "非必需品处理清单"。

第七条　本办法由 5S 推行办公室编制及负责解释。

学习笔记

　　通过学习本章内容，想必您已经掌握了不少学习心得，请仔细填写下来，以便继续巩固学习。如果您在学习中遇到了一些难点，也请如实写下来，方便今后重复学习，彻底解决这些难点。

　　同时本章列举了大量实景图片，与具体的文本内容互为参照和补充，方便您边学边用，请如实填写您的运用计划，以使工作与学习相结合。

我的学习心得：

1. ＿＿＿＿＿＿＿＿＿＿＿＿
2. ＿＿＿＿＿＿＿＿＿＿＿＿
3. ＿＿＿＿＿＿＿＿＿＿＿＿
4. ＿＿＿＿＿＿＿＿＿＿＿＿
5. ＿＿＿＿＿＿＿＿＿＿＿＿

我的学习难点：

1. ＿＿＿＿＿＿＿＿＿＿＿＿
2. ＿＿＿＿＿＿＿＿＿＿＿＿
3. ＿＿＿＿＿＿＿＿＿＿＿＿
4. ＿＿＿＿＿＿＿＿＿＿＿＿
5. ＿＿＿＿＿＿＿＿＿＿＿＿

我的运用计划：

1. ＿＿＿＿＿＿＿＿＿＿＿＿
2. ＿＿＿＿＿＿＿＿＿＿＿＿
3. ＿＿＿＿＿＿＿＿＿＿＿＿
4. ＿＿＿＿＿＿＿＿＿＿＿＿
5. ＿＿＿＿＿＿＿＿＿＿＿＿

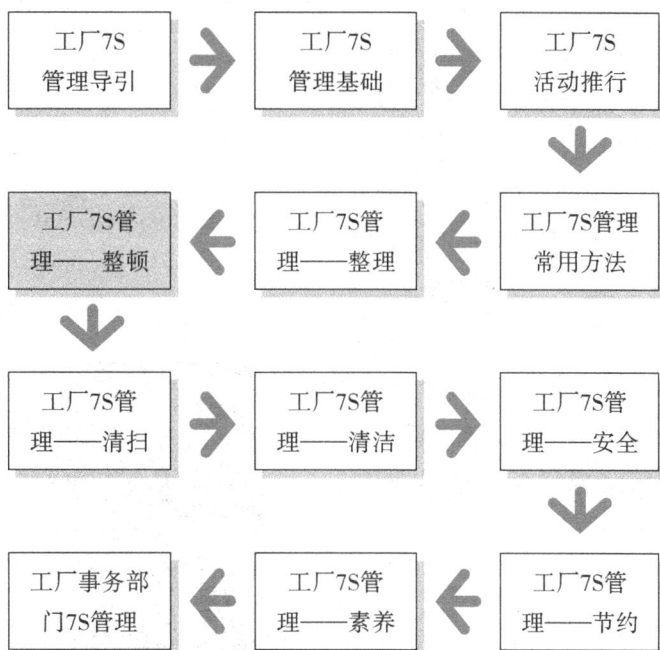

第6章

工厂7S管理——整顿

导视图

┈┈┈┈┈┈┈┈┈┈┈┈┈┈┈┈ 关键指引 ┈┈┈

整顿就是对整理后留下来的需要品或腾出来的空间作一个整体性的规划。这项工作旨在提高取用和放回物品的效率。

要点01：整顿的作用

1．企业没有进行整顿或整顿不好而出现的一些问题

（1）容易造成很大的浪费

在杂乱无序的工作环境中，企业如果没有做好整顿工作，员工就很难找到需使用的物品，将会造成时间和空间的浪费，同时还可能造成资源的浪费与短缺，使一些品质优良的物品沦为"废品"。具体而言，在生产现场没有做好整顿工作通常会造成以下五种浪费。

① 寻找物品导致的时间浪费。

② 停止和等待带来的浪费。

③ 盲目购买造成的浪费。

④ 因计划变更而产生的浪费。

⑤ 因交货期延迟而产生的浪费。

（2）容易发生意外事故

如在通道上作业，员工与物品或运输工具之间可能会出现相互碰撞，从而发生意外事故，或者电脑线路混乱，极容易引发触电事件。

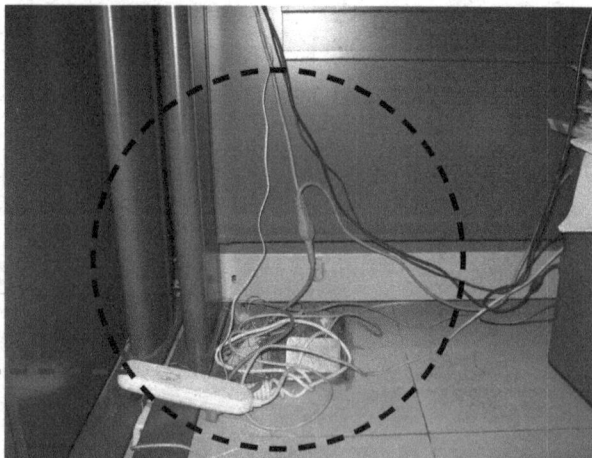

（3）无法有效提升生产效率

整顿工作不到位的部门，资料摆放混乱，常把时间花费在寻找物品和报表资料上，因此延误了工作时间，降低了生产效率。

（4）容易出现品质不稳定的状况

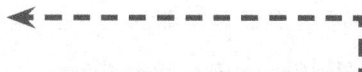

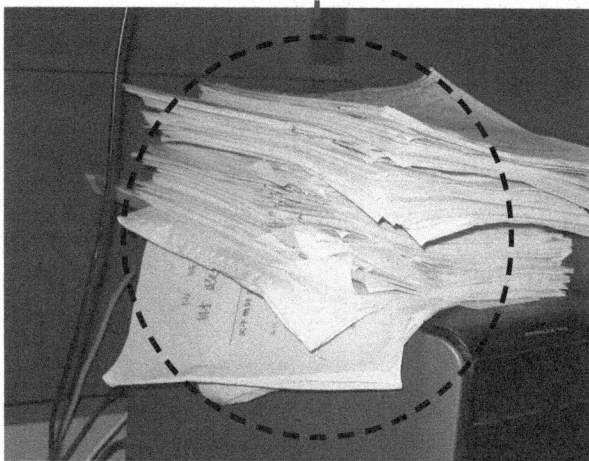

什么样的环境生产出什么品质的产品，试想在一个脏乱的环境中能生产出精密、高科技产品吗？事实上，产品要求的精密度越高，越不容许生产环境出现灰尘、污垢，只有这样企业才能生产出高品质的产品。一个品质不稳定的部门，大致存在以下七个问题：

① 合格品、不合格品（待修品或报废品）没有得到妥善划分，杂放在一起；

② 区域没有任何标志；

③ 区域有标志但物品摆放混乱；

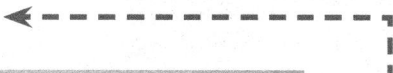

④ 半成品的移动没有规划，从而造成碰撞或损坏；

⑤ 配件掉落到地上或放置在地上；

⑥ 工作环境脏乱而没人整理；

⑦ 在需要闲置过久的库存零件时，未经确认质量合格就予以使用。

2. 整顿的作用

为了避免出现以上问题，企业必须加强整顿，整顿工作具有以下作用。

（1）营造一目了然的现场环境。

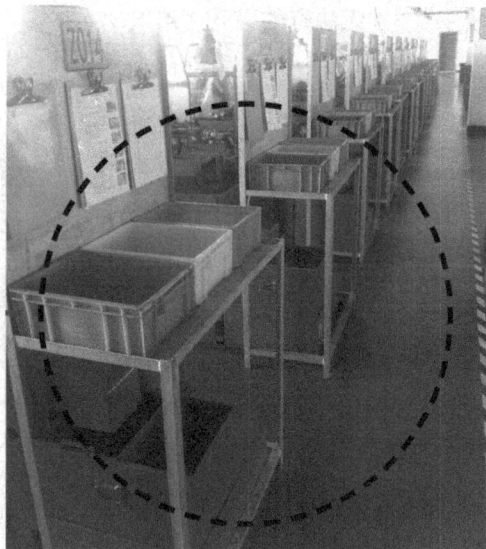

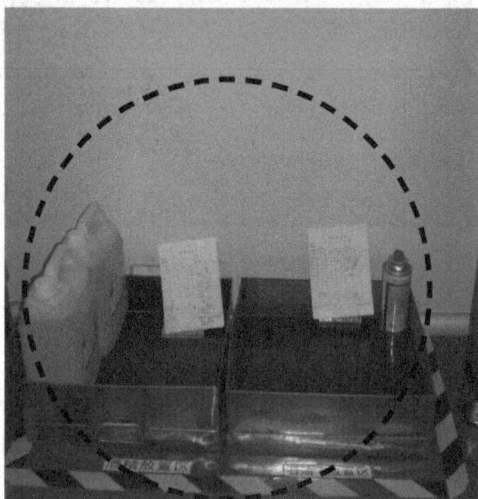

（2）一旦出现丢失、损坏等异常情况，员工能马上发现、及时处理。

（3）提高工作效率，减少浪费和非必需的作业。

（4）物品存放区域有明确标志。

（5）所有物品都有准确的标志。

（6）缩短寻找物品的时间。

（7）使操作步骤标准化。

（8）缩短换线、换工装夹具的时间。

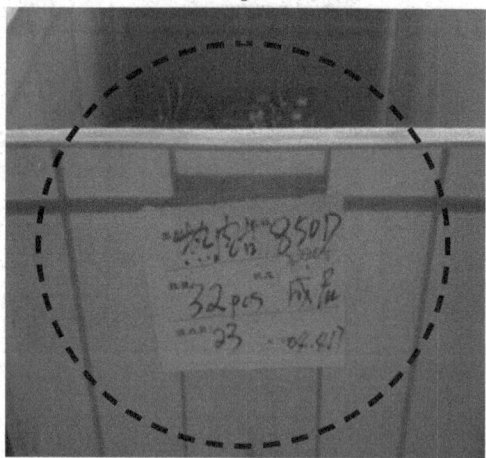

（9）文件资料摆放整齐，缩短寻找的时间。

要点02：整顿"三定"

整顿就是结合作业需要，做好现场分析、规划工作，合理、规范地摆放和储存整理好的物品，并加以标示。其关键在于"三定"，即定位、定品和定量。

1. 定位

定位就是根据物品的使用频率和便利性，决定物品的摆放位置。一般来说，使用频率越低的物品，应该放置在距离工作场所越远的地方。通过对物品进行定位，能够保持现场整齐，从而提高工作效率。

（1）物品定位要点

物品定位要点主要有如下三个。

①将该定位的地方设置标志，具体分为场所标志与编号标志。

②地域标志可用英文字母（A、B、C）或数字（1、2、3）来表示。编号标志以数字表示较为理想，最好由上而下按1、2、3排序。

③棚架上绝对不要放物品。

（2）物品定位原则

物品定位需遵循两个原则：一是位置要固定，二是根据物品的使用频率和便利性决定物品的摆放位置。

（3）物品定位类别

根据物品的特点，物品定位主要包括以下几种。

①设备和作业台的定位

设备和作业台通常被固定在指定的位置上，若非特殊情况需要进行区域再规划，原则上物品和位置的关系是固定的。

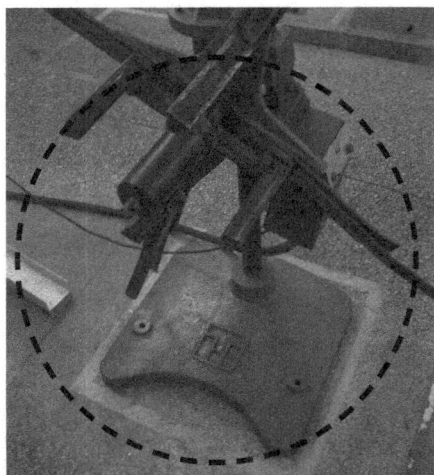

②原材料、半成品、成品的定位

一般来说，员工在完成某道工序后，不会把在生产过程中流动的原材料、半成品以及成品放回原来的位置。因此，企业需在工序附近设置摆放区域，区域与区域之间用区域线分开，以便将这类物品分别摆放。摆放时要做到"先进先出"，保持整齐，物品的边缘线要与区域线平行或垂直。

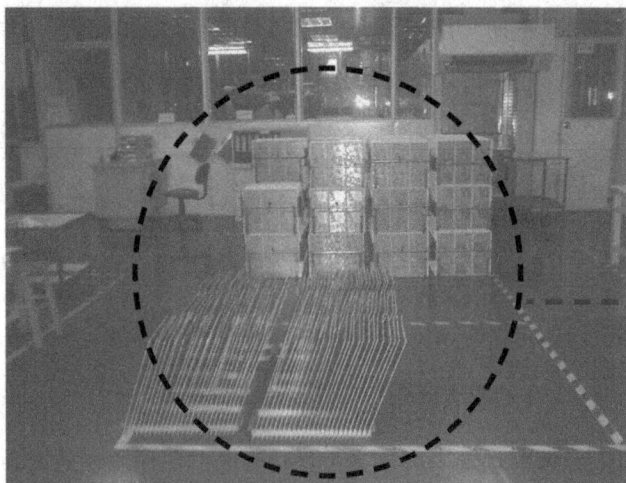

③工具、夹具、量具和文件等的定位

在生产或工作过程中经常用到的这类物品通常被存放在各式各样的柜、台、架等固定位置上，使用时取出，使用完毕放回原处。常用的定位方法有形迹法，就是依照物品的形状画出轮廓，并按其定位，以便取用和归位。

④票据、样品等的定位

对一些使用频率很低却又需要保管的重要物品，如财务票据、实物样品等，可以将其存放在一些固定的场所或仓库的一角。

⑤垃圾桶的定位

垃圾桶是企业中非常常见的物品，企业可以在地上用黄线画一个圆圈，为其定位。

2．定品

定品的目的是让所有人甚至是新进员工一眼就能看出那个地方放置的物品是什么。其要点如下。

（1）物品品目标志：标明放置的物品为何物，取用时也有看板的作用。

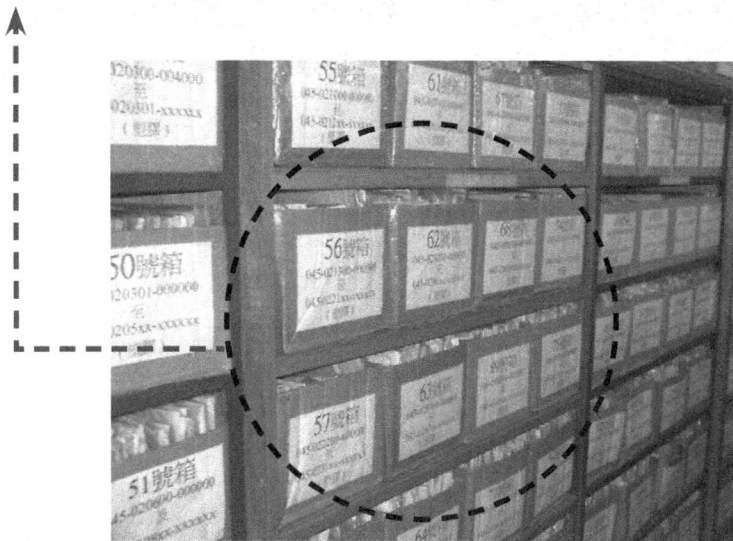

（2）棚架品目标志：标示放置的是什么物品，同时便于变换位置。

3．定量

定量的目的是让员工能一眼看出有多少库存量，不能说"大概、大约"，要清楚地说出有几个。其实施要点如下。

（1）要限制物品放置场所或棚架的大小。

（2）要明确显示最大库存量及最小库存量。将最大库存量用红色标示，最小库存量则用黄色标示。

（3）相同容器所装的物品数量应该一致。

要点03：整顿的基本推行步骤

整顿的基本推行步骤包括分析现状、进行物品分类、决定放置场所、决定放置方法以及具体实施的整个过程。

1．分析现状

员工取放物品时要花费很多的时间，究其原因主要有以下五点。

（1）不知道物品放在哪里。

（2）不知道要取的物品叫什么。

（3）物品存放的地点离工作场所太远。

（4）存放的地点太分散，且物品太多，一时难以找齐。

（5）不知道物品是否已用完，或者别人是否正在使用。

将以上原因归纳起来，就是员工对现状没有进行分析。所以在日常工作中员工必须对必需物品的名称、物品的分类、物品的放置地点等情况进行调查分析，找出问题所在，对症下药。

2．物品分类

在整顿时，企业要根据特征对物品进行分类，把具有相同特点或相同性质的物品划分到同一个类别之中，并制定标准和规范，确定物品的名称并做好标志。

3．决定放置场所

在推行整顿的过程中企业应事先确定物品放置的场所。在整顿初期，企业将整理后腾出的棚架、橱柜等空间进行重新规划，将最常用的物品放在最靠近工作场所的地方，将不常用的物品存放在其他位置。对于不同的场所，可使用不同颜色的油漆或胶带来加以明确，如白色代表半成品区，绿色代表合格品区，红色代表不合格品区。

在明确场所时应注意以下事项。

（1）通过画线等方式明确区分通道和作业区域。

（2）考虑搬运的灵活性。

（3）对不要的物品马上进行处理。

（4）不合格品箱或不合格品区域要明显，如用红色警示。

（5）油、甲苯等不能放置于有火花作业的场所。应将危险物、有机物等放在特定的场所。

（6）堆高时要限制高度。物品堆放高度超过一定安全限度时，应倚墙堆放。

（7）有时将物品放在定位线外也是无法避免的，这就需要竖起"暂放"牌，牌上标明理由、放至何时等信息。

4．确定放置方法

明确物品的放置方法，也是整顿工作中的一个重要内容，这种方法必须以容易拿取为原则。

物品的放置方式一般包括放在架子上、卡板上、箱子里、塑胶篮中、袋子里及悬挂放置等。决定放置方法时要考虑物品的用途、功能、形态、大小、重量和使用频率等因素，尤其要注意取用和放置的方便。在明确放置方法时要注意以下问题：

（1）放置时，应尽可能便于物品的"先进先出"；

（2）将重量较轻、使用频繁的物品放在卡板上；

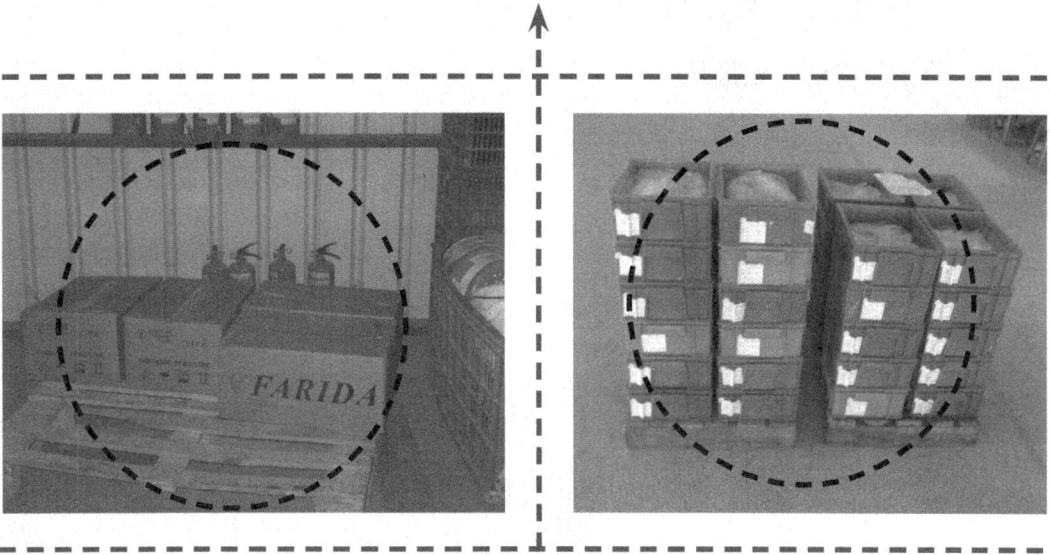

（3）尽量利用架子立体发展，提高空间利用率；

（4）将同类物品集中放置；

（5）将长条型物品横放，或束紧竖放；

（6）用栅栏或铁链隔离危险场所；

（7）将体积较小的物品放在箱子里；

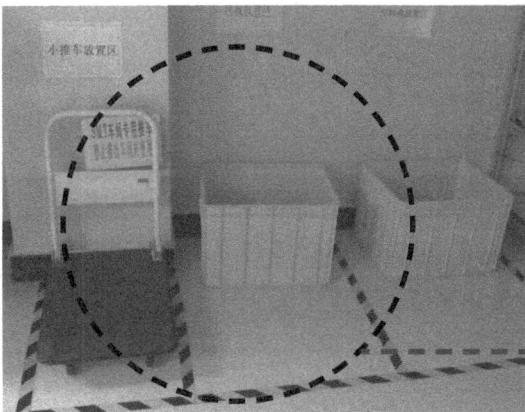

（8）避免将单一或少数不同物品集中放置，应分开定位；

（9）以悬挂方式放置清扫器具时，下面要设有接水盘。

5．确定物品的定位放置

根据存放方法，将物品放在该放的地方。同时注意对现场的各定置要求进行检查，看是否都有明确的规定并且按规定具体实施物品定位放置。

6．做好标示

标示是整顿的最终环节。明显、清楚的标志能起到方便沟通、减少差错、提高效率的重要作用。整顿的宗旨就是以最少的时间和精力，实现最高的效率、最高的工作质量和最安全的工作环境。

其中，一定要将物品名称和存放场所标示清楚，这样才能让每名员工都知道要用的物品在哪里。如果该物品正在被使用，也应该清楚标明使用者及使用场所，以便紧急需要时能快速找到。

企业还要贴出提示标语，提醒相关人员不得破坏整顿工作的成果。

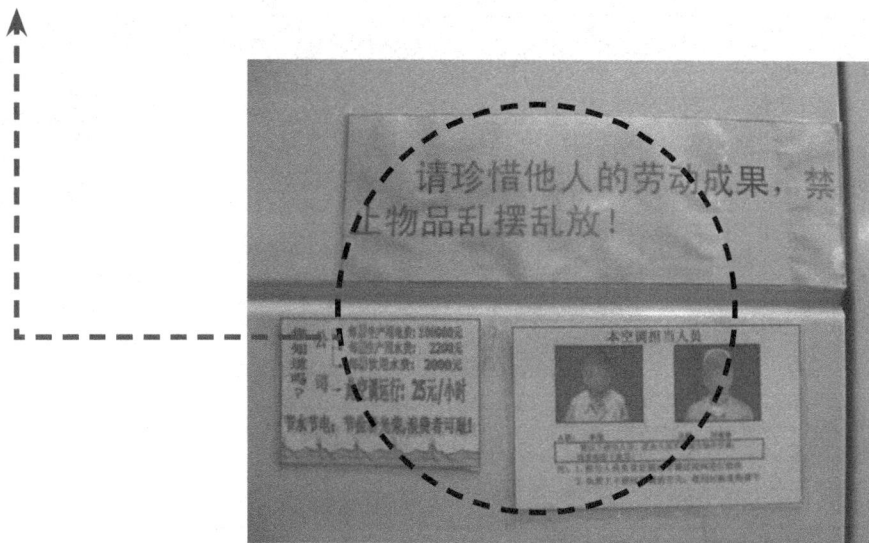

7. 对整顿进行评估

整顿进行到一定阶段，企业必须对其进行评估，具体可参照表6-1来进行。

表6-1 整顿评估表

部门： 　　　　　　　　　检查者： 　　　　　日期：

分类	序号	着眼点	检查		对策、改善方案（完成日期）
			是	否	
库存品	1	置物场有无三定看板			
	2	是否一眼就能看出定量标示			
	3	物品放置方法是否呈水平、垂直、直角状态			
	4	置物场有没有立体化的余地			
	5	是否能够"先进先出"			
	6	为防止物品间碰撞是否有缓冲材料或隔板			
	7	是否能防止灰尘进入			
	8	物品是否直式摆放在地面			
	9	不良品的保管是否有明确的定置物场			
	10	有无不良品放置场的看板			
	11	不良品是否容易被看见			

（续表）

分类	序号	着眼点	检查		对策、改善方案（完成日期）
			是	否	
治工具	12	有没有放置不良品的场所			
	13	放置场所是否有"三定"看板			
	14	治工具本身是否贴上名称或代码			
	15	使用频率高的治工具是否放置在作业场所附近			
	16	是否依制品别整顿方式来处理			
	17	是否依作业程序决定放置方式			
	18	治工具在作业指导书中有无指定场所			
	19	治工具是否零乱，能否在当场就看得出来			
	20	治工具显得零乱时，是否当场即予整理			
	21	治工具能否依共通化而将其减少			
	22	治工具能否依替代手段而将其减少			
	23	是否考虑归位的方便性			
	24	是否在使用场所的10厘米以内规定放置处			
	25	是否放置在10步以外			
	26	放置方位是否恰当，不弯腰就可以拿到			
	27	能否吊起来			
	28	即使不用看，是否也能大概归位放好			
	29	目标尺寸范围是否很广			
	30	治工具能否交替更换			
	31	是否依外观整顿			
	32	能否依颜色别整顿			
	33	使用频率高的刀具是否放置在身边			
刀具	34	使用频率低的刀具是否可以共同使用			
	35	能否作制品别组合方式处理			
	36	有无采取防止碰撞的对策			
	37	抽屉有无使用波浪板			
	38	抽屉是否采用纵向整理收拾			
	39	研削砥石是否堆积放置			
	40	有无采取刀具的防锈对策			

（续表）

| 分类 | 序号 | 着眼点 | 检查 | | 对策、改善方案 |
			是	否	（完成日期）
计量器具	41	放置场所是否有防止灰尘或污物的措施			
	42	计量器具放置场是否有"三定"处理			
	43	能否知道计量器具的有效使用期限			
	44	微米量尺、转动量是否放置在平衡处			
	45	有无垫避震材料			
	46	方量规、螺丝量规有无防碰撞措施			
	47	测试单、直角尺是否吊挂以防止变形			
油品	48	是否有做油罐→给油具→注油口的色别整顿			
	49	是否做油品种类汇总			
	50	在油品放置处是否有"三定"看板			
安全	51	通道有无放置物品			
	52	板材等长形物是否直立放置			
	53	易倒的物品有无设置支撑物			
	54	物品堆积方式是否容易倒塌			
	55	是否把物品堆积得很高			
	56	回转部分有没有用盖子盖上			
	57	危险地区是否有栅栏			
	58	危险标示是否清楚醒目			
	59	消防灭火器的标示是否从任一角度均可看见			
	60	消防灭火器的放置方式是否正确			
	61	防火水槽、消火栓的前面是否堆置物品			
	62	交叉路口有无暂停记号			
		合　　计			
		综合结论：			

要点04：工具类物品的整顿要点

减少走动、避免寻找、易取易放是工具整顿的目标。

1．对工装夹具等频繁使用物品的整顿

对工装夹具等频繁使用物品的整顿应遵循使用前能"立即取得"，使用后能"立刻归位"的原则。

（1）充分考虑能否尽量减少作业工具的种类和数量，利用油压、磁性、卡标等代替螺丝，多使用标准件。例如，平时使用扳手扭的螺母是否可以改成用手扭的手柄？这样可以节省工具；或者能否改成兼容多种工具的螺母，即使主工具突然坏了，也可用另一把工具替代使用；又或者把螺母统一化，只需一把工具就可以了。

（2）考虑能否将工具放置在离作业场所最近的地方，避免花费更多的取用时间。

（3）在"取用"和"归位"之间，要特别重视"归位"。最好将需要不断取用、归位的工具用吊挂式或放置在双手展开的最大范围之内。即使采用插入式或吊挂式"归还原位"，也要尽量使插入距离最短，挂放既方便又安全。

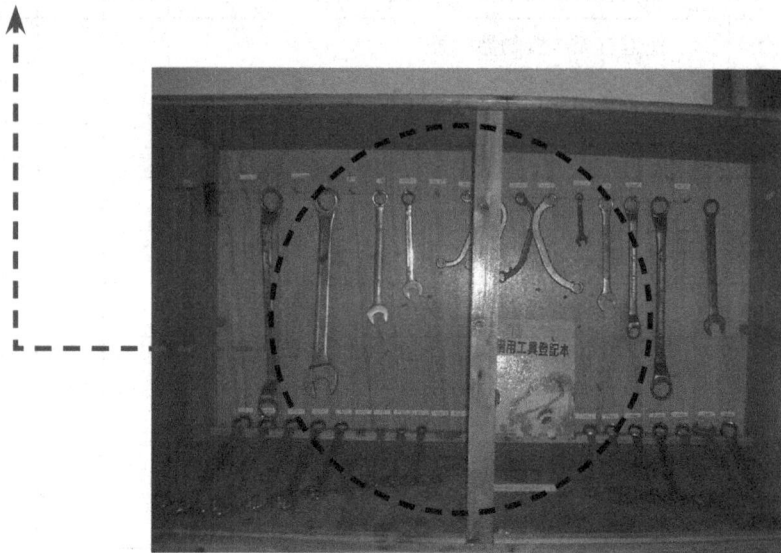

（4）要使工具准确地归还原位，最好以复印图、颜色、特别记号和嵌入式凹模等方法进行定位。

员工最好能够按需要分类管理工具，如平时使用的锤子、铁钳、扳手等工具，可列入常用工具，集中共同使用。个人常用的工具可以随身携带，专用工具应独立配套。

2．切削工具类的整顿

这类工具需重复使用，且搬动时容易发生损坏，员工在整顿时应格外小心。

（1）经常使用的工具，应由个人保存。如果是不常用的工具，则尽量减少数量，以通用化为佳。企业应先确定必需的最少数量，将多余的工具收起来集中管理。

（2）刀刃是刀具的生命，所以在存放时要保持方向一致，以前后方向直放为宜，最好能采用分格保管或波浪板保管，且避免堆压。

（3）也可利用插孔式的方法，即把每支刀具分别插入与其大小相适应的孔内，这样可以对刀刃加以防护，并且节省存放空间，且不会放错位置。

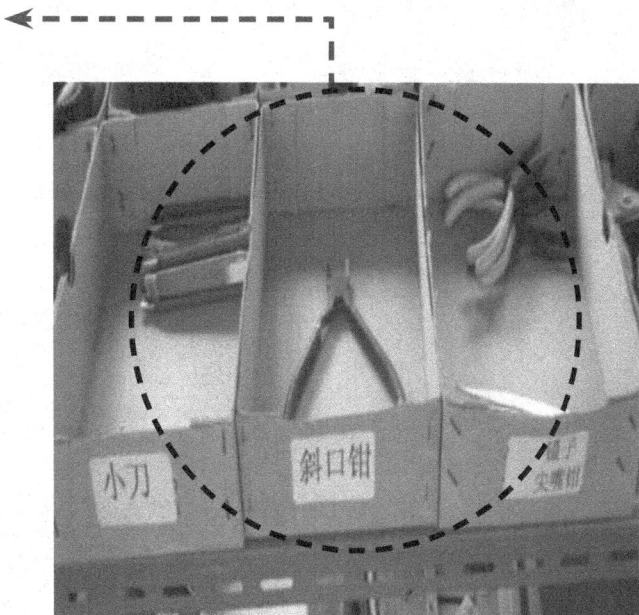

（4）对于锯片类刀具可分类型、大小、用途等叠挂起来，并勾画形迹，这样易于归位。

（5）注意切削类工具的防锈，员工应在抽屉或容器底层铺上吸油的绒布。

3．盛装工具的整顿

企业用于盛装物品的工具也很多，如各类托盘、物料箱等，对这些工具的整顿应摆放在合适的区域，并注意做好定位与标示，可在地面上划出一块大一点的区域存放大的托盘，将小的托盘放在专用的架子上。

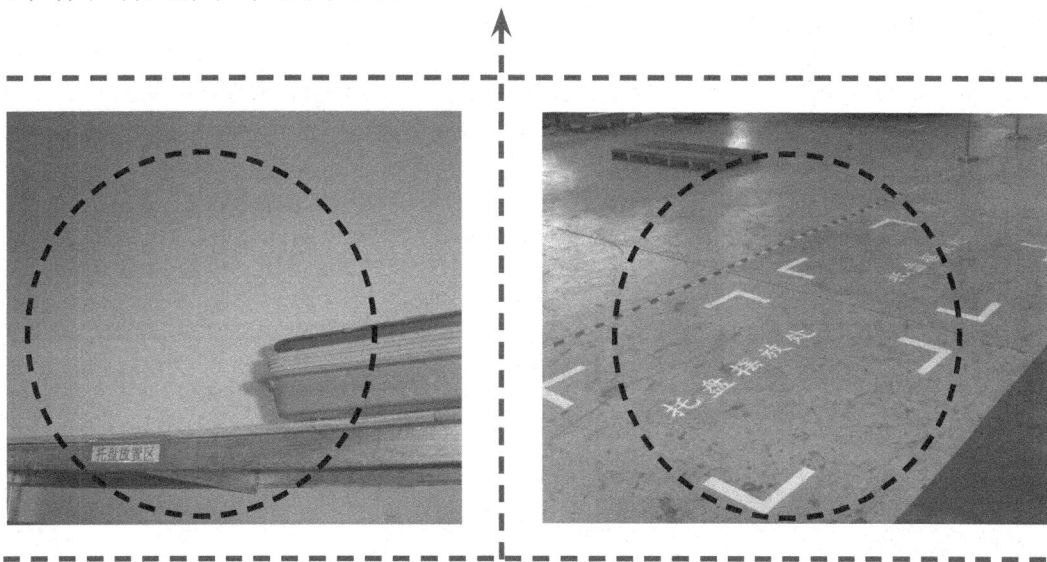

要点05：设备的整顿要点

1. 设备的整顿方法

（1）全格法

全格法就是依照物体的形状用线条框起来。如对小型空压机、台车、铲车的定位，一般用黄线或白线将其所在区域框起来。

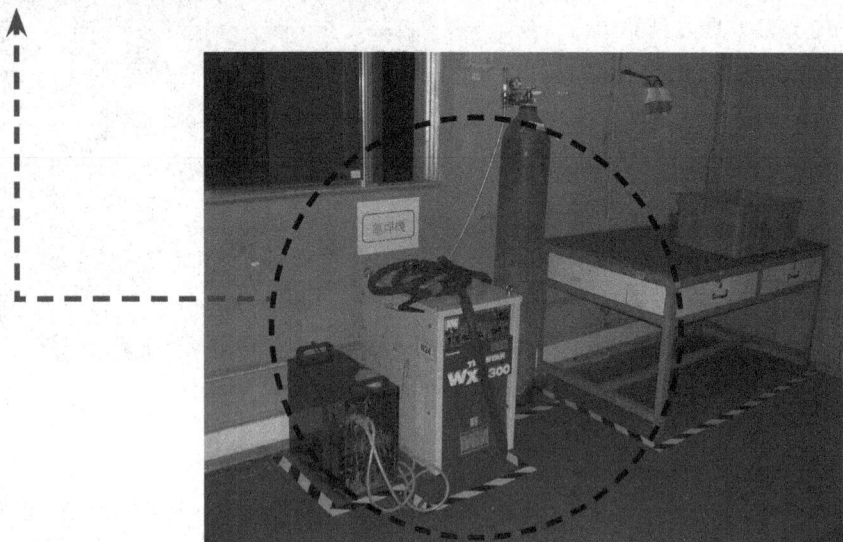

（2）直角法

直角法就是只定出物体的关键角落。如对小型工作台、办公桌的定位，有时只在四角处用油漆画出定位框或用彩色胶带贴出定置框。

2. 设备的具体整顿

（1）设备旁必须挂有一些"设备操作规程"、"设备操作注意事项"等。设备的维修保养也应做好相关记录。这样不但能给予员工正确的操作指导，也可让客户对企业有信心。

（2）设备之间的距离不宜太近。近距离摆放虽然可节省空间，却难以清扫和检修，还会相互影响操作而导致意外事件的发生。

如果空间有限，员工应首先考虑是否整理工作做得不够彻底，再考虑物品是否有整顿不合理的地方，浪费了许多空间，然后尽量多想一些技巧与方法。

（3）把一些容易相互影响操作的设备与一些不易相互影响操作的设备做合理的位置调整。还可以在设备的下面加装滚轮，便可轻松地推出来进行清扫和检修了。

要点06：作业台、台车类的整顿要点

作业台、台车是员工实际工作的地方，对其进行整顿有利于保证作业安全并提高工作效率。企业整顿作业台、台车类时应注意以下事项。

（1）清理多余的作业台、棚架的数量。企业以"将必需的台、架留下，丢弃其他的台、架或加以整理"为原则进行整顿，现场就不会堆积过量的台、架了。

（2）当台、架的高度不齐时，可在下方加垫，保证台、架高度齐平。

（3）台、架下可加装车轮使之移动方便，并制作能搭载作业必要物品的台车，在换模换线或零件替换时，可以将台车做整组更换。

（4）台、架等不可直接放置在地面上，应置于架高的地板上，这样比较容易清扫。

要点07：配线、配管的整顿要点

杂乱无章、放置方式不对的配线或配管可能会引发一些危险，会成为刮破、磨耗或错误的起因及受伤害或引起故障的根源，企业必须进行整顿。

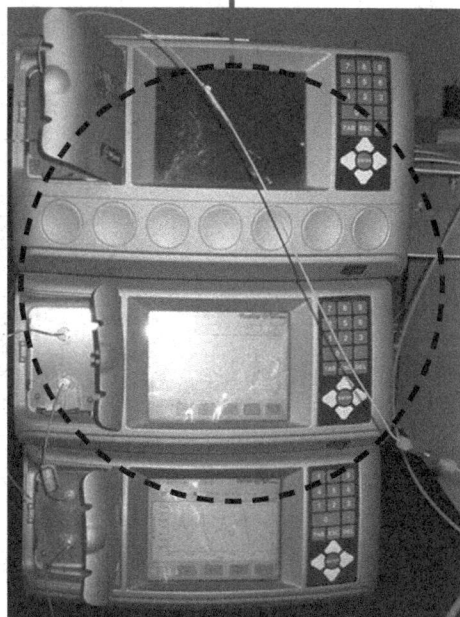

生产现场中可能会有如蜘蛛网般的配线或者是杂乱无章的配管，这些都会成为刮破、磨耗或错误的起因及受伤害或引起故障的根源。企业可采取以下措施解决这些问题。

（1）可以考虑架高地板或加束套，以防止擦伤、防止震动。

（2）用直线、直角的方式安装配线、配管，以防脱落。

（3）将配线全部架设在地面上，并垫高脚架。在每一条配线上标上名称、编号及涂上颜色，这样可防止发生错误。

（4）可以将同在墙边的配线一起绑在墙面上。

要点08：仓库的整顿要点

仓库的整顿要以定位、定量、定容的方式来进行，需遵循以下原则：该不要的就不要，能放多少就放多少，定量事先也测量，安全一定要保证。

1. 定位

（1）对材料及成品以分区、分架、分层的形式来区分。

（2）对同一类物品的分区，可以用英文字母划分。

（3）设置仓库总看板，使相关人员对现场情况做到一目了然。

（4）对搬运工具进行定位，以便减少寻找时间。

（5）严格遵守仓库发放材料及成品的时间规定。

（6）将不方便放在货架上的物品装箱置于地面上，并做好标示。

2．定量

（1）对相同的物品，在包装方式和数量上应尽量保持一致。

（2）设定标准的量具来取量。

（3）设定最高限量基准，可在最高限量处标出红线，存放物品时禁止超过最高存量。

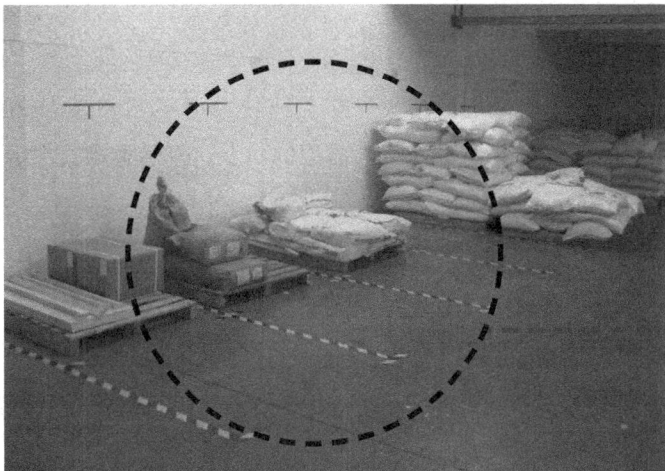

3．定容

由于各种材料和成品的规格不一，因此要用不同的容器来装载。对于同类物品的装载，容器大小应尽量相同，否则，不仅显得不整齐，也浪费空间。此外，选择容器的规格时必须考虑搬动方便与否。

> **请注意**
>
> 为了使仓库的管理合理化，企业对仓库进行整顿是很重要的，有利于仓库物品的查找和取用。

要点09：材料、清洁用具、危险品的整顿

在实际工作中，企业对于各种材料、清洁用具以及危险品也需要做好整顿。

1．材料整顿

（1）整顿的要点

①定量定位存放

企业要先确定材料的存放位置，再决定工序交接点、生产线和生产线之间的中继点所能允许的标准存量与最高存量，然后设定标准存量的放置界限，如长、宽、高的限定或占用台车数及面积的限定，并明确标示。

企业对超出限定量者应另行管理，如果将超量部分暂时放置在现场，要将责任者和入库日期标示清楚。当发现材料数量有增大的趋势时，通常仍以个案处理，但应随时考虑将

物品数量减少的方法。

②确保先进先出。

③搬运、储存要合理。防止在搬运或装箱时出现撞击、异品混入等情况。

④对不合格品要有标示。要将不合格品及返修品设定放置场所，并用不同的箱子装好，一般用红色或黄色箱子，以利于区别。装不合格品时，以选用小箱子为宜，这样能较快地装满并搬离生产现场。

（2）不同类别材料的整顿

①备品、备件的整顿

备品、备件的整顿重点为：在日常保管时，保持其正确使用的状态，按名称摆放在各自的框中，如有污秽、伤痕、锈蚀等现象，应设定清楚。

②润滑油、作动油等油类的整顿

对润滑油、作动油等油类的整顿要点如下。

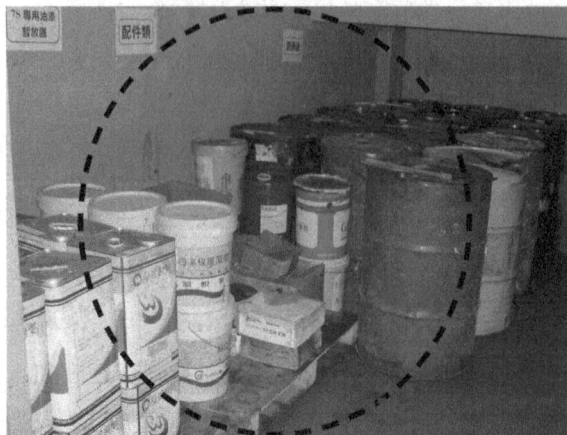

a．油的种类要统一，尽量减少种类。

b．配合油的名称及加油周期，以颜色进行管理，以便区分使用。

c．对油类进行集中保管，明确放置场所、数量、容器大小、架子及加油站的补充规定等。

d. 依油的材质或加油口的形状配备道具。

e. 必须考虑防火、公害及安全等问题，彻底防止出现漏油以及灰尘、异物混入等现象。

f. 做好改善加油方法及延长加油周期的工作。

③消耗品类整顿

消耗品经常散落在生产线附近。为了防止消耗品掉落，可用较小的盒子装，且不要装满，并画上界限线。在收存时一定要加封盖，不要混入其他类似零件。如果员工捡起掉落的零件，也不可再放入原盒子里，应该放入落下物集中盒内，以免误用。

弹簧类等容易纠缠在一起的物品，以及垫圈类等不易抓取的物品，还有金属轴承等，均严禁出现破损、变形、伤痕等。这类小型物品应以模组成套的方式放置，这样比较容易拿取。

对于电气胶带、电线等物品，也要分门别类放置，摆放成容易拿取的方式。

2．清扫用具的整顿

（1）放置场所

①不要将扫把、拖把放置在明显处。

②绝对不可将清扫用具放在配电房或主要出入口处。

（2）放置方法

①用悬挂的方式放置扫把、拖把等。

②将簸箕、垃圾桶等在地上定位。

3．危险品的整顿

（1）危险品的存放

企业一定要按照相关存放要求和标准存放危险品。如某类危险品必须放置在框中，或者必须存放在阴凉的地方等。

（2）张贴、说明等

危险品存放处应标明"使用规定"、"使用方法"及"注意事项"等，存放处附近也应具备一定的救护措施并张贴一些警示标语。

凡是存在危险品的地方，就要有相关的警示标语。

（3）危险品的标志

危险品的标志应该注明危险品的类型、名称、危险情况及安全措施等。对危险品的储存工具，也要标明其名称及操作要求。

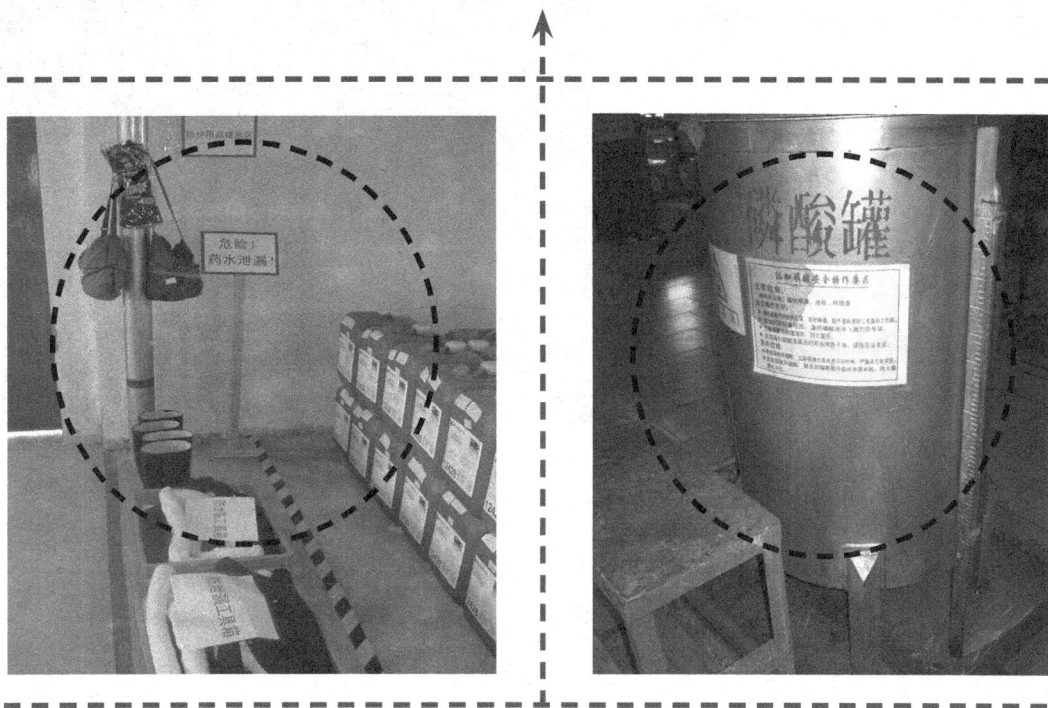

（4）穿戴防护用品

员工使用一些有毒、有害、有腐蚀性及刺激性的危险品时，必须穿好防护衣、戴好手套，以保安全。万一不慎使危险品沾及身体，应立即清洗，如感不适时，应马上到临近医院就诊。

要点10：在制品整顿要点

在生产现场，除了设备和材料以外，在制品是占据生产用地最多的物品，因此也是生产现场整顿的主要对象。

1. 在制品的数量限制

企业应确定工序交接点、生产线和生产线之间的中继点所能允许的在制品标准存放量与极限存放量，指定这些标准存放量的放置边界、限高以及占据的台车数、面积等，并设有清晰的标志以便员工了解。

2．在制品的堆放要求

对于现场堆放的在制品，如各类载具、搬运车、栈板等，要求始终保持分区放置，边线相互平行或垂直于主通道。这样既能使现场整齐美观，又便于随时清点，从而确保在制品"先进先出"。

3．合理有效的搬运

（1）放置垫板或容器时，应考虑搬运方便。

（2）尽量利用传送带或有轮子的容器搬运，如滚轮式输送带、旋转式搬送带等。

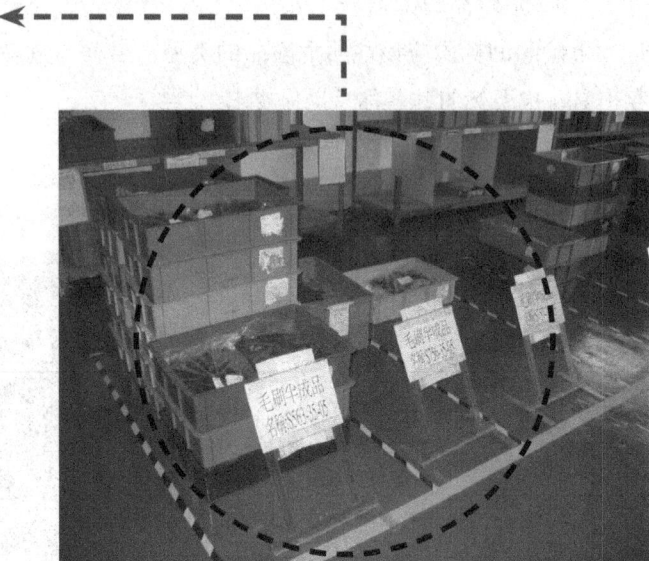

4．在制品的品质保护

在存放和移动在制品的过程中，员工要慎防碰坏刮损，应用缓冲材料作为间隔以防碰撞，对于堆放时间稍长的在制品要加盖防尘罩，不可将在制品直接放在地板上。

要点11：公告物的整顿要点

公告物是企业进行宣传、张贴海报的区域，是宣传7S的一种有效直观的工具。

1．墙壁上的海报、公告栏等的张贴要求

（1）不能随处张贴，要在墙上设置固定区域。

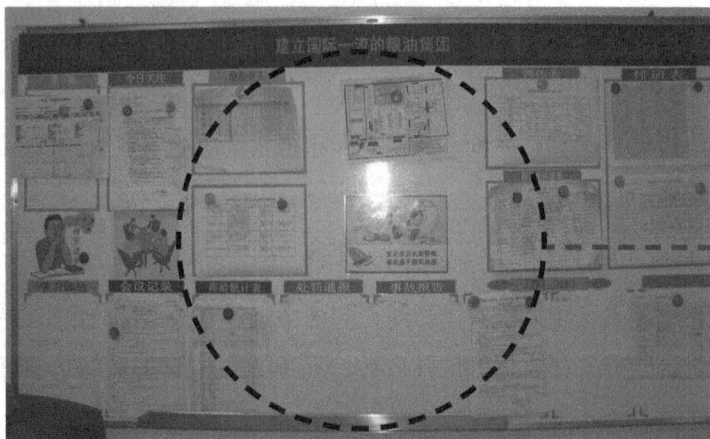

（2）不可张贴未标示及超过期限的物品。

（3）一定要擦拭掉胶带遗留的痕迹。

（4）公告物上端要取一定的高度平齐张贴，这样会显得整齐划一。

2．标示看板

（1）垂吊式看板的高度要统一。

（2）将看板固定好，以免掉落。

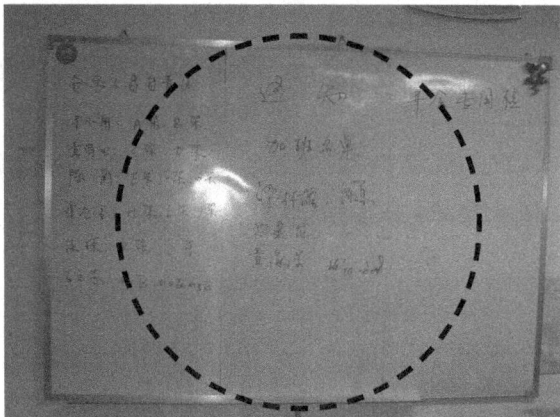

3．查检表等

对于标准书、查检表、图画类等公告物，必须保证员工站在通道或稍远的距离就能看到。

要点12：标志大行动

生产中用到的物品种类繁多、规格复杂，需要用一定的信息来指引，这就是标志。标志大行动就是明确标示出所需要的物品放在哪里（场所）、什么物品（名称）、有多少（数量）等，让员工能够一目了然的整顿方法。

1．标示的规则

根据物品的不同种类，员工需要遵循不同的分类规则对物品进行分类标示管理，具体规则如下。

（1）有用物品和无用物品。

（2）消耗品和固定资产。

（3）需长期保存物品（如法定要求长期保存的账票等）和非长期保存物品。

（4）合格品和不合格品。

（5）反复使用物品和非反复使用物品。

（6）专用物品和通用物品等。

2．标志行动的步骤

（1）确定放置区域

红牌作战结束后，物品变少了，场地变宽敞了，这就需要企业对一些产品的生产工艺流程进行相应的改进，对现有的机器设备进行重新调整，对物品的放置区域进行重新规划等，而且要将必需品合理地放置在新的区域内。

此时，各部门要把使用频率高的物品尽量放置在离工作现场较近的地方或操作人员的视线范围之内，将使用频率低的物品放置在离工作现场较远的地方。另外，员工要把易于搬运的物品放在肩部和腰部之间的位置，将重的物品放置在货架的下方，将不常用的物品和小的物品放在货架的上方。

（2）整顿放置区域

确定了放置区域后，接下来员工就要把经过整理后的必需品放置到规定的区域和位置，或摆放到货架上、箱子里和容器内。在摆放的过程中，注意不要把物品堆放在一起。

（3）位置标志

当人们问"把物品放在哪里"或者"物品在哪里"时，这个"哪里"可用"位置标志"或者"区域编号"来表达。如某物品在C区，某物品在成品区等。

位置的标示方法主要有以下两种。

①垂吊式标志牌

垂吊式标志牌适用于大型仓库的分类片区、钢架或框架结构的建筑物内。标志牌多悬挂在天花板或者横梁下。

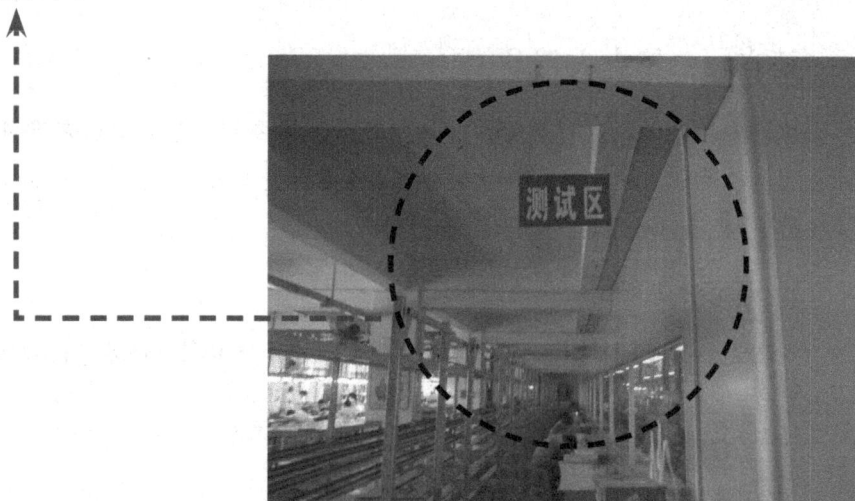

②门牌式标志牌

门牌式标志牌适用于货架、柜子等的位置标示。货架或柜子的位置标示包括：表示所在位置的地点标示、表示横向位置的标示和表示纵向位置的标示。

（4）品种标志

一间仓库里往往存放着不同品种的物品，即便是物品的品种相同，规格也各有不同，如何在位置区域确定之后进行区分呢？这就要做好品种标志。品种标志分为物品分类标志和物品名称标志两种。

①物品分类标志

物品分类标志是指按货架上放置物品的类别来进行标示，如轴承类、螺丝类、办公用品类等。标志牌可贴（挂）在货架的端面和放在货架的上方。

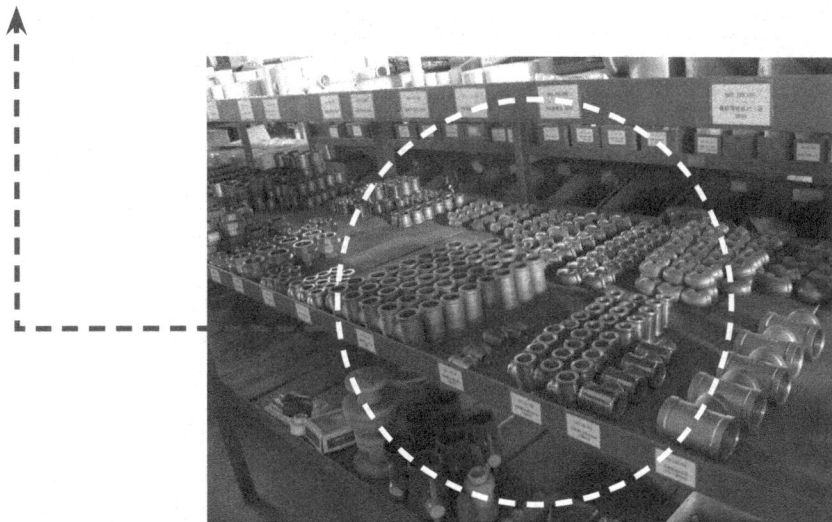

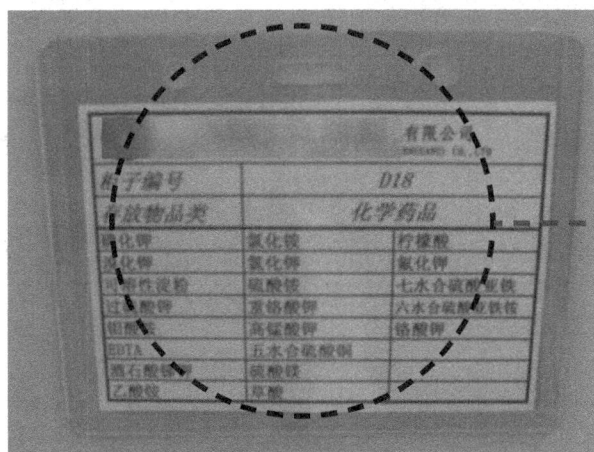

②物品名称标志

物品名称标志可贴在放置物品的容器上或货架的横栏上。对一些大宗物品，可采用立式移动标示牌进行标示。

（5）数量标志

企业如果不规定库存数量，就会使库存数量不断增加，从而造成积压，影响资金周转。限制库存的最好方法就是根据生产计划采购物品，保持合理的库存。

控制库存可通过颜色整顿的方法来进行：用红色表示最大库存量，绿色为订货库存量，黄色为最小库存量等。当到达绿线时，仓管员可立即通知采购部门下单采购。

（6）设备标志

现代工业生产离不开设备，因此，设备运转的好坏直接影响到生产的正常运行和企业的经济效益。设备标志是设备管理的有效方法之一，其标示对象和方法主要有以下几种：设备名称标志、液体类别标志、给油缸液面标志、点检部位标志、旋转方向标志、压力表正常异常标志、流向标志、阀门开闭标志、温度标志、点检线路标志和使用状态标志等。

4. 标志的材料

标志的字迹、颜色会随着时间的变迁而变化，粘贴的胶水也会渐渐脱落。所以，企业要针对场所、位置、物品等选用不同的材料，具体内容如表6-2所示。

表6-2　标志的材料

材料	适用位置	效用	维护方法
纸类	普通物品，人或物触碰机会少的地方	比较容易标示并便于随时标示	在纸张上涂一层胶，防止触碰或清洁造成损坏
塑胶	场所区域的标志	防潮、防水、易清洁	阳光的照射会使胶质硬化或脆化、变色，尽量避免阳光直射
油漆	机械设备的危险警告和"小心有电"等位置	不易脱落，且能时刻起到提醒作用，易清洁	需定期翻新保养
其他	用于一些化学物品和防火物（如逃离火警的方向指示牌等）	防火和防腐蚀物	需随时保持清洁

5. 标志的规格

标志的大小规格直接影响到整体美观，应保持规格统一。

6. 标志的字体

标志最好打印，不要手写，这样不但能够统一字体和大小规格，而且比较标准和美观。

7．标志的颜色

标志的颜色要恰当，否则很容易造成误会。因为颜色要比文字更醒目，所以颜色也必须统一。

8．标志的粘贴

必须要粘贴好标志，特别是一些危险、警告等的标志，并且要指定专人经常检查是否有脱落现象，避免因某张标志的脱落而发生严重的错误。

9．标志用词规定

标志的用词也需要严格规定，对于一些如"临时摆放"的标志，必须规定该标志的使用时间，有些员工把"临时摆放"一贴，结果摆放了一个月还是"临时"摆放着。再如一些"杂物柜"的标志，字面的范围太广，什么物品都可以往里面放，这样"杂物柜"就成了所有废弃物品的避风港了。所以，企业要合理使用这类标志。

请注意

开展标志行动前，企业要统一标志的材料、颜色、规格和字体等。只有标准统一了，才能避免在开展标志行动的过程中出现各种问题。

总之，在活动开始时企业就要做好标志的统一管理，不要等到做完以后才发现问题，这样会浪费很多的人力、物力和财力。

学习笔记

通过学习本章内容，想必您已经掌握了不少学习心得，请仔细填写下来，以便继续巩固学习。如果您在学习中遇到了一些难点，也请如实写下来，方便今后重复学习，彻底解决这些难点。

同时本章列举了大量实景图片，与具体的文本内容互为参照和补充，方便您边学边用，请如实填写您的运用计划，以使工作与学习相结合。

我的学习心得：

1. _____
2. _____
3. _____
4. _____
5. _____

我的学习难点：

1. _____
2. _____
3. _____
4. _____
5. _____

我的运用计划：

1. _____
2. _____
3. _____
4. _____
5. _____

第 7 章

工厂7S管理——清扫

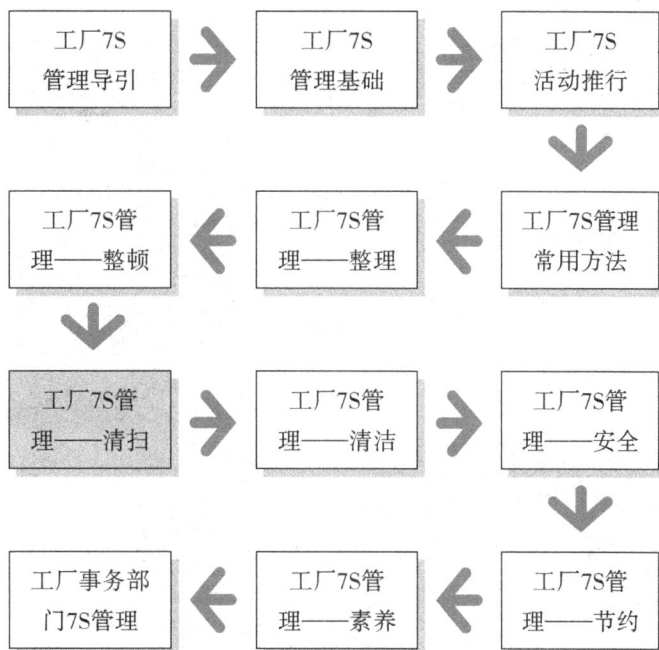

导视图

工厂7S 管理导引	→	工厂7S 管理基础	→	工厂7S 活动推行
工厂7S管 理——整顿	←	工厂7S管 理——整理	←	工厂7S管理 常用方法
工厂7S管 理——清扫	→	工厂7S管 理——清洁	→	工厂7S管 理——安全
工厂事务部 门7S管理	←	工厂7S管 理——素养	←	工厂7S管 理——节约

清扫就是将工作场所、机器设备内部清扫干净，并保持整洁。这样有利于调节员工的心情，保证产品的质量，降低设备故障率。

要点01：清扫的作用

清扫就是将工作场所、机器设备内看得见和看不见的地方打扫干净，并保持现场干净整洁。清扫有利于改善员工的心情，保证产品的质量，减少设备故障。

1. 不清扫的问题

在生产过程中会产生为数不少的灰尘、油污、铁屑和垃圾等，如果不及时清扫会使现场变得脏乱不堪。设备脏污会使设备精度下降，影响产品质量，导致故障多发，脏污的现场更会影响员工的情绪。

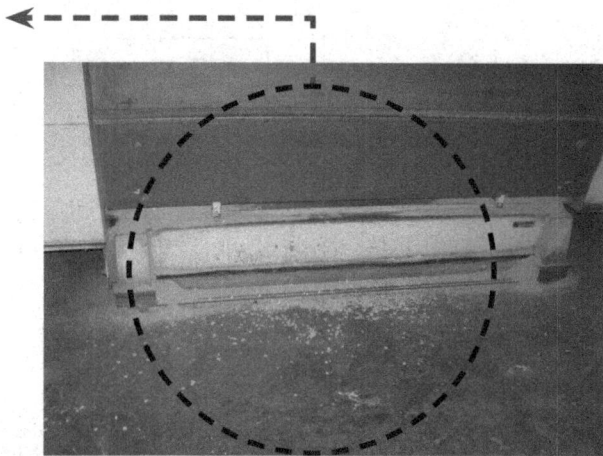

2. 清扫的作用

（1）使现场保持干净整洁。

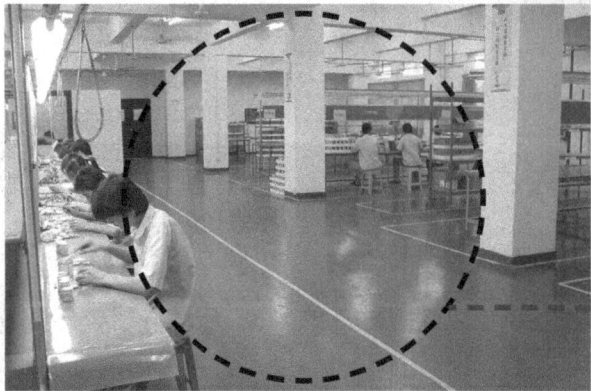

（2）保持良好的工作环境，令员工心情愉快。

（3）保持设备清洁，提高设备性能，减少设备故障。

（4）提高作业质量。

（5）减少脏污对产品质量的影响。

（6）避免生产伤害事故。

因此，企业必须通过清扫活动来清除那些杂物，创建一个干净、整洁的工作环境，以保证员工安全、优质、高效地工作。

要点02：清扫的注意事项

1．不能简单地把清扫看成是打扫

清扫并不仅仅是打扫，而是加工制造过程中的重要组成部分，清扫是要用心来做的。如对设备的清扫，应着眼于对设备的维护保养。清扫也是为了改善。当员工发现地面有纸屑和漏油时，要查明原因，堵住问题产生的源头，并采取措施加以改进。打扫是表面的，清扫则是深层次的。

2．清扫不只是清洁工的事

有人把清扫理解为简单的去去灰尘，认为公司只要多请几名清洁工就能保持干净，这是一种错误的观念。除了洗手间和一些公众场所如走廊、楼梯以外，所有车间、工段、办公桌的清扫工作必须由当事人来做，这样才能实现清扫的真正目的。

尤其是负责设备维护保养的人员，更要注意在维护设备的同时做好清扫检查工作，以便及时发现隐患，并加以解决。这样做可以大大提高设备的运转效率，预防事故的发生，减少不必要的损失。

3. 注意清扫灭火器材

很多员工会忽视对灭火器材的清扫，使灭火器上留着灰尘，这容易对灭火器的安全使用造成影响，同时说明该灭火器缺乏日常检查。

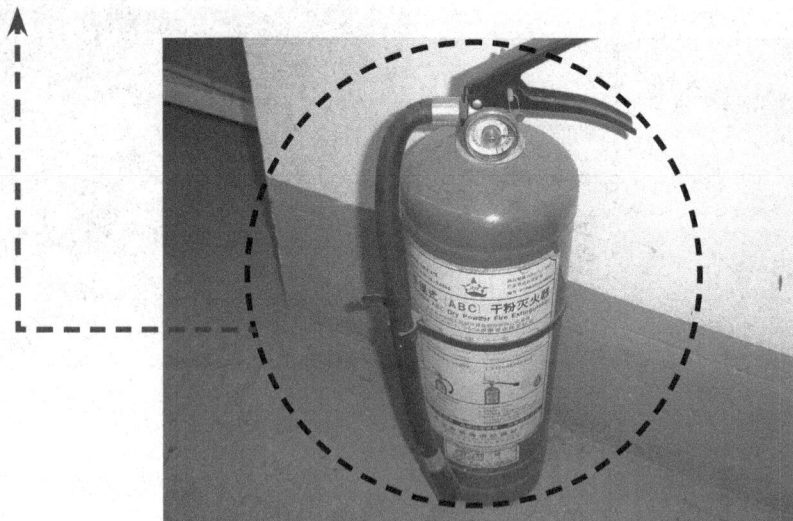

4. 立即处理废弃物

在清扫过程中，往往会产生大量的废弃物品。对这些废弃物品，员工要分类集中存放在专用的垃圾桶中，能回收残值的尽量回收，不能回收的要立即处理掉。不能扫干净这个地方，又弄脏了另外一个地方。

5. 注意清扫过高、过远的对象

在清扫过程中，员工往往会忽略一些过高、过远的对象，如天花板上的灰尘、悬挂在吊扇上的污垢、设备顶端的灰尘等。仅对一些容易清扫的物品进行清扫，不能真正杜绝脏污的发生。

要点03：清扫前的准备工作

清扫前的准备工作主要包括对员工进行安全和设备使用常识培训以及做好相应的技术准备活动。

1. 安全教育

对员工做好清扫的安全教育，是指对可能发生的事故（如触电、刮伤碰伤、危险品腐蚀、坠落砸伤和灼伤等）进行预防和警示。

2．设备常识教育

设备常识教育是企业对员工就设备老化、出现故障、减少人为劣化和损失的方法等进行教育。通过教育培训使他们学习到设备的基本构造，了解其工作原理，能够对出现尘垢、漏油、漏气、震动和异常等状况的原因进行分析。

3．确定清扫对象

清扫对象包括物品放置场所、设备和空间三类。

（1）物品放置场所

物品的种类繁多，其放置的场所也很多，所以员工在清扫之前必须了解物品的放置场所都有哪些。物品放置场所包括制品仓库、零件仓库、材料仓库、成品仓库、零件放置处、生产线内放置处、机械工程内放置处、治工具棚架等。

（2）设备

与设备有关的清扫对象包括设备机身、焊具、工具、刀具、量具、模具、车辆、搬运工具、作业台、橱柜、桌子、椅子和备品等。

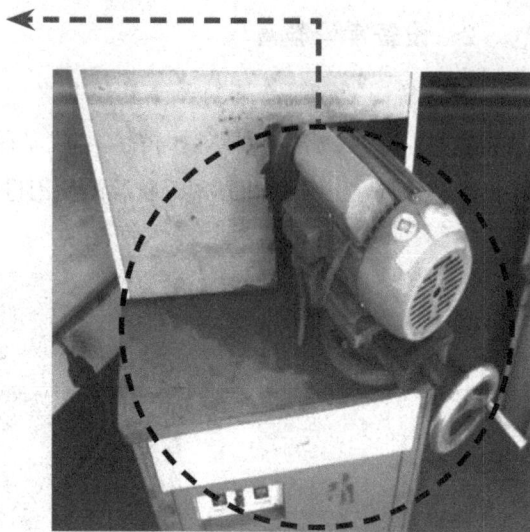

（3）空间

空间的清扫对象包括地面、作业区、通道、墙壁、梁柱、天花板、窗户、房间、电灯还有各个角落等。

4．确定清扫责任人及清扫周期

清扫前必须确定清扫责任人及清扫周期（是每天清扫还是隔日清扫）。具体要点如下。

（1）编制清扫责任位置图

企业以平面图的形式，把现场的清扫范围划分到各部门，再由各部门划分至个人。公共区域可利用轮值和门前承包的方式进行。具体步骤如下。

①绘制工作场所位置图。

②将位置图进行划分。

③分配清扫任务责任者。

④将位置图张贴在显眼的地方。

以下是一份清扫责任位置图示例，仅供参考。

【参考范本】公司清扫责任位置图

公司清扫责任位置图

责任区域	责任人	色别	时间
A区	张××	红色	星期一早上8：25～8：30
B区	李××	黄色	星期一早上8：25～8：30
C区	王××	绿色	星期一早上8：25～8：30
D区	赵××	蓝色	星期一早上8：25～8：30

（2）制定清扫日程表

企业要把清扫作业清理出来予以日程化。特别是清扫员工共同使用的地方时可采轮流值日制。清扫日程表的形式如表7-1、表7-2所示。制定日程表的步骤如下。

①确定清扫场所，如会议室、休息室、厕所、图书室等。

②进行任务分配，明确使用人、责任担当者。

③将清扫作业清理出来，依程序逐日分配。

④编制日程表并公告，编制轮值表，责任人之间相互传阅。

表7-1 清扫日程表（1）

部门：   区域：

序号	清扫项目	清扫频率	清扫责任人	执行标准	监督人	备注

表7-2　清扫日程表（2）

工作区域												责任人照片					
责任人																	
清扫实施内容	清扫部位	清扫周期	要点	清扫内容确认													
				1	2	3	4	5	6	7	8	9	10	11	12	…	30
地面	表面	每天	无污物														
天花板	表面	每天	无污物														
消防设备	表面	每天	无污物														
机台	表面	每天	无污物														
……																	

备注：1．员工必须按时推行7S工作

　　　2．管理者应监督和检查实施情况

　　　3．实施确认后在栏内打√

5．准备清扫用具

清扫用具准备要点如下：

（1）准备必要的清扫用具以便进行清扫作业。

（2）将清扫用具连同所需的数量以公告的形式公布。

（3）要考虑容易取用、容易归位的用具放置方法。

一般的清扫用具如下。

（1）扫帚，对于切屑或粉末散落满地的现场，员工首先要拿起扫帚清扫地板。

（2）拖把，主要用于擦拭地板。

（3）抹布，对于作业台、办公桌、机械类等，原则上是使用抹布清扫；在灰尘或尘埃多的场合使用湿的抹布，需要磨光或去除油污者则使用干抹布。

（4）吸尘器，用于现场吸尘。 ◄----

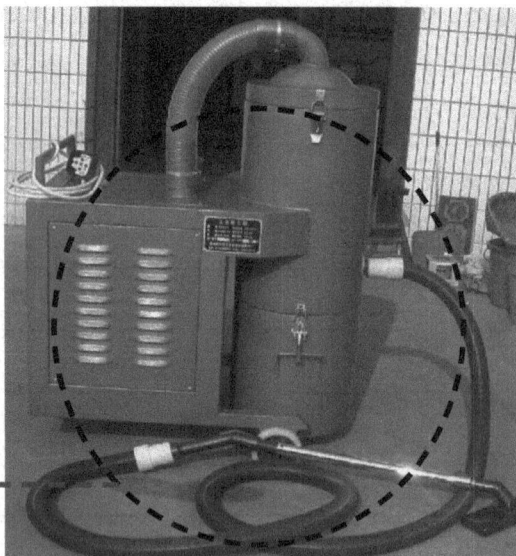

员工要将清洁用具放在不显眼的地方，如工作场所外围或工具柜内。

对扫帚、拖把等应该使用单支悬挂方式，手柄向上，不要杂乱堆放，拖把的拖头下方应放有盛水盆来盛装遗留的污水。应将污水及时倒掉，以免引发异味和滋生蚊虫。抹布用完以后，应清洗干净，集中于一个地方晾晒，晾干后可叠放于指定柜内。

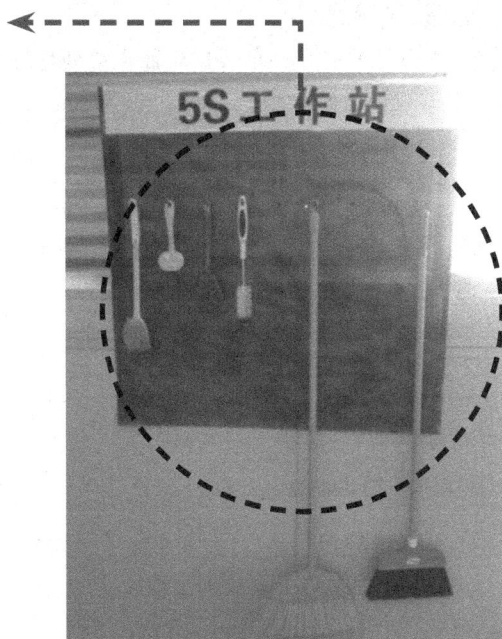

5．决定清扫方法

确定了清扫工具之后，接下来应考虑如何做。首先要明确清扫的"三扫"原则，主要包括如下三点。

（1）扫黑，指的是扫除垃圾、灰尘、粉尘、纸屑、蜘蛛网等。

（2）扫漏，包括对漏水、漏油、漏气等的处理。

（3）扫怪，指的是消除异常的声音、温度、震动等。

清扫方法的要点有以下三点。

（1）员工要养成每天早晨五分钟清扫的习惯。

（2）从清扫程序中整理出必需的清扫用具。

（3）明确使用方法、使用程序。

6．建立清扫基准和制度

除了责任到人之外，企业还需要建立一套清扫的基准，制定清扫制度，促进清扫工作标准化，以确保现场清洁。

清扫基准和制度的内容包括：明确清扫的对象、方法、重点、周期、使用的工具、担当者等各种项目。

以下是一份办公设备的清扫标准示例，供读者参考。

【参考范本】公司办公设备清扫作业标准

公司办公设备清扫作业标准

一、目的

为了对本公司办公设备如电脑、传真机、复印机等有计划地进行清扫，保持设备清洁，使设备正常运行，特制定本标准。

二、适用范围

本公司所有办公自动化设备及空调均适用本标准。

三、清扫要点及方法

1. 清扫要点

（1）电脑的清扫

电脑清扫的重点部位为主机、显示器、键盘等容易积尘的部位，清扫周期为三天一次，由使用者自行清扫。

（2）复印机及传真机的清扫

复印机及传真机清扫的重点部位为外表面，特别是设备背面及一般不打开的部位，清扫周期为每周一次，设备管理部门在设备上明示清扫责任人。

（3）空调的清扫

空调清扫的重点部位为送风口、外表、背部、顶部等易积尘部位，清扫周期为每周一次，设备管理部门需在空调上明示清扫责任人。

2. 清扫方法

清扫时需先用湿抹布蘸洗涤剂或肥皂轻轻擦拭，再以干净的干抹布擦拭干净。

四、实施清扫

清扫方法如下：

（1）清扫墙角、梁柱周围的垃圾及灰尘；

（2）擦拭墙壁、窗户、门板等的灰尘、尘垢；

（3）彻底去除垃圾、碎屑、破片、切粉、油污、锈、灰尘、砂土、废料等污染物；

（4）使表面恢复原状；

（5）使用洗涤剂或磨粉清扫不易掉落污秽的地方；

（6）作业者自行清扫机械或设备。

五、清扫注意事项

（1）清扫时应切断设备电源。

（2）清扫时不可用易燃、易挥发的有机溶剂如天拿水、酒精等清洗设备，以免损坏设备或引起火灾。

要点04：实施全面清扫

员工要自己动手清除常年堆积的灰尘污垢，将地板、墙壁、天花板甚至灯罩的里面以及一切物品与机器设备都要打扫得干干净净。

1. 清扫总动员

清扫工作开始前，企业应当对员工进行清扫总动员，动员所有员工积极参与到清扫工作中。

2. 地面、墙壁和窗户的清扫

在清扫的过程中，地面、墙壁和窗户的清扫工作是必不可少的。在清扫时，员工要了解过去清扫时出现的问题，明确清扫后要达到的效果。全体员工清扫地面，清除垃圾，将附着的涂料和油污等污垢清除，并分析地面、墙壁、窗户的污垢来源，想办法杜绝污染源，并改进现有的清扫方法。

3．设备的清扫

（1）设备清扫的注意事项

设备一旦沾上灰尘或被污染，就容易出现故障，缩短使用寿命。为了防止这类情况的发生，必须杜绝污染源。因此，员工要定期检查设备和工具及其使用方法等，经常细心地进行清扫。

员工在清扫设备时需要注意以下事项：

①不仅清扫设备本身，其附属、辅助设备、辅助管道也要清扫；

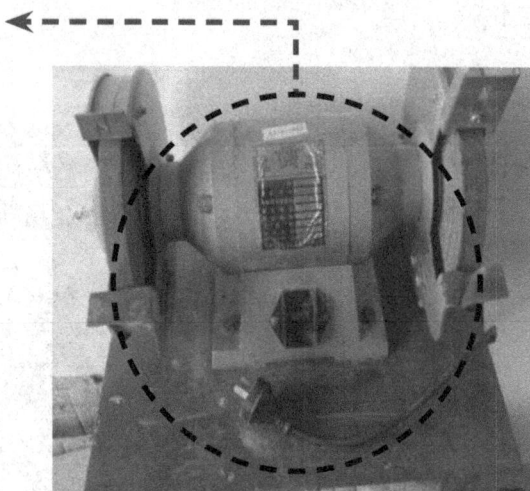

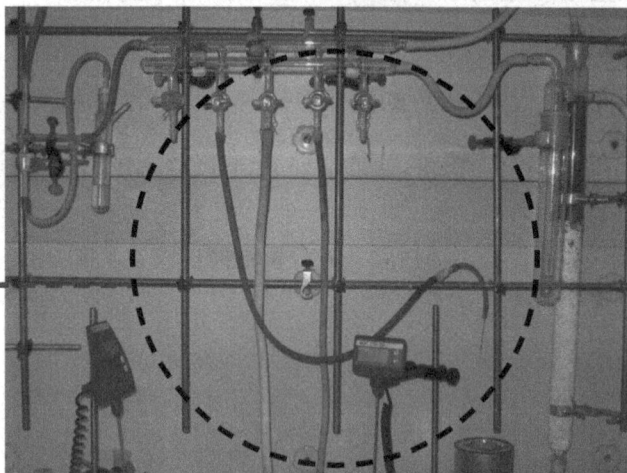

②对容易发生跑、冒、滴、漏现象的部位要重点检查确认；

③对油管、气管、空气压缩机等看不到的内部结构要特别留心；

④核查注油口周围有无污垢和锈迹；

⑤检查表面操作部分有无磨损、污垢和异物；

⑥检查操作部分、旋转部分和螺丝连接部分有无松动与磨损。

（2）设备的点检

应把设备的清扫与检查、保养结合起来。在某种程度上讲，清扫就是点检。通过清扫把污秽、灰尘尤其是原材料加工时剩余的那些东西清除掉，这样一来，磨耗、瑕疵、漏油、松动、裂纹、变形等问题就会彻底地暴露出来，企业也就可以采取相应的弥补措施，使设备处于完好整洁的状态。

①对操作者的教育

为了使操作者能胜任对设备的点检工作，企业对操作者应进行一定的专业技术知识和设备原理、构造、机能的培训。这项工作可由技术人员担当，并且要尽量采取轻松的方式进行。

②点检项目的确定

点检项目应注意根据技术能力、维修设备用品、维修工具等实际情况确定，并且要与专业技术人员进行的点检区别开。在操作者的能力范围内，尽可能完善点检项目，保证设备的日常运行安全可靠。

在确定点检项目的同时，企业要制定每项点检项目的点检方法、判定基准和点检周期，以便实施点检工作。

点检方法是指完成一个点检项目的手段，如目视、电流表测量、温度计测量等。点检基准是指一个点检项目测量值的允许范围，它是判定一个点检项目是否符合要求的依据，如电机的运行电流范围、液压油油压范围等。如果判定基准不是很清楚，员工可以咨询设备制造商或根据技术人员（专家）的经验值进行点检，以后逐渐提高管理精度。点检周期是指一个点检项目两次点检作业之间的时间间隔。

③日常点检的内容

实施点检时，一般根据点检表来进行。如表7-3所示为发动机运行的点检表示例。

表7-3　发动机运行点检表

机号：　　　　　　　　　　　　　　　　　　　　　　　　　　　日期：

序号	点检项目	正常状况	结果确认（正常记"√"不正常记"×"）				
1	油箱油位	绿色范围（200～400L）					
2	电源指示灯	亮					
3	输出频率	50Hz					
4	输出电压	380V					
5	输出电流	绿色范围（0～1 064A）					
6	输出功率	绿色范围（0～560kW）					
7	单/并机开关	并机状态					
8	高/低速开关	高速状态					
9	电池开关	开启状态					

（续表）

序号	点检项目	正常状况	结果确认（正常记"√" 不正常记"×"）					
10	负荷开关	开启状态						
11	过滤器报警	无						
12	启动钥匙	运行状态						
13	冷却油压	绿色范围（4～7kg/cm^2）						
14	冷却油温	绿色范围（<100℃）						
15	冷却水温	绿色范围（<90℃）						
16	充电电流	绿色范围（O～15MA）						
17	转速表	1500rpm						
确认人签名								

a．对开关和电器操作系统进行点检

显示设备运行状态的各类仪表以及控制设备运行状态的开关是确保设备能否正常运行的关键，企业日常点检时在这方面要多加注意。

员工对各类仪表进行点检时，应注意液位是否清晰、表针是否归零、指示灯是否正常工作等。

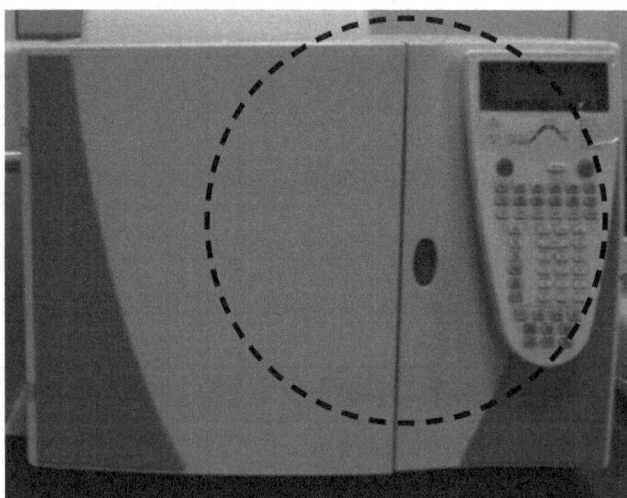

对开关按钮进行点检时，应检查转换开关、行程开关、限位开关等有无灰尘、接触不良、老化损坏等现象。

对机械传动部分进行点检时，要注意检查是否有异常声音和发热，是否有漏油、异味以及螺钉松动偏移、床身振动等现象。

b．对润滑、油压系统进行点检

员工对润滑系统进行点检时，要按照供油门、油箱、输油管、注油点的顺序检查：检查供油门是否有灰尘和污垢、破损现象以及油量显示和水平线是否正常；检查油箱里面和底部是否有污垢或异物，油箱是否有裂缝现象；检查输油管是否有破损或堵塞现象；检查注油点是否有灰尘和污垢，注油器是否有脏污等。

员工对油压系统进行点检时，要按照供油口、压力油箱、油泵、控制阀、油压缸的顺序检查：检查注油口是否有破损和污垢现象，油量显示和水平线是否正常；检查油箱中的油是否洁净，油箱是否有缝隙、是否有渗漏现象；检查油泵声音是否正常、是否有异常发热现象；检查控制阀是否有漏油现象；检查油压缸是否有漏油现象等。

c．对电气控制和空气压缩系统进行点检

员工对电气控制系统进行点检时，要按照控制台、限位开关、配电线、驱动系统、伺服系统的顺序检查：具体检查控制台是否有污垢，显示灯、显示屏是否脏污；限位开关是否接触良好；配电线是否有破损短路现象；驱动马达及其控制器、传感器是否正常运行等。

员工对空气压缩系统进行点检时，要按照空气三点装置、控制阀、汽缸、排气装置的顺序检查：检查空气过滤器中是否有垃圾和污垢，注油器内的油是否洁净；检查控制阀是否漏气，防松螺母是否有松动现象；检查汽缸是否有破损或漏气现象；检查排气装置是否有堵塞，消音装置有无异常等。

（3）问题处理

员工对清扫设备时发现的问题要及时记录在相关表格（如表7-4所示）中，并做好如下处理工作

①维修或更换难以读数的仪表装置。

②添置必要的个人安全防护装置。

③及时更换绝缘层已老化或损坏的导线。

④对需要防锈保护或需要润滑的部位，要按照规定及时加油保养。

⑤清理堵塞管道。

⑥调查发生跑、冒、滴、漏现象的原因，并及时处理。

⑦地板的凹凸不平会使物品在搬运过程中发生碰撞，需要及时整修。

> **请注意**
>
> 员工在实施清扫时要具体深入，尤其在清扫设备时要细心，对于附属辅助设备也要认真清扫。

表7-4　设备清扫记录表

班组：　　　　　　　　设备名称：　　　　　　　　清扫人：

序号	清扫中发现的问题	问题处理状况		
		已处理√	处理日期	未处理×

班组长审核：　　　　　　　　　　　　　设备部确认：

要点05：污染发生源的查明

虽然清扫工作每天都在进行，但是油污、灰尘和碎屑还是无法杜绝。要彻底解决此类问题，企业就必须查明污染的发生源，从源头上解决问题。

1. 污染、泄漏产生的原因

企业产生污染的原因，大致有以下四个方面。

（1）管理意识低下——未将污染发生源当作重要的问题来考虑。

（2）放任自流——不管污染发生源产生在何处，都任其存在而不处理。

（3）迎难而"退"——由于清扫难度大，所以干脆放弃不管。

（4）技术不足——解决方法不足，或完全未加防范。

2. 污染发生源调查

（1）将污染的对象明确化

在调查污染发生源之前，企业需先确认是什么污染物。由于污染的种类、形态、严重度、产生量等不同，大扫除的方法、调查的方法以及对策也不同。

（2）追查污染发生源

企业必须追查污染物为什么会发生及明确如何处置，并以认真的态度及有效的方法追根究底。

（3）决定污染的重点部位

企业通过对污染源的调查，将具体的发生部位挂上标志牌，其内容包括发生部位、状态、发生量（用数字明确标示量化程度）、测定方法以及防范方法（防止对策或回收方法）。

调查后，企业需对污染的重点部位，如设备角落、漏油处等，立即采取措施。具体可制定污染源的发生清单，按计划逐步改善，根据污染源的影响程度、治理难度确定具体的解决方法。污染发生源及困难部门登记表如表7-5所示。

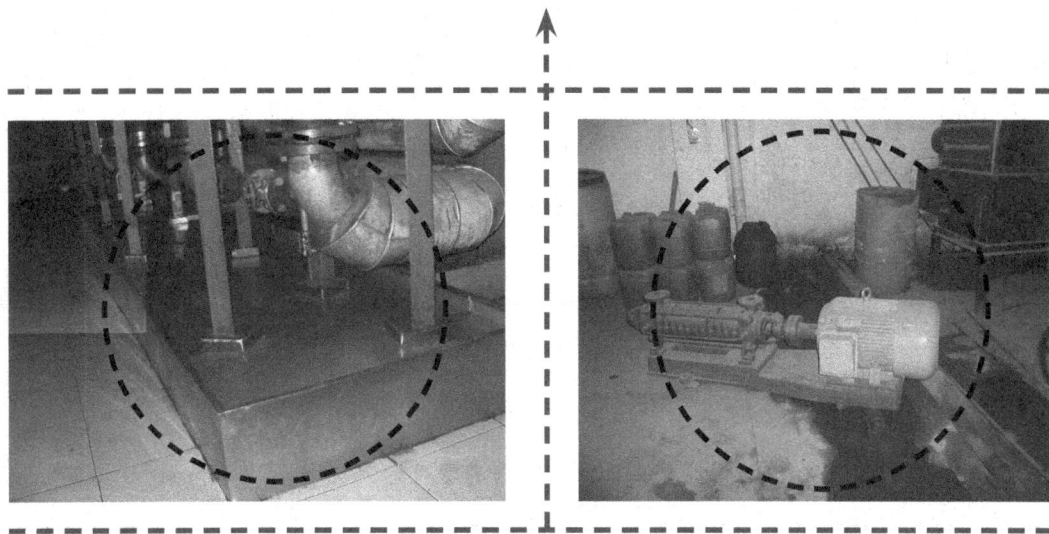

表7-5　污染发生源及困难部门登记表

序号	车间	发生源与困难部位	描述	改善措施	预计费用	改善责任人	预计完成日	责任人	主管经理	推行办

3. 寻求解决对策

具体的解决对策如下。

（1）研发各种技术，在容易产生粉尘、喷雾、飞屑的部位，装上挡板、护盖等改善装置，将污染源局部化，以保证作业安全及利于废料收集，减少污染。

（2）在设备更换、移位时，同样要修复破损处。

（3）日常的维护管理相当重要，对有黏性的废物如胶纸、不干胶、发泡液等，必须通过相关装置进行收集，以免弄脏地面。

（4）在擦洗干净机器后要仔细检查给油、油管、油泵、阀门、开关等部位，观察油槽周围有无容易渗入灰尘的间隙或缺口，检查排气装置、过滤网、开关是否有磨损、泄漏现象等。

（5）检查电器控制系统开关、紧固件、指示灯、轴承等部位是否完好。

（6）研究高效的去除污染的方法。

一旦对污染源采取对策之后，企业管理者对于对策所要花费的费用及工时的评估、对策的难易度、是否自己能解决或者需依赖其他部门的技术支持等问题都要加以分析，进一步思考对策的效果，并设定优先顺序，然后具体实施。污染源治理对策如表7-6所示。

> **请注意**
>
> 查明污染源，努力从技术角度去解决，营造一个明亮整洁的工作环境，这是清扫的重要目的所在。

表7-6　污染源治理对策

类型		具体的处理方式	改善重点
发生源对策	杜绝式：不使它发生的方法 （1）不使发生 （2）削减发生量	（1）防止滴漏：密封式、封垫方式 （2）防止飞散：门、护盖的形状、飞散方向或形状 （3）松弛、破损的修理 （4）制程设计：无粉尘、密封轴承（无油化）、无研磨 （5）防止堵塞、积存	（1）去除 （2）擦拭 （3）修理 （4）停止 （5）止住 （6）降低 （7）不积尘 （8）集中 （9）不发散 （10）不携带 （11）切削
清扫困难场所对策	收集式：收集或去除的方法 （1）集中方法 （2）去除方法	（1）集尘能力、方法的重新修正 （2）去除、回收的方法 （3）扫除道具、收集导板、承油盘形状、大小改善 （4）洗净方法 （5）切削粉的形状、大小、飞散方向、设备本体或基座的形状	

要点06：检查清扫结果

清扫结束后，企业要检查清扫结果，这样做主要是为了确定清扫的内容与目的是否达到以及清扫是否彻底。

1. 检查要点

清扫的检查要点包括是否清除了污染源，对地面、窗户等地方是否进行了彻底的清扫和破损修补，员工对机器设备是否进行了从里到外的全面的清洗和打扫等。检查时可以使用相应检查表，如表7-7所示。

表7-7　清扫检查表

部门：　　　　　　　　　　　检查者：　　　　　　　　日期：

序号	检查点	检查		对策
		是	否	（完成日期）
1	是否清除了污染源			
2	对地面、窗户等地方是否进行了彻底的清扫和破损修补			
3	对机器设备是否进行了从里到外、全面的清洗和打扫			
4	制品仓库里的物品或棚架上是否沾有灰尘			
5	零件材料或棚架上是否沾有灰尘			
6	机器上是否沾满油污或灰尘			
7	机器的周遭是否飞散着碎屑或油滴			
8	通道或地板是否清洁亮丽			
9	有否执行油漆作战			
10	工厂周遭是否有碎屑或铁片			

2. 检查方法

除了7S活动委员会定期巡查之外，作为现场管理人员如何快速检查本部门的清扫效果呢？这里推荐一个轻松方便的方法——"白手套检查法"。

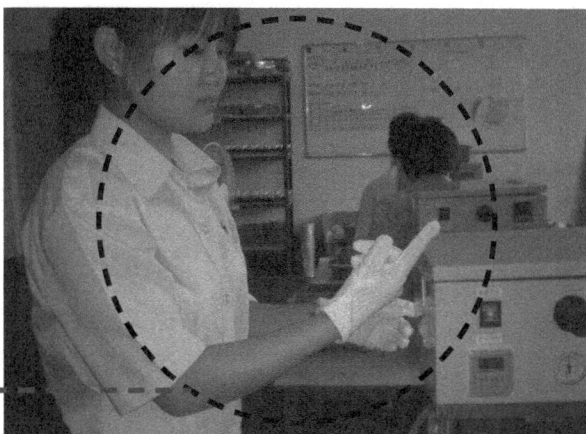

清扫检查时，检查人员双手戴上白色干净的手套（尼龙、纯棉质地均可）。在检查相关对象之前，检查人员先向该工序的责任人示意你的手套是干净的，然后在该检查对象的相关部位来回刮擦数次，接着将手套重新向责任人展示，由责任人自己判定清扫结果是否良好。如果手套有明显脏污，则说明清扫工作没做好，反之则说明清扫符合要求。

用白手套法检查时要注意以下事项。

（1）多预备几副手套

对长流水线的工序检查，往往一副手套还不够。擦脏的手套要另外摆放，事后及时清洗，这也是清扫工作的一部分。

（2）每次只用一个手指头的正面或背面来检查

如果每次都用手掌来确认的话，手套肯定不够用，但是分开十个手指头的话就不同了，十个手指头的正反面，加上手掌面和手背面，一副手套就能检查22个工序。如果手指头和工序一一对应的话，只要看一下最终结果，就能知道哪些工序有问题。

（3）也可以用白纸、白布切小后检查

检查有油脂、油墨的工序时，一旦黏上手套的话，手套也得报废，因此可改用白纸、碎白布之类的东西来检查。

（4）让当事者自己判定

绝大多数作业人员存在不愿意输给他人的心理，检查人员只要伸出十个手指头，作业人员自然就会把自己与前后工序进行比较，寻找差距。

（5）擦拭部位要不断变换

如果每次检查都固定在某一部位上，久而久之，大家就会误以为检查只是流于形式，从而日渐松懈，而个别不自觉的人，甚至只清扫检查人员每次擦拭的地方，达不到检查的目的。

学
习
笔
记

通过学习本章内容，想必您已经掌握了不少学习心得，请仔细填写下来，以便继续巩固学习。如果您在学习中遇到了一些难点，也请如实写下来，方便今后重复学习，彻底解决这些难点。

同时本章列举了大量实景图片，与具体的文本内容互为参照和补充，方便您边学边用，请如实填写您的运用计划，以使工作与学习相结合。

我的学习心得：

1. _____
2. _____
3. _____
4. _____
5. _____

我的学习难点：

1. _____
2. _____
3. _____
4. _____
5. _____

我的运用计划：

1. _____
2. _____
3. _____
4. _____
5. _____

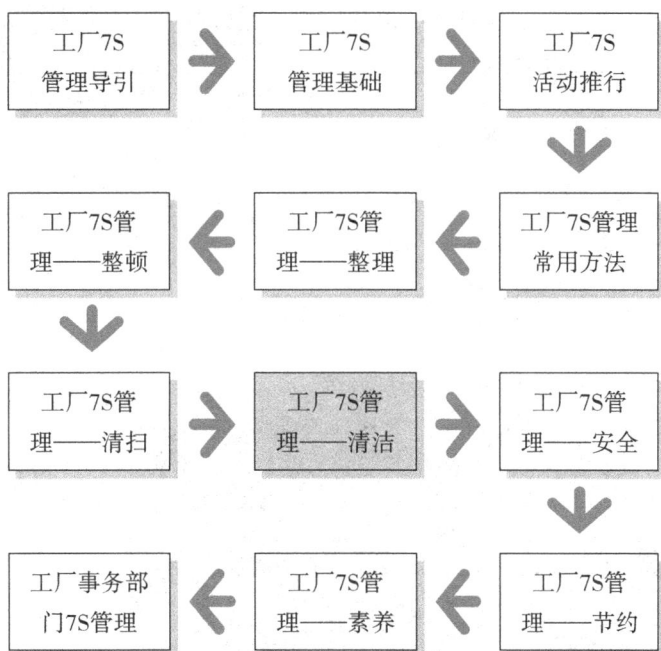

第8章

工厂7S管理——清洁

导视图

| 工厂7S
管理导引 | → | 工厂7S
管理基础 | → | 工厂7S
活动推行 |

| 工厂7S管
理——整顿 | ← | 工厂7S管
理——整理 | ← | 工厂7S管理
常用方法 |

| 工厂7S管
理——清扫 | → | 工厂7S管
理——清洁 | → | 工厂7S管
理——安全 |

| 工厂事务部
门7S管理 | ← | 工厂7S管
理——素养 | ← | 工厂7S管
理——节约 |

清洁就是保持清扫后状态，将前3个S（整理、整顿、清扫）实施的做法制度化、规范化，并严格贯彻执行及维持成果。清洁就是为了保持前几个管理环节的成果。

要点01：前3个S的维持

清洁就是保持清扫后的状态，将整理、整顿、清扫的做法制度化、规范化，并贯彻执行及维持成果。简言之，清洁就是为了保持前几个管理环节的成果。

1. 清洁的意义

整洁的工作环境给人的感觉是清爽、舒适，有利于提高工作效率。清洁的具体内容如下。

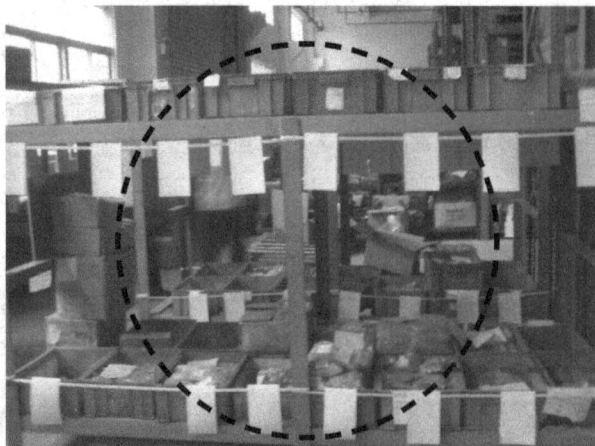

（1）维持整理的效果，确保非必需品已被从现场清除。

（2）维持整顿的效果，确保现场所有物品都达到"三定"的标准。

（3）维持清扫的成果，使工作区域、机器设备保持干净和无污垢的状态。

（4）改善容易出现污垢、灰尘等的机器设备和物品，设法切断污染源。

2. 维持员工前3个S的意识

整理、整顿、清扫只是改善了材料、设备、环境（生产设施）的定位和使用，而作为这些活动的实施者——员工还没有真正从思想上接受和养成习惯，一旦松懈又会恢复到以前的状态。所以清洁阶段的要点是维持，保证已经取得的改善成果。

只有靠全体员工的持续推进，才能达到更好的效果。

（1）制定清洁手册

清洁手册中要明确以下内容。

①工作现场地板的清洁程序、方法和清洁状态。

②确定区域和界线，规定完成后的状态。

③设备清扫、检查的进程和完成后的状态。

④设备的动力部分、传动部分、润滑油、油压、气压等部位的清扫、检查进程及完成后的状态。

⑤企业的清扫计划和责任者，规定清扫实施后及日常的检查方法。

（2）多使用早（晚）会、企业内刊、标贴画、标语、清洁活动周等手段，大力宣传造势。

要点02：前3个S的定期检查

清洁是通过检查3S活动的效果来判断其水平的，一般需要制定相应的检查表来进行具体检查。对检查中遇到的问题点，检查人员应拍下照片，记录清楚便于责任人整改。

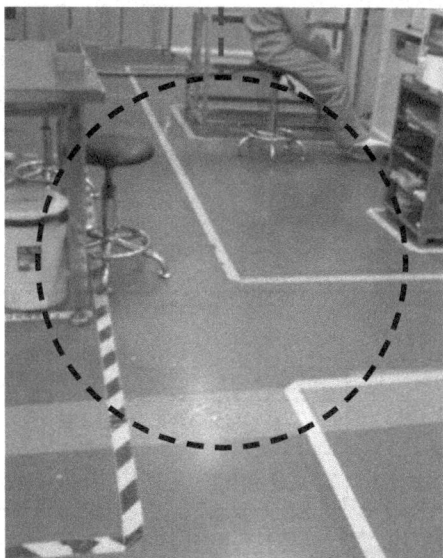

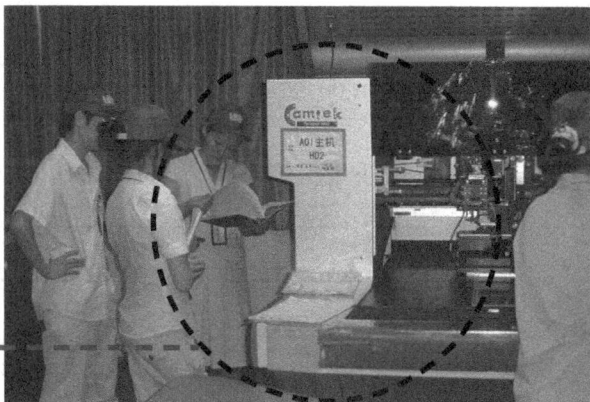

1．检查有哪些不要的东西（整理）

（1）不要物品的检查点

①实施3S之后，员工应在身边检查是否有不要的东西并做好相关记录，记录可运用表格的形式，示例如表8-1所示。

表8-1　整理检查表

部门：　　　　　　　　　　　　　　检查者：　　　　　　　　　日期：

序号	检查点	检查		对策
		是	否	（完成日期）
1	放置场所有无不用的东西			
2	通道上有否放置不要的东西			
3	有无不用的机械			
4	栏架上下有无不用的东西			
5	机械周边有无不用的东西			
…				

②将废弃物品编制一览表并处理，处理的规则是：库存与设备是企业的资产，个人不能任意处分；编制废弃库存品（如表8-2所示）、废弃设备一览表（如表8-3所示）、废弃空间一览表（如表8-4所示）；一定要全数显示；与财务责任人协商后处理。

表8-2　废弃库存品一览表

部门：　　　　　　　　　　　　　　检查者：　　　　　　　　　日期：

序号	品名	规格	数量	单位	金额	不要品区分	价值	备注

表8-3 废弃设备一览表

部门： 检查者： 日期：

序号	设备名	设备区分	资产号	数量	单价	取得金额	设备日期	累计折旧	账册	设备场所	备注

表8-4 废弃空间一览表

部门： 检查者： 日期：

序号	地点	管理责任人	面积（平方米）	使用预定	备注

（2）检查物品的放置方法（整顿）

①明确物品放置方法的检查点。检查物品的放置方法，首先就得明确物品放置方法的检查点，并列表做好检查记录，整顿检查表如表8-5所示。

表8-5 整顿检查表

部门： 检查者： 日期：

序号	检查点	检查		对策（完成日期）
		是	否	
1	制品放置场所是否显得零乱			
2	装配品放置场是否做好三定（即定位、定品、定量）			
3	零件、材料放置场是否做好三定（即定位、定品、定量）			
4	画线是否已完成80%以上			

（续表）

序号	检查点	检查		对策
		是	否	（完成日期）
5	治工具存放是否以开放的形式来处理			
6	治工具是否显得零乱			
7	模具放置场是否可以一目了然			
…				

②列出整顿鉴定表（如表8-6所示），员工对自己负责的工作场所进行再次检查，"否"的项目较多时则再一次进行整理。

整顿鉴定表的主要项目：部门（填入对象部门或工程名）、检查者（填入检查者的姓名）、分类（将整顿的对象进行分类）、着眼点（整顿对象的着眼点）、检查（检查者进行现场巡视的同时做检查，"是"——有做到，"否"——没做到，必须采取对策处理）、对策和改善的完成期限（针对检查中"否"的场合，想出对策或改善方案，将其填入改善栏内）。

表8-6　整顿鉴定表

部门：　　　　　　　　　　　　　检查者：　　　　　　　　　　日期：

分类	序号	着眼点	检查		对策
			是	否	（完成日期）
库存品	1	置物场有无揭示"三定"看板			
	2	是否一眼即能看出定量标志			
	3	物品放置方法是否呈水平、垂直、直角、平行状态			
	4	置物场有没有立体化的余地			
	5	是否能够做到"先进先出"			
	6	为防止物品间碰撞是否有缓冲材料或隔板			
	7	是否能防止灰尘进入			
	8	物品是否直立摆放在地面上			
	9	不良品的保管是否有特定置物场			
	10	有无不良品放置场的看板			
	11	不良品是否容易被看见			

（续表）

| 分类 | 序号 | 着眼点 | 检查 | | 对策 |
			是	否	（完成日期）
治工具	12	有没有不良品的放置场所			
	13	放置场所是否有揭示"三定"看板			
	14	治工具本身是否有贴上名称或代码			
	15	使用频率高的治工具是否放置在作业的近处			
	16	是否依制品的类别来处理			
	17	是否依作业程序来决定放置方式			
	18	治工具在作业指导书中有无指定场所			
	19	治工具是否零乱，能否在当场看出来			
	20	治工具显得零乱是否当场即予整理			
	21	治工具能否依共通化而将其减少			
	22	治工具能否依替代手段而将其减少			
	23	是否考虑归位的方便性			
	24	是否在使用场所的10厘米以内规定放置处			
	25	是否放置在10步以外			
	26	放置方位是否恰当，不弯腰就可以拿到			
	27	能否吊起来			
	28	即使不用看，是否也能大概地归位放好			
	29	目标尺寸范围是否很广			
	30	能否交替更换治工具			
	31	是否依外观整顿			
	32	能否依颜色整顿			
	33	使用频率高的刀具是否放置在身边			
刀具	34	使用频率低的刀具是否可以共同使用			
	35	能否依制品处理			
	36	有无采取防止碰撞的对策			
	37	抽屉有无使用波浪板			
	38	抽屉是否采用纵方向整理			

分类	序号	着眼点	检查		对策（完成日期）
			是	否	
刀具	39	研削砥石是否堆积放置			
	40	有无采取刀具的防锈对策			
计量器具	41	放置场所是否有防止灰尘或污物的措施			
	42	计量器具放置场是否有"三定"处理			
	43	能否知道计量器具的有效使用期限			
	44	微米量尺、转动量是否放置在不震动处			
	45	有无垫避震材料			
	46	方量规、螺丝量规有否防碰撞措施			
	47	测试单、直角尺有无吊挂，以防止变形			
油品	48	是否有做油罐→给油具→注油口的色别整顿			
	49	是否做油品种类汇总			
	50	在油品放置处是否有"三定"看板			
安全	51	通道有无放置物品			
	52	板材等长形物是否直立放置			
	53	易倒的物品有无设置支撑物			
	54	物品堆积方式是否容易倒塌			
	55	是否把物品堆积得很高			
	56	回转部分有没有用盖子盖上			
	57	危险地区是否有做栅栏			
	58	危险标示是否做得很清楚醒目			
	59	消防灭火器的标示是否从任一角度均可看见			
	60	消防灭火器的放置方式是否正确			
	61	防火水槽、消火栓的前面是否堆置物品			
	62	交叉路口有无暂停记号			
		合　计			
		综合结论：			

（3）消除灰尘、垃圾的检查点（清扫）

①清扫的检查点。在窗框用手指抹抹看，就大致可以知道工作场所的清扫程度，也可运用白手套检查法。

②填写清扫检查表（如表8-7所示）。"清扫检查表"的用途是列出库存、设备、空间的有关事项，在清扫时的检查要点加以整理的表格。其主要项目应有：部门（填入检查对象的部门或工程名）、检查者（填入检查者的姓名）、分类（清扫对象的类别）、检查要点（与清扫有关的检查要点）、检查（检查者一边现场巡视一边检查，"是"——有做到，"否"——没做到，必须采取对策处理）、对策（检查中"否"的场合，要明确记载对策与完成期限）。

表8-7　清扫检查表

部门：　　　　　　　　　　　　　检查者：　　　　　　　　　　　日期：

| 分类 | 序号 | 着眼点 | 检查 | | 对策（完成日期） |
			是	否	
库存品	1	是否清除与制品或零件、材料有关的碎屑或灰尘			
	2	是否清除切削或洗净后的零件所产生的污锈			
	3	是否清除库存品保管棚架上的污物			
	4	是否清除半成品放置场的污物			
	5	是否清除库存品、半成品的移动用栈板上的污物			
设备	6	是否清除机器设备周边的灰尘油污			
	7	是否清除机器设备下的水或油以及垃圾			
	8	是否清除机器设备上的灰尘、污垢、油污			
	9	是否清除机器设备侧面或控制板套盖上的油垢、手污			
	10	是否清除油量显示或压力表等玻璃上的污物			
	11	是否将所有的套盖打开，清除其中的污物或灰尘			
	12	是否清除附着于气压管、电线上的尘埃、垃圾			
	13	是否清除开关类的灰尘、油垢等			
	14	是否清除附着于灯管上的灰尘（使用软布）			
	15	是否清除段差面的油垢或灰尘（使用湿抹布）			
	16	是否清除附着于刀具治具上的灰尘			

| 分类 | 序号 | 着眼点 | 检查 | | 对策 |
			是	否	（完成日期）
设备	17	是否清除模具上的油垢			
	18	是否清除测定器上的灰尘			
空间	19	是否清除地板或通道上的沙、土、灰尘等			
	20	是否去除地板或通道上的积水或油污			
	21	是否清除墙壁窗户等的灰尘或污垢			
	22	是否清除窗户玻璃上的手污、灰尘			
	23	是否清除天花板或梁柱上的灰尘、污垢			
	24	是否清除照明器具（灯泡、日光灯）的灰尘			
	25	是否清除照明器具盖罩上的灰尘			
	26	是否清除棚架或作业台等的灰尘			
	27	是否清除楼梯的油污、灰尘、垃圾			
	28	是否清除梁柱上、墙壁上、角落等处的灰尘垃圾			
	29	是否清除建筑物周边的垃圾、空瓶			
	30	是否使用清洁剂清洗外墙上的污脏			
		合　计			
		综合结论：			

请注意

　　对前3个S的检查是清洁的必要步骤，企业要做好分门别类的检查，对不同的区域和机器设备应制定不同的检查标准。

要点03：巡查评比与前3个S的实施

　　巡查评比可以起到表彰先进、督促后进的作用，让每名员工都能积极实施7S。企业通过每天坚持实施前3个S，对于巩固3S和促进后4个S的顺利进行有着积极的意义。

检查人员定期对各部门各自负责的区域进行巡查评比，公布结果，对巡查中遇到的不合格项目，拍下照片，清晰记录不合格的地方，除了让当事人明白之外，也能作为提醒他人不要再犯的良好素材。检查人员可以使用"各部门检查评分表"进行检查评比，具体如表8-8所示。

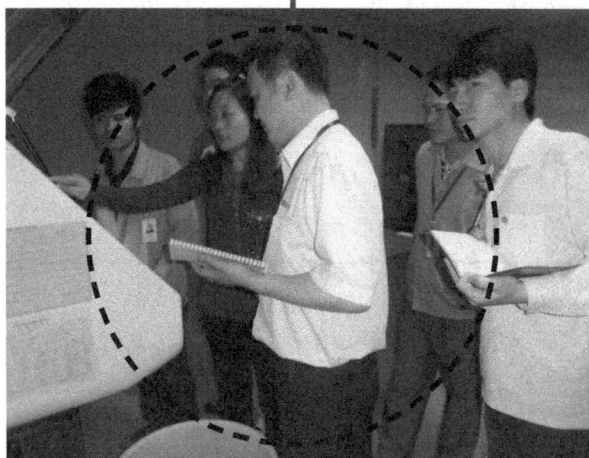

表8-8 各部门检查评分表

部门		区域评分			得分	备注
总经办	区域号					
	得分					
人力资源部	区域号					
	得分					
制造部	区域号					
	得分					
产品工程部	区域号					
	得分					
品管部	区域号					
	得分					
生产管理部	区域号					
	得分					
采购部	区域号					
	得分					
物控部	区域号					
	得分					

部门			区域评分		得分	备注
设计部	区域号					
	得分					
财务部	区域号					
	得分					

要点04：坚持实施5分钟3S活动

每天工作结束后，员工应用5分钟的时间对自己的工作范围进行整理、整顿、清扫，不论是生产现场还是办公室都要推进该活动。企业可以通过设置相应看板加强5分钟3S活动的宣传工作，员工也应记录下班前5分钟3S活动，具体如表8-9所示。

表8-9　下班前5分钟3S活动记录表

姓名：_____　职位：_____　部门：_____

本周开始日期：_____年_____月_____日　　　编号：_____

注意：

1. 活动开始前，企业配给每位员工一张清洁用纸或一块白布（明天回收）。

2. 尽可能全体员工同时做。

3. 第一周可以每天坚持十分钟。

4. 每个项目做完后，员工要画"√"。

5. 每星期每人要填一张此表。请用铅笔填写，下星期擦干净可再用。

编号	*实施项目	周一	周二	周三	周四	周五	周六	周日
1	将掉在地上的任何文件、零件、产品、废料及任何物品都捡起来							

（续表）

编号	*实施项目	周一	周二	周三	周四	周五	周六	周日
2	用抹布擦净器材及仪表的主要部位，以及其他隐蔽的地方							
3	清洁水、油、碳粉或其他东西							
4	将牌子和标签擦干净，确保字迹清晰							
5	确保所有的文件、工具、器材都放在固定的位置							
6	整理和彻底清洁自己的工作台面							
7	彻底清洁自己周边的地面							
8	检查标签、说明书、防火设施，纠正任何差错或脱落							
9	抛掉（或退还）所有不要的东西，倒垃圾							
10	检查工服着装状况和清洁度，如有需要应立刻清洗，以便明天上班前更换							

通过学习本章内容，想必您已经掌握了不少学习心得，请仔细填写下来，以便继续巩固学习。如果您在学习中遇到了一些难点，也请如实写下来，方便今后重复学习，彻底解决这些难点。

同时本章列举了大量实景图片，与具体的文本内容互为参照和补充，方便您边学边用，请如实填写您的运用计划，以使工作与学习相结合。

我的学习心得：

1. _____
2. _____
3. _____
4. _____
5. _____

我的学习难点：

1. _____
2. _____
3. _____
4. _____
5. _____

我的运用计划：

1. _____
2. _____
3. _____
4. _____
5. _____

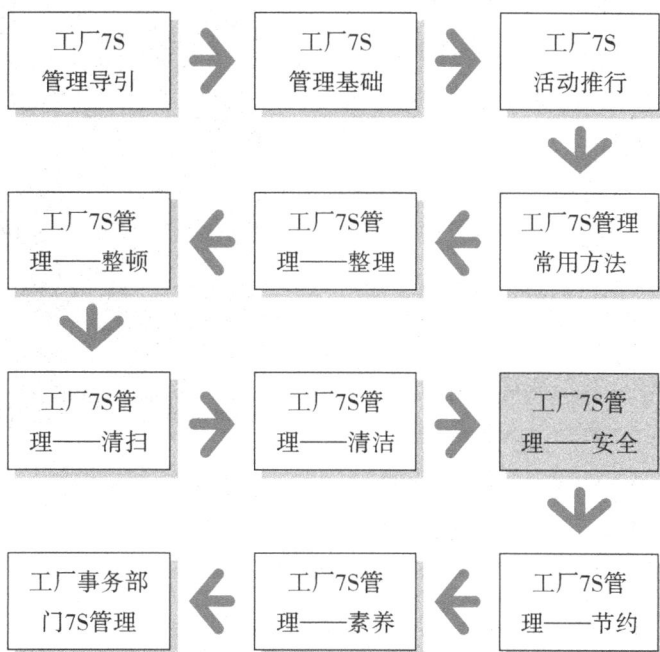

第9章

工厂7S管理——安全

导视图

关键指引

安全是7S管理的前提和决定因素，没有安全，企业一切工作都难以开展。有效的安全管理为7S管理提供了最坚实的保障。

要点01：安全的意义

所谓安全，就是要消除各种存在与不存在的隐患，排除各种险情以预防事故的发生，从而保障员工的人身安全和减少财产损失。重视安全不仅可以预防事故的发生，减少不必要的损失，它更是关心员工和保障员工幸福生活的人性化管理要求。

1. 引起安全事故的原因

在企业引起火灾和事故的事例中，应特别注意以下现象。

（1）在通道上放置物品或超出通道范围放置物品。

（2）在进出口或安全通道附近放置物品。

（3）在消防栓或配电柜前放置物品。

（4）物品放置不安全。

（5）配线、配管等不固定。

（6）电线未保护好。

（7）不规则地堆放尖锐物品。

（8）将工具悬放在操作台前端。

（9）未将油废棉纱头放在带盖的绝缘容器内。

2. 安全的重要意义

安全旨在保障员工安全，保证生产安全正常的进行，同时减少因安全事故带来的经济损失。其主要作用如下。

（1）安全管理到位，给客户留下深刻的印象并让其放心。

（2）让员工放心，使之能更好地投入工作。

（3）提高工作场所的安全系数，使生产更加顺畅，缩短交货期。

（4）可以减少因安全事故引发的各种经济损失。

（5）实施安全管理，做到有效预防，保证在万一出现突发事故时员工能够从容应对。

要点02：安全教育

1. 安全教育的目标

安全教育工作是企业安全管理的一项重要内容，在企业安全管理工作中占有重要地位，其目标是：

（1）提高企业员工的安全意识；

（2）帮助员工掌握安全知识和技术；

（3）实现全员安全管理。

2. 安全教育的基本内容

安全教育的基本内容如图9-1所示。

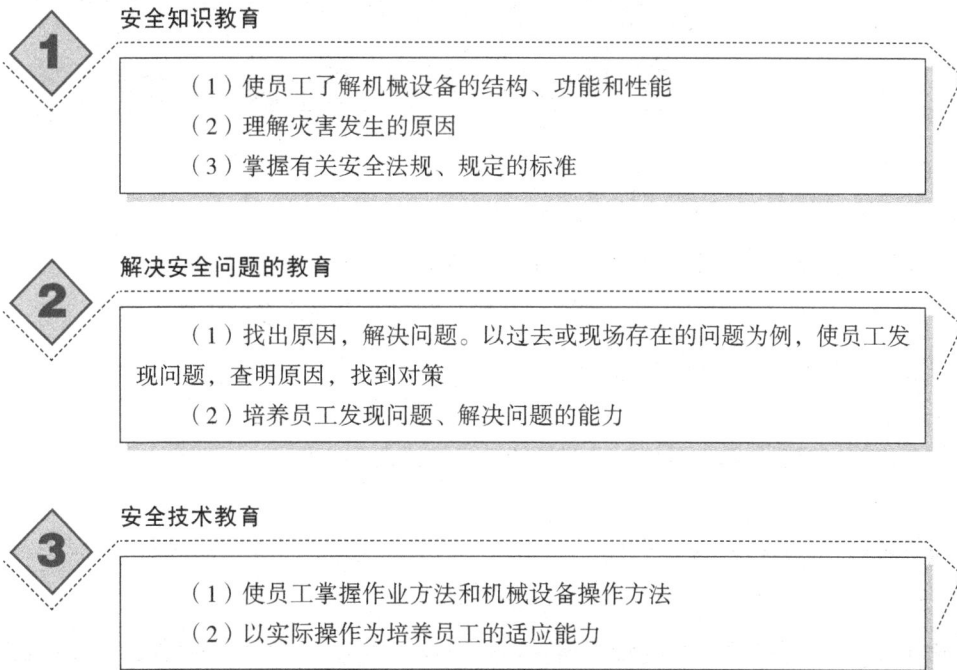

1 安全知识教育
（1）使员工了解机械设备的结构、功能和性能
（2）理解灾害发生的原因
（3）掌握有关安全法规、规定的标准

2 解决安全问题的教育
（1）找出原因，解决问题。以过去或现场存在的问题为例，使员工发现问题，查明原因，找到对策
（2）培养员工发现问题、解决问题的能力

3 安全技术教育
（1）使员工掌握作业方法和机械设备操作方法
（2）以实际操作为培养员工的适应能力

4 安全态度教育

（1）使员工从思想上重视安全工作
（2）遵守工作场所纪律和安全纪律
（3）提高工作积极性

图9-1　安全教育的基本内容

3. 安全教育的方式

（1）宣传栏

设置宣传栏，展出安全生产的相关知识，使员工学习掌握。

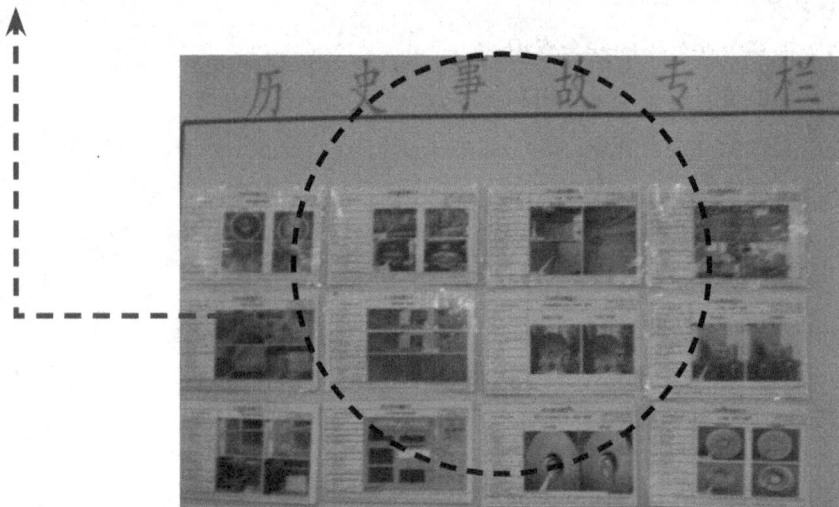

（2）影片

利用影片解释新的安全装置或新的工作方法非常有效。影片可以给出说明、示范、实验室试验、分析技术过程等，系统解决疑难和复杂问题，并用慢动作再现工作过程，使员工看到其中的细节。

（3）幻灯片

幻灯片的优越性是随时可以放映，还能给出更详细的解释。

（4）看板

通过看板可以宣传安全生产工作。

（5）安全竞赛及安全活动

企业可以开展多种形式的安全竞赛活动，提高员工安全生产的积极性。企业可把安全竞赛列入安全计划中，在车间班组进行安全竞赛，对优胜者给予奖励。竞赛的意义不在于谁胜谁负，而在于降低整个企业的事故发生率和加强员工的安全意识。

（6）展览及安全出版物

①展览是以非常直白的方式使员工了解危害和排除危害的措施。将展览与其他安全活动结合起来时，效果会更好。例如，通过展览物，侧重于对企业近年来发生的事故进行宣传教育。这种展览体现了安全预防措施的实用价值。

②利用定期出版的安全杂志、简报、通报，告知全体员工最新的事故发生情况，描述新的安全装置、操作规则等方面的调查和研究成果，以及预防事故的新方法等。

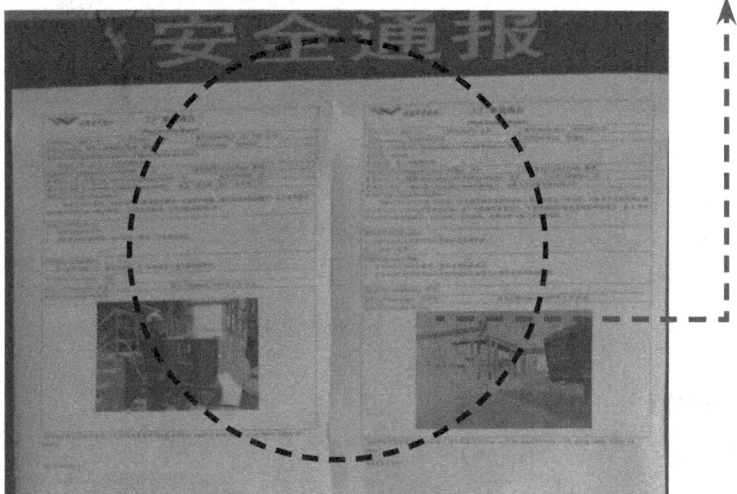

③安全宣传资料的其他形式还有小册子和传单、安全邮票上的图示、标语等。

要点03：将安全责任落实到位

开展安全活动时，最重要的是将安全责任落实到位。企业可以采取召开宣誓大会的方式，召集企业的重要领导和所有员工到场，显得公司上下都非常重视这项工作。

宣誓大会上要讲解安全的重要性，员工不仅要进行安全宣誓，还要签下《安全生产责任书》。

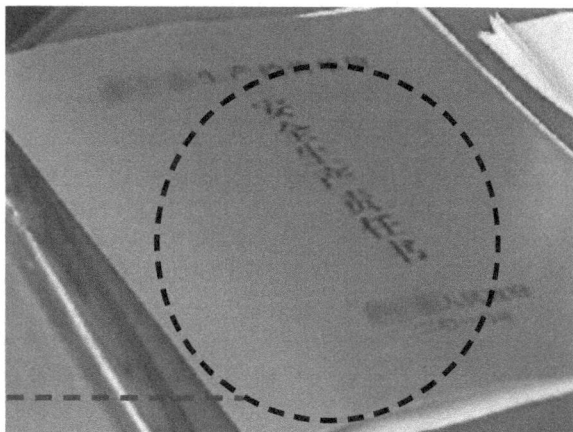

同时，企业也要做好安全责任宣传工作，通过张贴"安全生产，人人有责"等标语、宣传板，使员工意识到自己的安全责任。

以下是两份安全生产责任书示例，仅供参考。

【参考范本】公司部门主管安全生产责任书

公司部门主管安全生产责任书

部门主管安全生产职责如下。

1. 认真贯彻落实国家有关安全生产的方针、政策、法律、法规，以及本公司的安全生产规章制度。

2. 坚持"谁主管、谁负责"的原则，全面负责本部门或本车间的安全生产工作。

3. 参与制定本部门安全管理制度及安全技术操作规程和安全技术措施计划。

4. 实施各项安全生产检查，及时消除安全隐患。

5. 切实做好本部门员工车间级安全上岗培训、工种转换培训，以及安全宣传工作。

6. 发生事故立即报告，并组织抢救，保护好现场，做好详细记录。

7. 搞好生产设备、安全装置、消防设施、防护器材和急救器具的检查维护工作，使其保持完好和正常运行，督促教育员工正确使用劳动保护用品

8. 不违章指挥，不强令员工冒险作业。

9. 完成本部门第一安全责任人委托的其他安全工作。

我们承诺：坚决履行上述安全生产职责和义务，认真抓好本部门或本车间的安全生产工作。

签发人（部门安全生产第一责任人）：

责任人签名：　　　　　　　　　　　　　日期：＿＿＿年＿＿月＿＿日

序号	姓名	工号	职位	签名

【参考范本】公司员工安全生产责任书

公司员工安全生产责任书

员工安全生产职责如下。

1. 严格遵守公司各项安全管理制度和操作规程，不违章作业，不违反劳动纪律，对本岗位的安全负直接责任。

2. 认真学习和掌握本工种的安全操作规程及有关安全知识，努力提高安全技术。

3. 精心操作，严格执行工艺流程，做好各项纪录，交接班时必须交接安全情况。

4. 了解和掌握工作环境的危险源及危险因素，发现各种事故隐患时应积极汇报。

5. 一旦发生事故，要正确处理，及时、如实地向上级报告，并保护好现场。

6. 积极参加各种安全活动。

7. 正确操作、精心维护设备，保持作业环境整洁、有序。

8. 按规定着装上岗作业，正确使用各种防护器具。

9. 有权拒绝违章作业的指令，对他人违章作业应予以劝阻和制止。

我们承诺：坚决履行上述安全生产职责和义务，认真做好本岗位的安全生产工作。

签发人（部门安全生产第一责任人）：

责任人签名：　　　　　　　　　　日期：＿＿＿年＿＿月＿＿日

序号	姓名	工号	工种	签名	序号	姓名	工号	工种	签名

要点04：制定现场安全作业基准

为了减少和避免安全事故的发生，企业除了要遵循法律法规的要求外，还要自行制定现场安全作业基准，并使员工养成自觉遵守的习惯。为了保证员工的安全作业，企业可以根据相关文件制定相应的现场安全作业基准，主要内容如下。

（1）通道、区域划线，加工品、材料、搬运车等不可超出线外或压线放置。

（2）设置工装夹具架，用完后归还原处。

（3）物品按要求放置，堆积时要遵守一定的高度限制，以免倾倒。

（4）灭火器放置处、消防栓、出入口、疏散口、配电盘等禁止放置物品。

> **请注意**
>
> 制定安全作业基准时，必须从企业的实际情况出发，内容应该尽量通俗易懂，要具有很强的可操作性。

（5）将易燃易爆危险品在专区放置，由专人管理。

（6）将材料或工具靠放在墙边或柱旁时，一定要采取措施防止其倒下。

（7）需要专业人员使用的机动车、设备，其他人不得违规使用。

以下为一份安全作业基准示例，仅供参考。

【参考范本】公司安全作业基准

公司安全作业基准

1. 在企业内的通道画线，不要将加工品、材料和搬运车等超出线外放置。

2. 设置治工具架，用完后一定归还原处。

3. 不要把物品用一种不安全的方法放置。堆积时要遵守一定的高度限制，以免倾倒。

4. 不要在灭火器放置处、消火栓、出入口、疏散口、配电盘等附近放置东西。

5. 注意处理易爆、易燃、易引起火灾的物品。

6. 不要随意把材料或工具靠放在墙边或柱旁，放置时，一定要做好防止其倒下的措施。

7. 指定一个地方，把不良品、破损品及使用频度低的东西收藏起来。

8. 员工一定要穿着洗得非常干净的工作服。

9. 不整齐的衣服最危险。

（1）不用衣服擦东西。

（2）禁止光着上身、穿汗衫及半袖衣服作业。

10. 坚持使用安全帽、安全靴。

11. 不将工作手套作其他用途使用。

12. 特别注意清洁作业区地上的油污。

13. 安全设备部分的安全作业基准。

（1）不可随便把安全装置取出或移动。

（2）发现安全装置或保护用具不良时，应立即向负责人报告，并加以处理。

（3）执行特殊作业的员工要戴上保护眼镜（护目镜）进行作业。

（4）员工执行会产生高音的作业时，需使用耳塞。

（5）在会产生粉尘和有毒瓦斯的环境工作时，员工一定要戴上保护口罩。

14. 火灾预防部分的安全作业基准。

（1）绝对遵守严禁烟火的规定。

（2）除特定场所外，未经许可不得动火。

（3）把锯屑、有油污的破布等易燃物放置在指定的地方。

（4）特别注意在工作后对残火、电器开关、煤气栓的处理。

（5）定期检查公司内的配线，确保员工正确使用保险丝。

（6）确定可吸烟的场所，绝对禁止在作业或行进间抽烟。

（7）严格管理稀释剂及石油类物品。

15. 急救部分的安全作业基准。

（1）常备急救物品并标明放置位置。

（2）指定急救医生，并写明其住址、电话。

16. 一般机械作业部分的安全作业基准。

（1）定期检查机械，定期加油保养。

（2）严守齿轮、输送带等会回转工具部分的加套工作。

（3）共同作业时，员工之间一定要有足够的默契或沟通的信号。

（4）在机械转动中与人谈话时要特别注意。

（5）确保对加工具、加工品的管理。

（6）给发动机或机械加油或清洁时，一定要等其停止转动时再进行。

（7）停电时务必切断开关。

（8）故障待修的机器需明确标示。

（9）下班后进行机械的清扫、检查、处理时，一定要把它调到停止位置后再进行。

17. 转盘作业部分的安全作业基准。

（1）不能把卡盘扳手放着不管。

（2）心押台和刀刃台在起动前勿绑紧。

（3）不得在将手放在面板、带轮或皮带上时启动开关。

（4）不得把手或指头放在旋转中的加工品上去测试其完成程度。

（5）使用工具的时间尽量缩短，在转动中不可任意更换。

（6）在加工品上除去切屑时，尽量使用锯子等工具。

18. 铰盘作业部分的安全作业基准。

（1）用刷子把沾在工具或加工品上的粉屑除去。

（2）清扫桌盘，不可把任何工具或材料置于其上不管。

（3）一定要除掉加工后的碎屑等物。

19. 平削盘作业部分的安全作业基准。

（1）确定桌盘前有无障碍物。

（2）不得在运转中，在盘上作业。

（3）注意运转中其前面是否有人站立。

（4）不可放着东西就离开机器。

20. 研削盘作业部分的安全作业基准。

（1）用木槌检查砥石在使用前有无龟裂。

（2）在装置砥石时，勿将突缘拴得太紧。

（3）把砥石回转数（周数）设定在指定之下。

（4）严禁使用未加砥石盖套的机械。

（5）不得任意使用砥石的侧面。

21. 装配、组成作业部分的安全作业基准。

（1）尽量把加工品置于力量的中心。

（2）不得用嘴吹砂屑（会造成对眼睛的伤害，要特别注意）。

（3）大件物品要用吊锯或链滑车支持住，然后进行作业。

（4）员工在进行磨削作业时，需戴上眼镜。

（5）通道上有人与障碍物时不得驾驶。

（6）注意不可卷曲过度。

（7）在不使吊着的物品摇动、回转的状态下，加减速度。

（8）如果手或工具上沾了油污，一定要完全擦净后再进行作业。

（9）装配如果是共同作业，员工之间要互相打信号，注意对方的动作。

22. 起重机作业部分的安全作业基准。

（1）起重机只准许有驾驶执照的人驾驶，驾驶员应随时携带驾驶执照。

（2）不吊超重的物品。

（3）驾驶员应接受指示者的指示。

（4）如果吊上的东西上有人的话，绝不可前进。

（5）卸货时，在快到达目的地时暂停一下，等候指示再卸物。

（6）使用重量适宜的钢索滑车、链条及吊环，在钢索滑车放置处标明载重量。

（7）尽量使用两条以上的钢索，只用一条太危险。

要点05：配备劳动防护用品

劳动防护用品是指企业为使作业人员免遭或减轻事故伤害或职业危害，向其提供的防护装备。

1. 劳动防护用品的种类

劳动防护用品的种类有许多，企业应根据实际情况为员工配备最适当的劳动防护用品，具体可参考表9-1所示。

表9-1 配备防护用品的情况

序号	情况说明	合适的防护用品
1	（1）有灼伤、烫伤危险或者容易发生机械外伤等风险的操作 （2）在强烈辐射热或者低温条件下的操作 （3）散放毒性、刺激性、感染性物质或者大量粉尘的操作 （4）经常使衣服腐蚀、潮湿或者特别肮脏的操作	工作服或者围裙、工作帽、口罩、手套、护腿和鞋盖
2	有危害健康的气体、蒸汽或者粉尘	口罩、防护眼镜和防毒面具
3	工作中产生有毒的粉尘和烟气，可能伤害口腔、鼻腔、眼睛、皮肤	漱洗药水或者防护药膏
4	有噪音、强光、辐射热和飞溅火花、碎片、刨屑	护耳器、防护眼镜、面具和帽盔等
5	经常站在有水或者其他液体的地面上操作	防水靴或者防水鞋等
6	高空作业人员	安全带
7	电气操作人员	绝缘靴、绝缘手套等
8	经常露天工作	防晒、防雨用具
9	在寒冷天气中必须露天工作	御寒用品
10	有传染疾病的危险	洗手用的消毒液，工作服和防护用品必须由企业定期消毒

（续表）

序号	情况说明	合适的防护用品
11	产生大量一氧化碳等有毒气体	防毒救护用具、防护服，必要时应设立防毒救护站

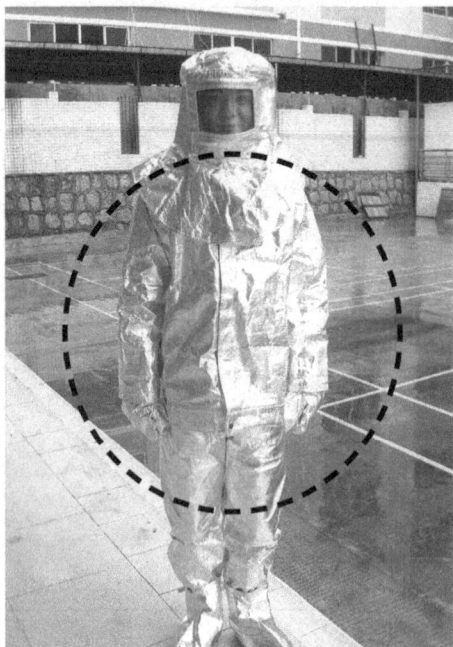

2．确定配备标准

企业要确定劳动防护用品的配备标准，即确定各种用品的配备数量及更换周期。

以下是一份劳动防护用品配置周期及标准示例，仅供参考。

【参考范本】公司劳动防护用品配置周期及标准

公司劳动防护用品配置周期及标准

岗位名称	数量	防护用品类别							
		雨靴	胶鞋	帽子	医用手套	帆布手套	纱手套	棉手套	工装
车间主任	2	1年	／	／	／	1月	／	／	6个月

（续表）

岗位名称	数量	防护用品类别							
		雨靴	胶鞋	帽子	医用手套	帆布手套	纱手套	棉手套	工装
机修电工	1	1年	1年	/	/	1月		/	6个月
清洗工	12	1年	/	/	30天	/	1周	/	6个月
包装工	12	/	6个月	6个月	/	/	/	1周	6个月
质检	1	/	6个月	/	/	/	/	1周	6个月

备注：车间主任包括副职，清洗工与包装工包括班长。

3．劳动防护用品的发放和使用规定

（1）企业应为作业人员免费提供符合国家规定的劳动防护用品。

（2）企业不得以货币或其他物品减少或替代应当配备的劳动防护用品。

（3）企业应教育作业人员严格按照劳动防护用品使用规则和防护要求，正确使用劳动防护用品。

（4）企业应建立健全劳动防护用品的购买、验收、保管、发放、使用、更换、报废等管理制度，并按照劳动防护用品的使用要求，对其防护功能进行必要的检查。

（5）企业应到定点经营单位或生产企业购买特种劳动防护用品。购买的劳动防护用品须经本单位的安全技术部门验收通过后，方准使用。

（6）劳动防护用品使用区域应有明确的提示或禁止标志。◄-----┐

要点06：实施安全作业

1．按照安全操作规程进行作业

安全操作规程是作业人员进行安全作业的规范性文件。作业人员要认真学习并熟练掌握本岗位的安全操作规程，并按规程作业。对于特种作业岗位，企业还要对作业人员进行严格的笔试和实际操作考核。

2．积极开展岗位操作标准化、规范化

实施标准化操作是预防事故的有效方法。有了合理的操作标准，并进行反复训练和学习，能减少惯性违章现象，消除工艺规程中的不安全因素，进一步为安全生产提供保障。

3．加强与班组成员的沟通

企业的现场管理人员要有良好的组织协调能力，并与成员良好沟通，当其犯错时，要使其认识到犯错的原因并予以改正，减少甚至杜绝类似问题的再次发生。

4．实行安全工作确认制

对所有可能产生错误操作且会造成严重后果的作业，企业都应制定确认制，具体包括开动、关停机器和固定设备，驾驶车辆，开动起重运输设备，危险作业、多人作业中的指挥联络，送变电作业，重要防护用品（防毒面具、安全带等）的使用以及曾经发生过错误操作事故的作业等。

5．消除习惯性违章

习惯性违章，是指那些固守旧有的不良作业传统和工作习惯，违反了安全操作规程的行为。它是诱发安全生产事故的重要原因。

要避免习惯性违章，企业应注意实施以下防范措施。

（1）要杜绝习惯性违章就必须坚持"安全工作、以人为本"的方针思想，在企业中营造安全生产、严惩违章的氛围，对企业员工要进行安全教育，使他们认识到安全生产的重要性以及发生安全事故会带来的巨大危害。

（2）大力开展对员工的安全教育，加强对《中华人民共和国安全生产法》等法律法规以及现场规程的学习培训；在生产现场悬挂反习惯性违章宣教图、企业规章制度宣教图、安全生产方针宣传标语等，结合岗位实际，经常开展事故处理演习和安全测试，把严格执行规章制度变成企业员工的自觉行为，使员工养成遵章作业的好习惯。

要点07：实施安全检查

安全检查是确保企业安全生产的重要措施，通过安全检查，能发现企业存在的安全隐患，并及时予以解决。

1．建立完善的检查体系

（1）厂级检查

①企业安全管理委员会组织相关部门人员参加，每月在全企业范围内进行一次安全检查，平时组织不定期抽查。对于新完成的工艺项目、特殊设备投产以及厂房改建等进行特殊安全检查。

②安全管理办公室对全企业进行定期和不定期的安全检查。

（2）车间检查

车间主任组织主管及部门安全员对本车间进行定期安全检查。

（3）班组检查

班组长组织本组人员对本班组的设备进行连续性检查。

（4）机动巡查

保安员对全厂进行周期性巡查。

（5）专业检查

专业检查人员通常由维修部主任及领班、相关技术人员组成，主要负责对全厂特种设备、特种作业、电气、危险仓电气设备等进行专业性的安全检查。电梯、压力容器、行车等特种设备由维修保养企业进行定期安全检查、年审，维修部负责日常运行检查。

2．检查频次

（1）日常检查

日常检查是企业针对日常工作中的场所进行的检查。

①安全管理委员会每月组织各部门对全厂进行一次大检查。

②安全管理办公室人员每天对全厂进行一次大检查。

③车间每周对本车间进行一次大检查。

④班组每天对本班组区域进行交接班前后与工作中的日常检查。

⑤作业人员自行检查。

（2）季节性检查

季节性检查是指根据季节特点，为保障安全生产所进行的检查。

①在每年6月份雷雨季节来临之前，维修部对全厂生产设备、建筑物进行一次全厂检查。

②台风到来之前，安全管理办公室组织相关人员对全厂进行一次大检查。

③在台风雷雨季节，维修部对防雷装置进行一次检查。

（3）节假日检查

节假日检查包括节假日前的安全生产综合检查。节假日放假前由安全管理办公室组织人员对全厂进行一次安全检查。

（4）机动检查

机动检查是指企业对厂区范围内的消防安全进行定期巡查。

①企业机动检查人员在上班时间必须每小时对全厂巡查一次。

②企业下班锁门后及节假日放假期间，必须每四个小时巡查一次，并做好检查记录。

（5）专业性检查

专业性检查是指企业对厂区范围内的消防安全进行定期巡查。

①维修部每年两次对企业的电气线路进行检查。

②各部门每年一次对设备安全进行检查或由使用部门委托外部供货商进行检查。

③维修部对企业内的特种设备（如机动叉车、储气罐、电梯、行车等）按照检测周期请检测机构进行一次检测。

④维修部每年至少向防雷检测所申请检测一次防雷装置。

（6）不定期检查

不定期检查是指企业对运行中的机械设备、消防安全设施、作业中的人员、动火施工作业等进行不定期的全厂性安全检查。

①该项检查一般由厂安全管理办公室负责，在全厂范围进行不定期检查。

②部门车间安全员对本部门车间生产中的安全操作和设备进行不定时检查。

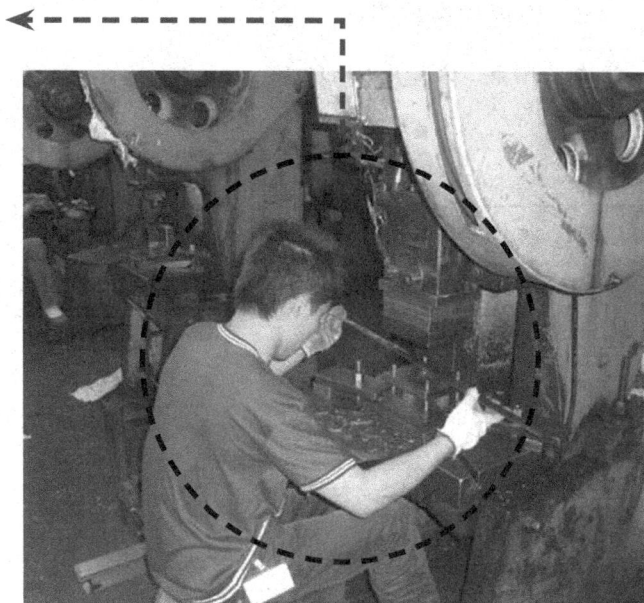

3. 检查项目、内容及方法

检查项目、内容及方法如表9-2所示。

表9-2　安全检查项目、内容及方法

序号	检查项目	检查内容	检查方法
1	安全生产责任制	检查各部门、各级管理员和员工是否明确自身安全职责，是否履行自身的安全职责	检查文件资料、现场提问
2	安全操作规程	（1）检查是否建立各岗位安全操作规程或操作指引，员工对操作程序和要求是否了解 （2）员工是否有违章操作的现象	提问或检查培训记录，检查现场或记录
3	安全检查	检查是否设置各级安全检查人员，各检查人员是否按公司检查制度进行安全检查，是否及时落实安全整改措施	检查整改记录是否存盘
4	安全宣传教育	（1）检查新入厂员工是否接受厂级与岗前培训 （2）检查特种作业人员是否持有操作证 （3）检查企业是否开展安全宣传教育活动	检查培训内容和记录，查验证件
5	用电安全	（1）各种电气设备档案是否齐全 （2）电气线路铺设是否规范，有无乱拉乱接现象 （3）绝缘导线外皮有无破损、老化现象 （4）临时线路电源线是否采用完整的、带保护线的多股铜芯橡皮护套软电缆或护套软线 （5）漏电保护装置、开关等是否完整有效，指示是否正确，是否使用带保护接零极的插座（单相三孔、三相四孔） （6）保险丝是否按额定值选用，是否存在用"非保险丝"代替的状况 （7）是否存在直接将导线插在插座上使用的现象 （8）有无接零或接地，保护接零或接地是否完好（接地电阻不大于4Ω，保护接零线重复接地电阻不大于10Ω） （9）用电设备的绝缘电阻值是否符合规定，有无定期检查记录	检查图纸数据、运行使用记录、保养维修记录、故障处理记录

（续表）

序号	检查项目	检查内容	检查方法
5	用电安全	（10）电气设备是否装设漏电保护器，是否做到"一机一闸一漏"（一台用电设备必须配备专用的开关和漏电保护器） （11）电气设备是否有防护装置	检查图纸数据、运行使用记录、保养维修记录、故障处理记录，并现场察看
6	机械设备	（1）是否建立机械设备及其各种保护装置使用管理制度 （2）现场设备及其附件周围是否张贴安全操作规程或操作提示 （3）是否定期开展机械设备及其各种保护装置安全检查和维修保养 （4）是否进行机械设备安全运行（或上班前）检查交接班记录 （5）机械操作员是否经过培训并持有上岗证 （6）冲压机等危险设备是否按规定配备安全防护装置，其防护装置是否可靠、有效 （7）机械设备其运动（转动）部件、传动（传输）装置是否安装防护装置，或是否采取其他有效的防护措施	检查检查和维修保养、培训记录，并作现场抽查
7	作业环境	（1）通风、照明、噪音是否符合作业要求，通风、照明、屏闭设备设施是否完好 （2）生产材料、半成品、成品和废料等有无乱堆乱放，过道和安全出口是否通畅 （3）生产区域地面是否平坦、整洁，功能区划分是否恰当 （4）作业台面设置和摆设是否合理，有无阻碍员工作业和紧急情况下的疏散行动 （5）作业用的车辆是否放在固定区域	现场巡查

4. 安全隐患的整改及处理

（1）通过检查发现安全隐患后，企业应实时向安全责任部门及安全责任人下发"隐患整改通知单"（如表9-3所示）。

（2）安全责任部门及安全责任人接到检查人员的"隐患整改通知单"后，必须及时对安全隐患予以整改。

（3）检查人员于整改期限到期内跟踪整改结果，如责任部门未按要求整改或拒绝整改的，将依据公司《安全生产奖惩制度》对相关安全责任人予以处罚。

表9-3 安全整改通知单

NO： 　　_____部 　　安全管理办公室于_____年____月____日对你部门进行安全检查时，发现你部门存在以下安全隐患。   　　　　　　　　　　　　　　　　　　　　　　　　　检查人：_____
请你部收到该通知书_____日内对以上问题进行整改，整改期限到期后安办将对整改结果进行复查。 　　特此通知！ 　　　　　　　　　　　　　　　　　　　　安全生产管理委员会 　　委员/安全主任：_____　_____　_____ 　　　　　　　　　　　　　　　　　　日期：_____年____月____日
整改措施：   　　　　　　　　　　　　　　　　　　部门主任/主管：_____ 　　　　　　　　　　　　　　　　　　日期：_____年____月____日
复查结果： 　　已按要求完成整改： 　　未按要求完成整改： 　　复查人员：_____　_____ 　　　　　　　　　　　　　　　　　　日期：_____年____月____日

要点08：对危险源进行识别与控制

危险源是指企业中具有潜在能量和物质释放危险的、在一定触发因素作用下可转化为事故的部位、区域、场所、空间、岗位、设备、危险品及位置。危险源是生产作业中潜在的不安全因素，如不对其进行防护或预防，有可能导致事故发生。

1. 危险源识别的对象

进行危险源对象识别时，除企业人员外，尚须考虑进入企业的外来人员（如访客、供应商）的活动；除企业内部所产生的危险源外，尚须考虑外界提供设施的活动（如供应商送货车辆可能导致的危险品泄漏）等。

2. 危险源识别的方法

企业可选用以下一种或多种方法识别危险源。

（1）与企业在某方面有经验的人交谈、询问，了解工作中的危害。

（2）现场观察，可使用"危险源调查表"，如表9-4所示。

（3）查阅相关记录，如事故报告、职业病记录，以此推断现有的危险源。

（4）获取外部信息，如查阅文件，向同行及专家咨询。

表9-4 危险源调查表

序号	活动点/工序/部位	危险源及其风险	人员暴露于危险环境的频繁程度	时态	状态	是否守法	备注

调查人/日期：　　　　　审核/日期：　　　　　确认/日期：

3．危险源的评价

企业在调查的基础上按照危险源的评价标准要对安全隐患进行风险评价，并填写"风险评价表"。

以下是一份"安全隐患风险评价表"，仅供参考。

【参考范本】公司安全隐患风险评价表

公司安全隐患风险评价表

序号	活动点/工序/部位	涉及部门	危险源及其风险	风险级别评价			是否重大风险	备注
				事故发生的可能性	事故后果的严重性	风险级别		
1	化工品仓库	仓库	火灾、爆炸	C	I	3级	√	
2	点胶工装	装配车间	使用易燃品	C	I	2级	×	甲苯
3	波峰焊炉	SMT车间	高温物体、铅烟、人身伤害、职业病	A	Ⅲ	2级	×	
4	焊机	SMT车间	铅烟、职业病	A	Ⅲ	1级	×	
5	叉车	装配车间仓库	车辆伤害	B	Ⅱ	3级	√	
6	……							

备注：

1．事故后果的严重等级：I严重伤害，出现多人伤亡；Ⅱ一般伤害，人员严重受伤，严重职业病；Ⅲ轻身伤害，人员轻微受伤，轻微职业病。

2．事故发生的可能性等级：A很可能；B极少；C不可能。

3．风险级别等级：5级极其危险，不能继续作业；4级高危险，要立即整改；3级显著危险，需要整改；2级一般危险，需要注意；1级稍有危险，可以接受。

4．危险源的控制

对危险源的控制有技术控制、个人行为控制和管理控制三种方法。

（1）技术控制

技术控制是指采用技术措施对危险源进行控制，主要技术有消除、控制、防护、隔离、监控、保留和转移等。

（2）个人行为控制

个人行为控制是指控制人为失误，减少人的不正确行为对危险源的触发作用。人为失误的主要表现形式有：操作失误，指挥错误，不正确的判断或缺乏判断，粗心大意、厌烦、懒散、疲劳、紧张或生理缺陷，错误使用防护用品和防护装置等。个人行为控制首先是加强教育培训，做到人的安全化，其次做到操作安全化。

（3）管理控制

对危险源实行管理控制，可以采取以下措施。

①建立健全危险源管理规章制度。

②明确责任、定期检查。

③建立健全危险源的安全档案和设置安全标志牌。应按安全档案管理的有关要求建立危险源档案，并指定专人保管、定期整理。应在危险源的显著位置悬挂安全标志牌，标明危险等级，注明负责人员，按照国家标准的安全标志标明主要危险，并简要注明防范措施。

④要求作业人员严格贯彻执行有关危险源的日常管理制度。做好安全值班和交接班，按安全操作规程进行操作；按安全检查表进行日常安全检查；危险作业经过审批等。所有活动均应按要求认真做好记录。领导和安全技术部门定期进行严格检查考核，发现问题，及时给予指导教育，根据检查考核情况进行奖惩。

要点09：消防安全管理

消防安全管理是企业安全管理的重点内容，没有良好的消防安全管理，企业的安全生产就得不到有效保障。

1. 管理要点

（1）保持消防通道畅通，防火门要敞开，门上有明确的标志。

（2）禁止在消火栓或配电柜前放置物品。

（3）设置消防宣传栏，加强消防宣传。

（4）易燃品的持有量应在允许范围之内，其周围区域应有"禁止烟火"等标志，防止吸烟引起火灾。

（5）所有消防设施设备应处于正常状态。

（6）空调、电梯等大型设施设备的开关及使用应指定专人负责或制定相关规定。

（7）电源、线路、开关及使用应指定专人负责或制定相关规定。

（8）动火作业要采取足够的消防措施，作业完成后要确保没有遗留火种。

（9）安全出口指示标志必须保持完整无损。

（10）必要的区域配备有走火示意图、消防逃生示意图等。

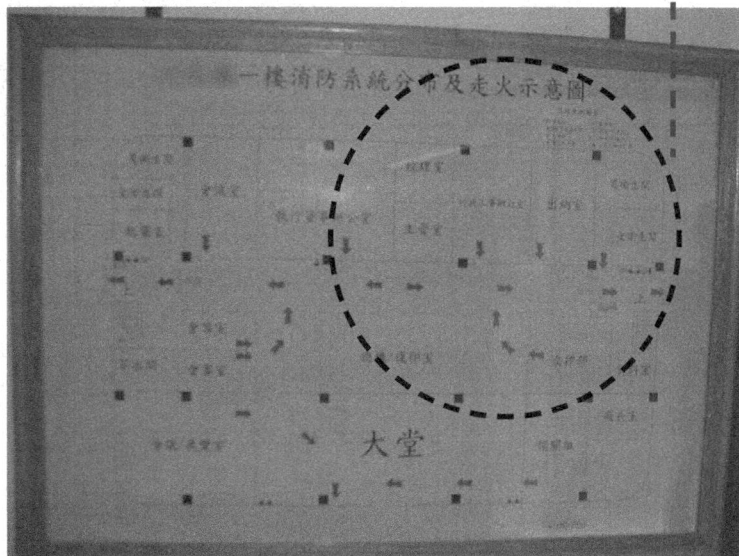

2．做好消防器材管理

消火栓、灭火器等平常备而不用，但万一需要用时，又往往分秒必争。由于企业用到它们的机会比较少，因而很容易忽视它们。所以，企业应对这些消防器材要善管理，以备不时之需，具体可采用以下方法。

（1）定位

企业应将灭火器等消防器材放置于固定的场所，当意外发生时，员工可以立刻找到灭火器。

（2）标示

消防器材常被其他物品遮住，这势必会延误员工取用时机，所以，企业要严格规定，消防设备前面或下面禁止放置任何物品。

（3）设立禁区

消防器材前面一定要保持畅通，才不会造成取用时的阻碍。所以，在这些消防器材前面，企业一定要规划出安全区，提醒员工共同遵守安全规则。

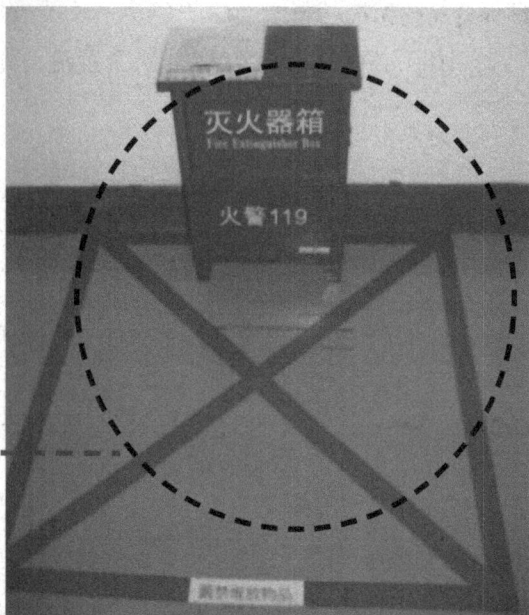

（4）张贴放大的操作说明图

人员通常是在非常紧急的情况下才会用到消防器材。这时，人难免会慌乱，而在慌乱的情况之下，恐怕连如何使用这些消防器材都给忘了。所以，最好在放置这些消防器材的墙壁上，贴上一张放大的操作说明图，让所有人参考使用。

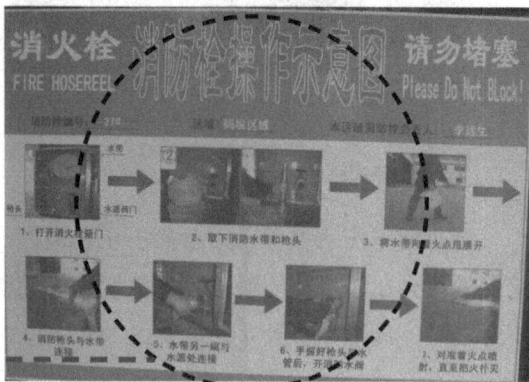

（5）明示换药日期

注意灭火器内药剂的有效期限是否逾期，而且，一定要按时更新，以确保灭火器的可用性。把该灭火器的下一次换药期，明确地标示在灭火器上，让所有人注意安全。

3．定期组织员工进行消防培训和演练

企业平时要强化员工的消防安全知识，为提高火灾防控能力和突发事件应急救援能力，可定期组织员工进行应急疏散演练及消防安全知识培训。

消防安全培训与演练的内容如下。

（1）火灾的性质与发展阶段

①火灾的性质。首先要弄清是电起火还是其他物质引起的火灾，若为电起火，一定要先切断电源，然后展开扑救。室内火灾具有突发性、多变性、瞬时性三个特点。

②火灾发展的四个阶段：初起、发展、猛烈、熄灭。

（2）灭火的方法

灭火的方法包括冷却法、窒息法、隔离法、抑制法等。

（3）了解各种灭火器的使用方法

灭火器种类有干粉灭火器、泡沫灭火器、二氧化碳灭火器、1211灭火器等。

①手提式灭火器的使用步骤（1人操作）

手提式灭火器的使用步骤如图9-2所示。

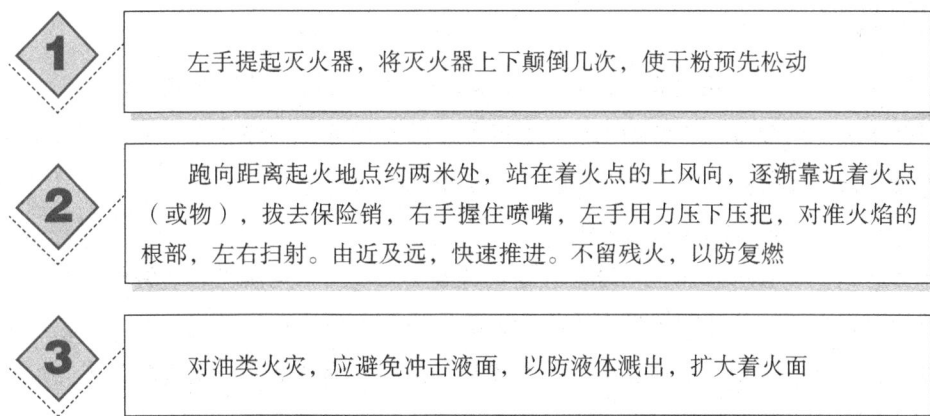

1	左手提起灭火器，将灭火器上下颠倒几次，使干粉预先松动
2	跑向距离起火地点约两米处，站在着火点的上风向，逐渐靠近着火点（或物），拔去保险销，右手握住喷嘴，左手用力压下压把，对准火焰的根部，左右扫射。由近及远，快速推进。不留残火，以防复燃
3	对油类火灾，应避免冲击液面，以防液体溅出，扩大着火面

图9-2 手提式灭火器的使用步骤

②推车式灭火器的使用步骤（2人操作）

推车式灭火器的使用步骤如图9-3所示。

1	将灭火器推到距离火场（着火点）3～4米处，背向火源；并置于上风向
2	取下喷枪，展开粉管，切不可拧折
3	一人两手紧握喷枪，双脚站稳，枪口对准火焰边缘根部，另一人拔除保险销，打开开关（慢慢开启），将干粉喷出，两人协同，由近及远，将火扑灭，不留残火，以防复燃
4	对油类火灾，应避免冲击液面，以防液体溅出，扩大着火面

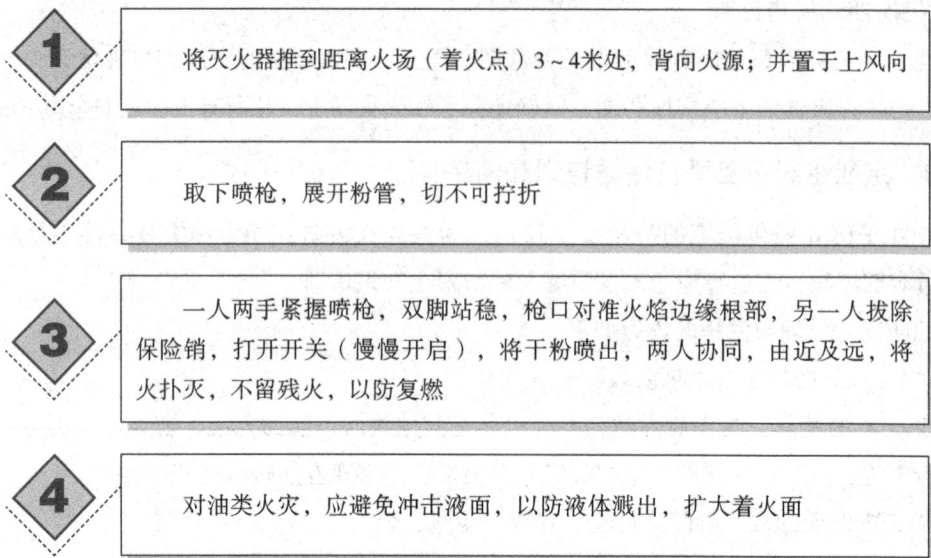

图9-3　推车式灭火器的使用步骤

（4）"三级教育"、"三懂"、"三会"、"四利用"、"五不要"

① "三级教育"

厂级教育、车间级教育、班组级教育。

② "四懂"

懂岗位火灾危险性、懂岗位预防火灾措施、懂岗位灭火方法、懂火灾报警方法。

③ "三会"

第一会：会报警：电话报警（119），手动报警（按钮报警、击破报警），自动报警（烟感报警、温感报警）。使用电话报警时要沉着、冷静，不要恐慌，要讲清火灾地点、火情火势以便及时救护；在报警的同时要利用消防器材进行灭火。

第二会：会扑灭初起火灾，会使用灭火器。

第三会：会逃生和组织他人逃生。当你被困在火场内，生命受到威胁时，在等待消防员救助的时间里，如果你利用地形和身边的物体采取有效的自救措施，就可以赢得更多生机。火场逃生不能寄望于急中生智，只有靠平时储备的消防常识，于危难关头应对自如，从容逃离险境。

④ "四利用"

利用建筑物本身的疏散设施，利用缓降器，利用自救绳，利用避难空间。

⑤ "五不要"

不要乘坐电梯；不要向角落躲避或到死胡同；不要为穿戴衣服、寻找贵重物品而浪费时间；不要私自重返火场救人或取财物；不要轻易跳楼。

4．配备急救药箱

企业要常备急救药箱，并且经常检查药品的有效期，确保其能发挥作用！

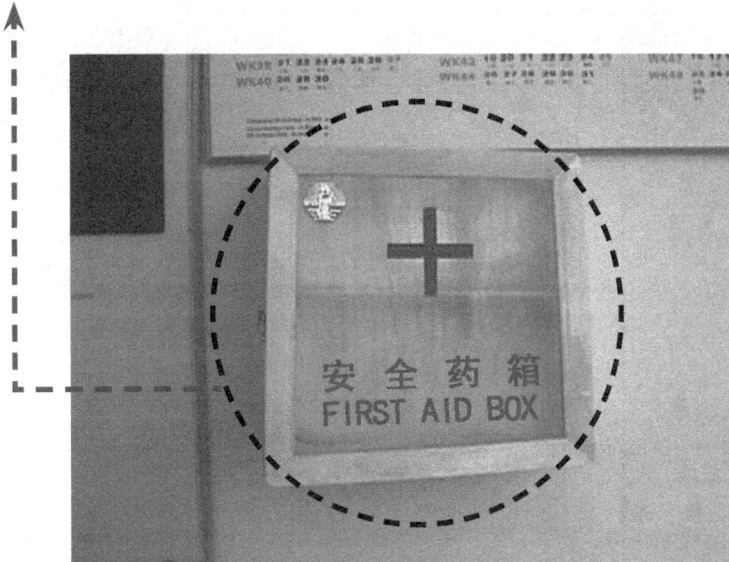

学习笔记

　　通过学习本章内容，想必您已经掌握了不少学习心得，请仔细填写下来，以便继续巩固学习。如果您在学习中遇到了一些难点，也请如实写下来，方便今后重复学习，彻底解决这些难点。

　　同时本章列举了大量实景图片，与具体的文本内容互为参照和补充，方便您边学边用，请如实填写您的运用计划，以使工作与学习相结合。

我的学习心得：

1. _____
2. _____
3. _____
4. _____
5. _____

我的学习难点：

1. _____
2. _____
3. _____
4. _____
5. _____

我的运用计划：

1. _____
2. _____
3. _____
4. _____
5. _____

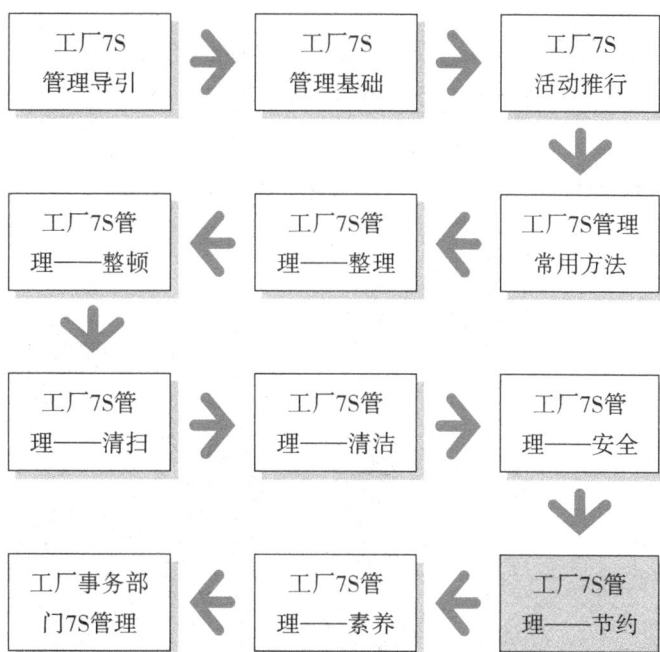

第10章

工厂7S管理——节约

导视图

工厂7S管理导引	工厂7S管理基础	工厂7S活动推行

工厂7S管理——整顿	工厂7S管理——整理	工厂7S管理常用方法

工厂7S管理——清扫	工厂7S管理——清洁	工厂7S管理——安全

工厂事务部门7S管理	工厂7S管理——素养	工厂7S管理——节约

> 节约是指降低成本、减少浪费。该项措施帮助企业充分合理地利用时间、空间、能源等资源，企业发挥最大的效能，打造出一个高效率、物尽其用的工作场所。

要点01：节约的含义与目的

所谓节约，就是降低成本、减少浪费，进而实现企业零浪费的目标。

1. 节约的含义

节约旨在对时间、空间、能源等方面进行充分合理地利用，使它们发挥最大的效能，从而创造出一个高效率、物尽其用的工作场所，并且做到不该花费的绝不随便花。

员工应该秉承三个观念：能用的东西尽可能利用；以主人翁的心态对待企业的资源；切勿随意丢弃，丢弃物品前要衡量其使用价值，如废弃的胶框可能还是有用的。

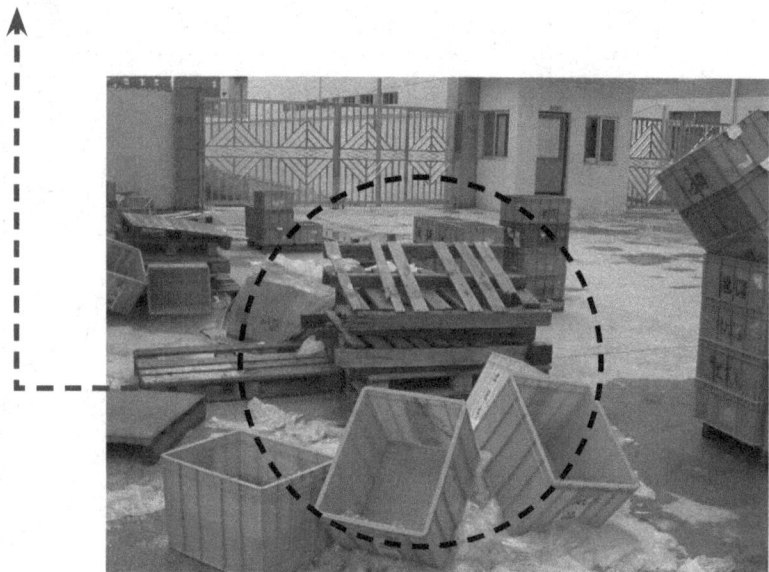

2. 节约的目的

（1）遵循科学的利用时间法。

（2）合理规划与使用空间。

（3）制定合理的能源使用标准，积极改善生活。

要点02：生产现场的浪费现象

节约的目的就是消除生产现场中的浪费，因此企业首先要了解在生产现场中究竟存在哪些浪费现象。

1. 浪费的含义

传统意义上人们认为只有材料的报废、退货、废弃才是浪费。现在，浪费是指一切不增值的活动，包括时间、成本等的浪费。

现场改善的内容，不是那些宏观、抽象的事物，而是在每天的工作中，员工努力发现浪费等具体问题，并着手解决，从而改善品质，节约经费，缩短工时。

2. 生产现场的浪费

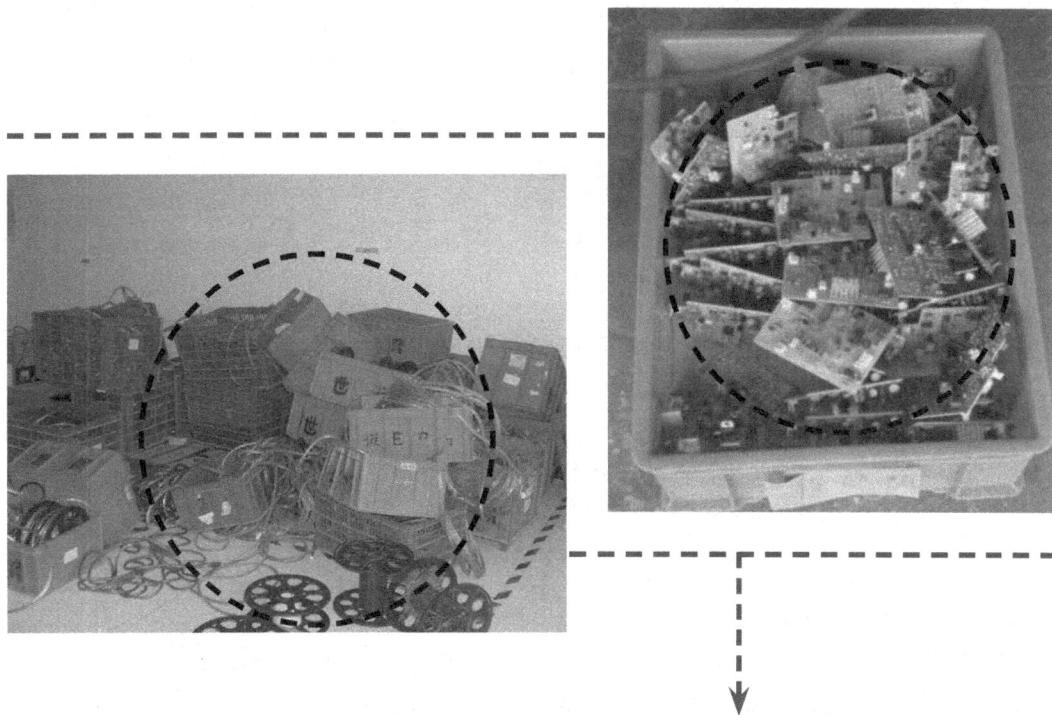

现场改善的出发点，就是要分辨出哪些现象属于浪费，哪些现象不属于浪费，然后努力消除浪费。企业生产现场中的七大浪费现象如图10-1所示。

1 等待的浪费

（1）作业"动作"中"等作"的情况
（2）设备"监视"中"闲视"的情况

2 搬运的浪费

（1）空间的移动
（2）时间的耗费
（3）人力、工具的占用

3 不良/修理的浪费

（1）材料的损失
（2）设备、人员工时的损失
（3）额外的修复、选别、追加检查
（4）额外的检查预防人员

4 动作的浪费

（1）对象取放、反转、对准
（2）作业步行、弯腰、转身

5 加工的浪费

（1）多余的加工、颠倒的程序
（2）零散的步骤、不适、复杂

6 库存的浪费

（1）不必要的搬运、存放、防护、寻找
（2）资金占用、额外的管理费用
（3）物品价值衰减、产生呆料、废料
（4）占用空间场地，影响人员通过和进出料
（5）库存用具随意摆放，占用空间
（6）物料随意放置，占据空间

7 加工的浪费

制造过多，制造过早，制造过细

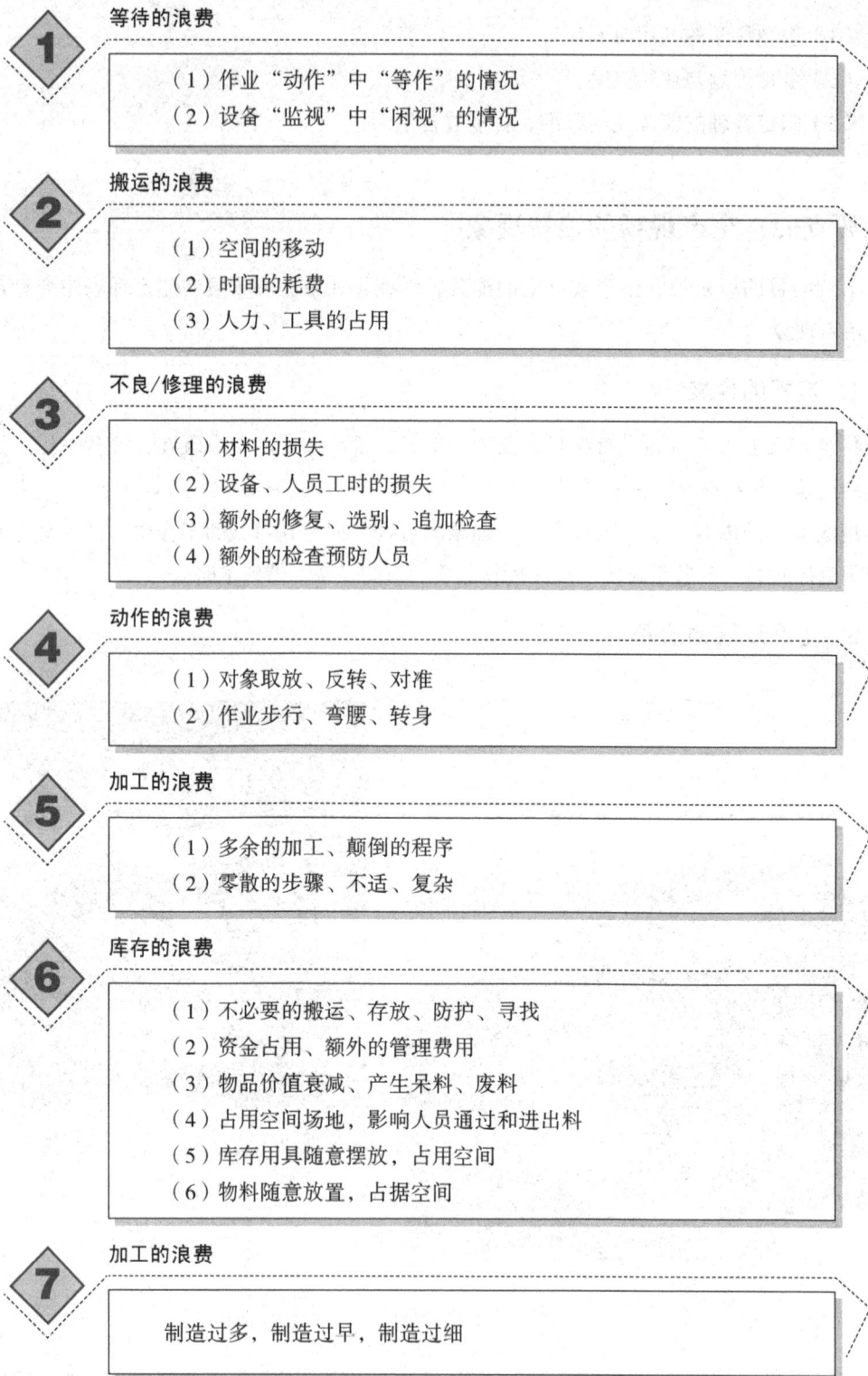

图10-1　生产现场中的七大浪费

要点03：节约的推行要领

节约是对整理工作的补充和指导，企业应该从机械设备保养、物品摆放、废物利用、环境整洁等方面重点推进，用明确的制度从细节上杜绝浪费。

1. 浪费情况公布

将浪费的情况公布出来，使员工自觉杜绝浪费。

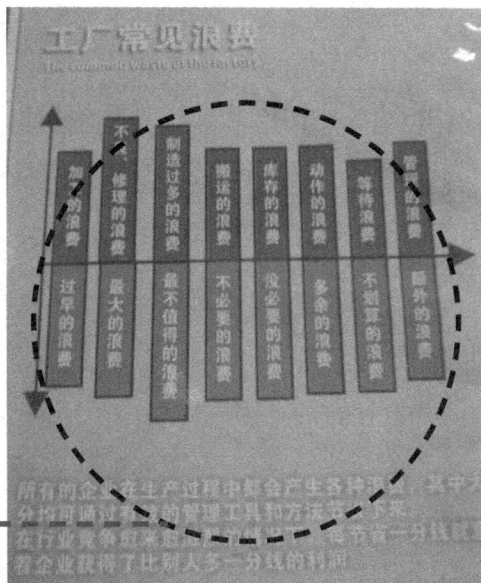

2. 遵循科学的时间使用法，提高工作效率

（1）消除"拿起"、"放下"、"清点"、"搬运"等无附加值的动作。

（2）避免因"寻找"、"等待"、"避免"等动作而引起的浪费。

（3）制定合理的作业标准，并严格执行，从而提高工作效率。

3. 减少能源浪费

（1）减少库存量，排除过剩生产，避免零件、半成品、成品存货过多。

（2）避免库房、货架、天棚过剩。

（3）避免卡车、台车、叉车、运输线等搬运工具过剩。

（4）避免购置不必要的机器、设备。

（5）避免出现多余的文具、桌椅等办公设备。

（6）贴上节约用电指南，随时提醒员工要节约。

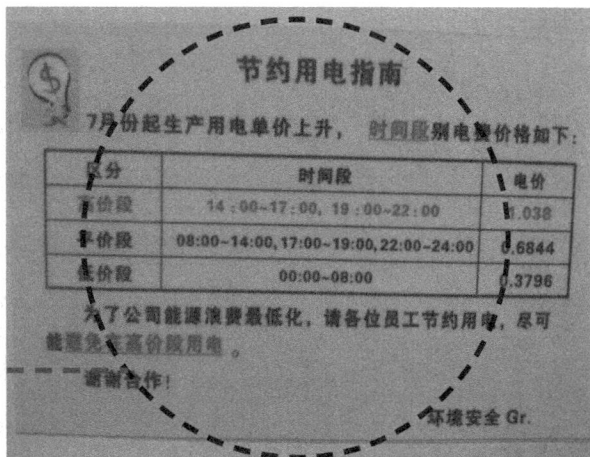

（7）张贴提示，提醒员工下班时一定要关上总电源，减少电能浪费。

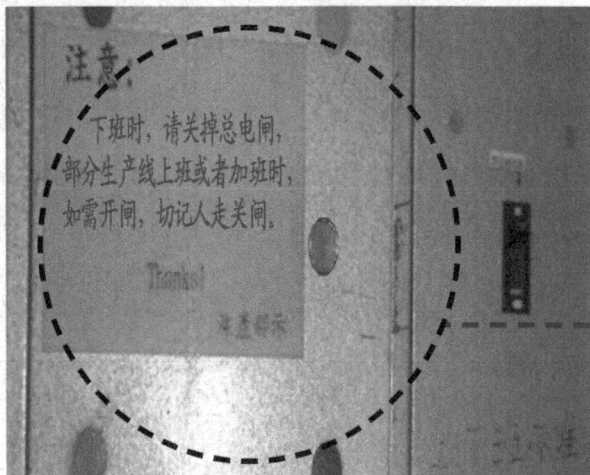

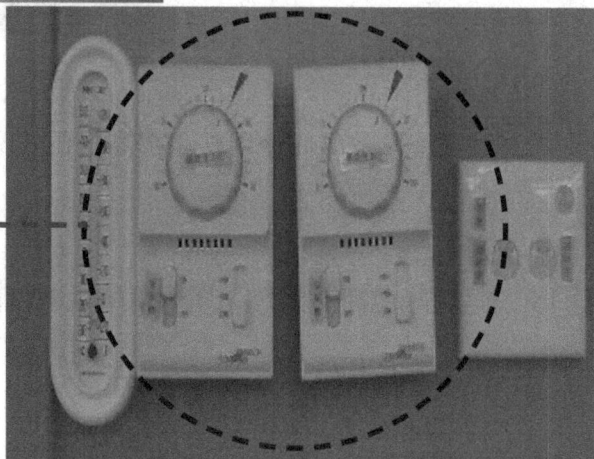

（8）设置空调荧光开关指示以及"KISS"掣，合理控制空调温度。

（9）对光管、风扇进行颜色管理，避免无标识而随意开关的浪费。

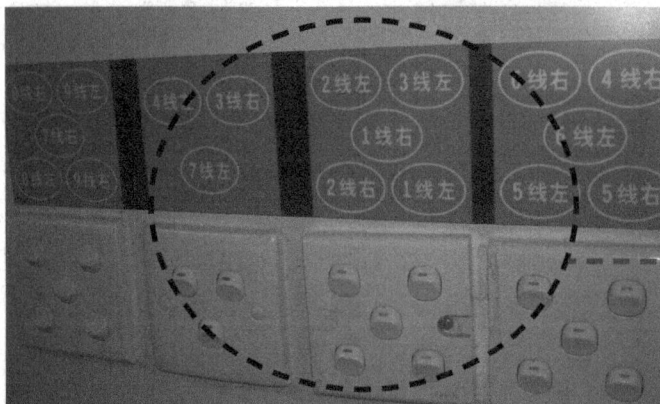

（10）对各种垃圾实施分类处理，回收可用的垃圾。

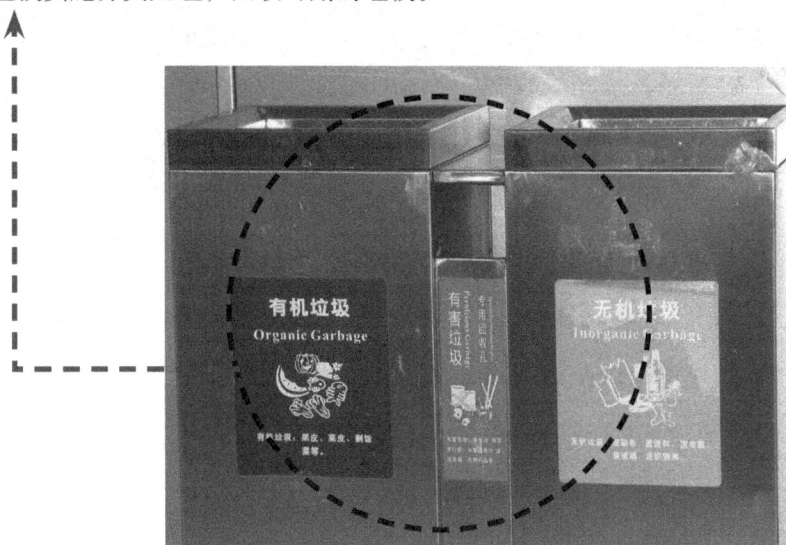

（11）将节约与环境保护结合起来。企业在生产过程中应注意做好环境保护工作，可以将节约与环保结合起来，在推行节约的同时，做好环保的宣传工作，如张贴宣传画等。

请注意

节约要从机器设备保养、废物利用、库存整理等方面展开，缺一不可。企业应动员员工参与到节约活动中来，保证节约效果。

要点 04：运用人、机配合分析提高效率

对人与机械作业配合的分析，称为"人、机分析"，即调查作业者的作业时间和机械运转时间的关系，以找出人或机械"闲荡"、"空等"的时间，借此改善作业手法。

1．统一人、机分析符号

与工程分析一样，人、机分析也有其特定的符号，以便于绘制人、机分析图。

2．人、机分析的目的

通过人、机分析，使人与机械的组合作业关系明显化，从中找出"等待"及"赋闲"的时间，以改善作业，提升效率。人、机分析的具体目的如下。

（1）减少机械"赋闲"的时间，以提高生产效率。

（2）减少作业者"等待"的时间，以提高生产效率。

（3）保持机械及人员的作业负荷均等。

（4）使作业者所负责的机械台数适中。

3．人、机分析的重点

与工程分析一样，人、机分析的重点是节约时间。

4．人、机分析的步骤

（1）实施现状调查

①调查生产状况和设备状况。

②调查配置情况、工程的流动情况。

③调查作业者、机械作业的内容。

④调查作业者的业务水准、熟练度以及机械的特征、性能等。

通过对上述几项的调查，员工要尽可能抓住问题点。

（2）分析一个作业周期的作业情况。

（3）使时间保持一致。以作业者与机械同步作业为出发点，找出时间必须一致的地方，重新调整步骤（2）。

（4）测定各作业项目的时间。实测步骤（3）各作业项目的时间。必须保证其同步作业，且时间一致。

（5）绘制人、机分析图。

（6）分析并整理结果。

（7）提出改善方案

①改善的着眼点，如图10-2所示。

1 作业者在"等待"的场合

（1）自动运转时间的缩短、高速化及机械的改善等

（2）调整自己动手的时间，找找看是否在自动运转中，有自己能够从事的作业

（3）将物料放在作业者身边，方便取用

2 机械在"赋闲"的场合

（1）缩短作业者单独作业的时间

（2）改善必须动手做的作业及实现徒手作业的自动化

3 作业者、机械都在赋闲的场合

（1）重新编制作业次序
（2）考虑1项及2项的着眼点

4 作业者、机械都没有等待、赋闲的场合

改善作业者及机械的作业

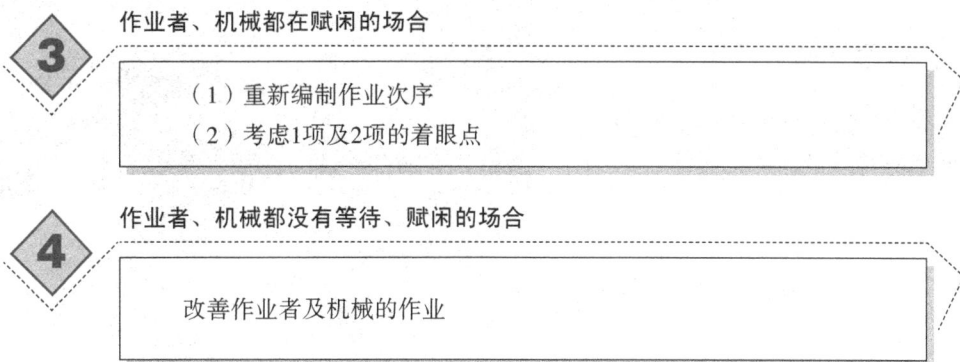

图10-2　改善的着眼点

②改善方案

参照人、机分析改善着眼点，研讨并形成改善方案；

员工依据改善方案，重新绘制人、机分析图（改善后），进行改善前后比较。

（8）实施并评价改善方案。

（9）把改善方案标准化

确认改善能达到的预期目的后，企业就应修订原作业标准，将改善的做法形成新的标准，并要求员工严格遵守。

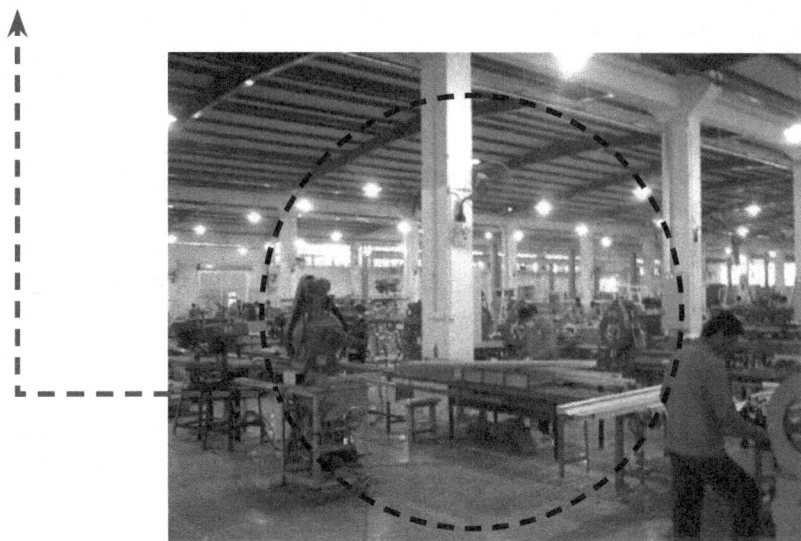

要点05：设定标准时间提高作业效率

标准时间就是一名员工以标准作业方法、标准速度进行作业所需的时间。企业实施标

准时间主要是为了提高作业效率。

1．标准时间的定义

标准时间，就是在以下条件下，员工完成作业所需的时间。

（1）采用标准作业方法与设备。

（2）实施标准化作业。

（3）作业者具备制程要求的操作熟练度与适应度。

（4）身处不妨害身体健康的工作环境。

（5）以企业认定的正常速度完成作业。

2．标准时间的构成

标准时间的构成，如图10-3所示。

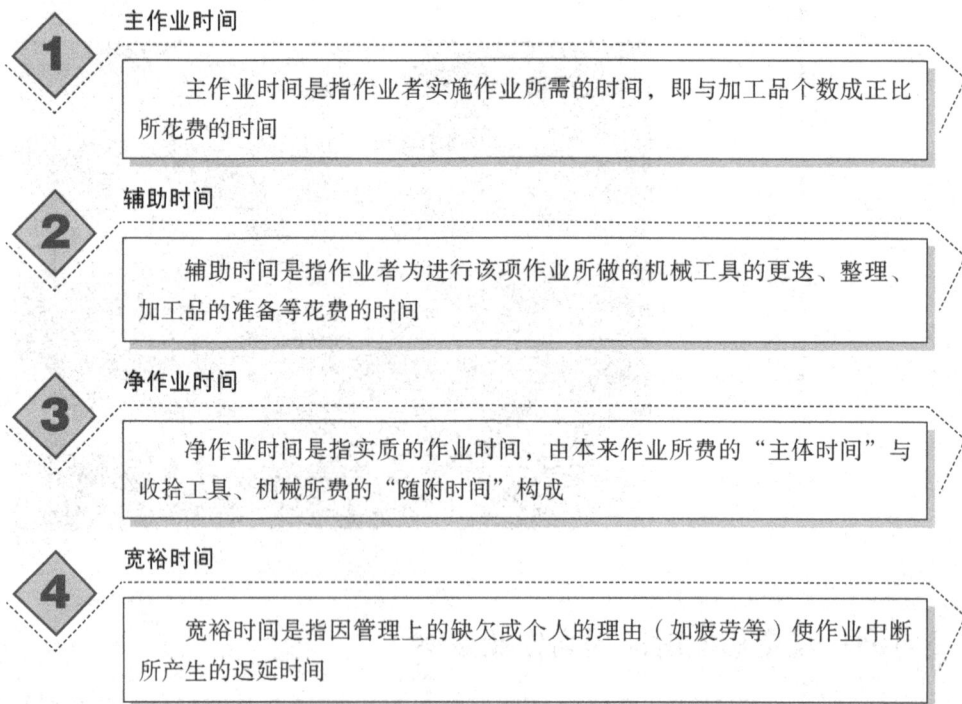

1 主作业时间

主作业时间是指作业者实施作业所需的时间，即与加工品个数成正比所花费的时间

2 辅助时间

辅助时间是指作业者为进行该项作业所做的机械工具的更迭、整理、加工品的准备等花费的时间

3 净作业时间

净作业时间是指实质的作业时间，由本来作业所费的"主体时间"与收拾工具、机械所费的"随附时间"构成

4 宽裕时间

宽裕时间是指因管理上的缺欠或个人的理由（如疲劳等）使作业中断所产生的迟延时间

图10-3 标准时间的构成

3．标准时间的计算公式

$$标准时间=净作业时间+宽裕时间$$
$$=净作业时间×（1+宽裕率）$$
$$净作业时间=码表观测值×评核系数$$
$$宽裕率=宽裕时间÷净作业时间$$

其中：

（1）码表观测值即观测值除去异常值后的算术平均值；

（2）评核系数：由现实作业所得的观测时间转换成标准时间的系数，用以评估实际作业速度相对标准速度是超前或落后，通常以80％～125％区分等级；

（3）宽裕率是指一般使用统计性的经验值，在20％～30％的程度。

4．标准时间的用途

标准时间广泛应用于企业的各个管理层面。其具体用途如下。

（1）用来决定最适当的作业方法（当有两种以上作业方法时）。

（2）以小组作业来说，可使作业者的工作时间保持平衡，并提高作业效率。

（3）决定每名作业者负责的机械台数。

（4）为生产计划、标准成本、效率建立基础数据。

（5）决定外协单价的基础数据。

（6）建立衡量生产力、作业效率的基础数据。

（7）订立周计划、日程计划的基础数据。

（8）订立标准成本与实际成本差异分析的基础数据。

（9）决定劳动管理费的基础数据。

（10）订立人员计划的基础数据。

5．标准时间的设定

（1）码表观测法

码表观测法是指将一个周期的作业，分解成适当长度的要素作业，利用码表与时间观测表进行观测分析，设定该作业的标准时间的方法。

以要素作业别来分析作业、观测时间的原因如下。

①同一要素作业，只要观测一次时间，其他作业也可使用。

②对作业中的一部分，当出现方法顺序的变更时，只需重测变更部分，不必再做整个作业的时间测定。

③可由各要素动作的时间状况判断作业是否稳定。

（2）时间观测

除码表外，时间观测表是主要的道具。时间观测的要领如下。

①准备观测板、码表及时间观测表

观测板需长期使用，要求轻巧，便于记录观测值，利于阅读码表；码表使用10进位法分单位（即1分钟=100Dm）观测时不归"0"。

②选择熟练的作业者作为观测对象。

③应将作业分割成适度的要素作业，并且记入"时间观测表"的"要素作业"栏内。

④观测各要素作业结束的时间点，然后将该时间记入时间观测表中"累计时间"栏内。

⑤时间观测表中的"个别时间"栏是在观测后进行整理时记录的。

⑥观测次数宜在10~20次。

⑦观测后，去除异常值，计算各要素的个别时间平均值。

时间观测时的注意事项如下。

①由于码表不需归"0"，所以开始观测时，不一定从"0"测起。

②出现异常值时，用圆圈圈起以便识别，计算平均值时，应略去不计。

③若一时疏忽，未能看清读数，切忌随意记录，应在时间栏内填入"M"（此时前后的个别时间无法算出）。

④省略要素作业时，应在时间栏内记下"→"以区别"M"。

⑤要素作业的分割应在可观测的程度之内。

（3）标准时间设定

设定标准时间的基本方法是以"时间观测表"上记录的观测值为基础，修正标准速度得出。设定时应注意以下四点。

①必须设定一个能信赖的标准时间。

②设定标准时间时一定要具备作业分析、时间分析等专业技术，也就是设定时应以专业人员为中心，并让熟知现场作业的一线管理督导人员、QC人员协助参与。

③在设定标准时间前一定要实现作业的标准化，即保证作业方法、作业顺序、人员配置、工具等的标准化。

④一旦作业方法、作业条件发生变化，就得重新设定标准时间。

> **请注意**
>
> 企业必须根据作业目的按照正确的方法和步骤合理、科学地设定标准时间。同时，企业应就标准时间的设定，征求员工的意见和建议，使员工充分掌握相关要领。

要点06：对消耗品采取以旧换新方法

为杜绝浪费、控制生产成本，要特别加强消耗品的使用管理，提高消耗品的有效使用效率，为此，企业可以采取以旧换新的方法来控制。为使以旧换新工作能得到更好地执行，企业最好制定以旧换新制度，确定以旧换新的范围、责任人员、标准、工作流程及不执行的处罚规定。同时，可以将以旧换新品明细用看板的形式公示出来。

以下是一份以旧换新之消耗品管制办法示例，仅供参考。

【参考范本】公司以旧换新之消耗品管制办法

公司以旧换新之消耗品管制办法

1. 目的

实现公司消耗品请购、领用及使用状况的具体化、明确化，提高消耗品有效使用率，减少库存，降低消耗品使用成本。

2. 范围

公司各单位使用的消耗品均需遵守本办法。

3. 权责

3.1 各使用单位

3.1.1 负责对本单位消耗品需求用量及明细进行统计，填写"每月总工务用品预算表"。

3.1.2 负责本单位消耗品领用及发放、记录工作。

3.1.3 负责本单位消耗品以旧换新物品回收及更换作业。

3.2 总工务采购

3.2.1 对各单位总工务用品预算表及费用进行汇总、统计。

3.2.2 对每月各单位领用消耗品进行合理采购。

3.3 总工务仓

3.3.1 对各单位每月用品预算表之明细、数量进行统计、汇总。

3.3.2 负责对厂商送货进行验收、核对工作。

3.3.3 负责各单位总工务用品的发放、账目处理工作。

3.3.4 负责对以旧换新物品进行更换、核对工作，并将旧物品放入指定的回收区域内。

3.3.5 负责对各单位每月领用物品进行全额统计制表。

3.4 会计

3.4.1 负责各单位预算的总工务用品金额与目标金额的审查。

3.5 企划稽查

3.5.1 对各单位消耗品使用状况及以旧换新物品的状况稽查。

3.5.2 对消耗品浪费的异常状况进行追踪、处理。

4. 定义

以旧换新物品，是指日常生产及办公消耗品在使用中或使用后留下的实体或部份配件，员工领用时需要将原物品实体回收，方可更换新物品，包括文具消耗品、计算机耗材类、总务配件/机器零件类等。

5. 内容

5.1 作业流程图:略。

5.2 使用部门进行消耗品的预算统计。

5.2.1 使用部门助理于每月月底前统计下月总务用品数量，并制作预算表经主管签核后交给采购部。

5.2.2 日常消耗品属于旧换新物品，均需在预算表中的备注栏中注明以旧换新物品。

5.2.3 部门主管在审核时需了解预算物品的价格、数量，确定是否需要申购。

5.2.6 属于临时急用的物品且预算表中未进行预算的，使用部门可填写"请购单"，经主管签核后交给采购部，采购部按流程呈报作业。

5.3 预算查核及采购作业

5.3.1 各部门将主管审核的预算表交总工务采购并进行试算。

5.3.2 采购部按预算中各物品的单价，汇总各部门预算金额交会计进行审查。

5.3.3 专案部根据各单位年度（季度）预算目标金额确定各单位本月预算费用，超出目标则退回现场重新预算。

5.3.4 专案部审查预算目标内的费用，呈生产中心主管核准。

5.3.5 采购部依据核准的各部门预算物品，进行采购作业。

5.4 验收处理

5.4.1 总工务仓管员根据"采购单"、"厂商送货单"进行验收作业。

5.4.2 对不符合"请购单"上数量、规格、品牌等项目的"送货单"作退货处理，要求厂商重新送货。

5.4.3 若总务仓管员无法判定厂商所送物品是否与现场预算物品一致，可通知现场人员到总务仓检验。

5.4.4 总务仓验收以后进行账目处理，并知会请购单位开单领料。

5.5 领料及以旧换新作业

5.5.1 请购单位根据预算表中核准物品及其数量开立"物品领用单"，经部门主管核准后，到总务仓领料。

5.5.1.1 属文具耗材类物品，须经单位主管及总务仓人员确认，方可以旧换新。

5.5.1.2 属电脑耗材类物品，须经单位主管及电脑维修人员确认，方可以旧换新。

5.5.1.3 属总务配件、机器零件类物品，经单位主管及机修人员确认，方可以旧换新。

5.5.2 属以旧换新物品，使用单位未将回收物品退回总务仓时，不予发料。回收物品数量与"领料单"上领用数量不符时，依回收物品数量进行发料。

5.5.3 非以旧换新物品按预算表中的核准数量发放，以旧换新与非以旧换新物品领用需分开填写"物品领用单"。

5.5.4 总务仓发货时需与"预算表"的明细进行核对，以免多发或错发其他部门。

5.6 回收的以旧换新品须按《报废管制程序》要求对回收品进行处理。

5.7 专案部将不定期对以旧换新物品进行稽查作业，并对违规行为进行追踪处理。

要点07：开展修旧利废活动

修旧利废活动是企业加强管理、减少浪费、降低成本的有效途径。企业要鼓励各部门自主创新、修旧利废，并做好记录。同时，为使这项工作得到持续开展，企业要制定相应的实施细则，确定修旧利废管理标准的职责、内容、要求及奖励与考核标准。

以下是一份修旧利废实施细则，仅供参考。

【参考范本】公司修旧利废实施细则

公司修旧利废实施细则

1. 目的

为充分调动公司员工修旧利废的积极性，在保证设备正常运行的前提下，提高废旧物资的综合利用率，降低生产成本，不断提高企业经济效益，结合实际情况，特制定本细则。

2. 适用范围

本细则适用于公司修旧利废管理工作，修旧利废是针对由于检修、改造等原因拆卸下线的阀门、泵类、工器具、仪表、电机等所有生产设备开展的修复再利用工作，要本着"经济合理、保证质量、统一管理、优先使用"的原则，有针对性地开展工作。

3. 职责

3.1 经营管理部是修旧利废工作的归口管理部门。负责制定修旧利废管理办法，并对修旧利废管理办法的执行结果进行检查及奖励与考核。

3.2 生产管理部负责对交旧物资的鉴定和物资修复后的验收工作。

3.3 其他相关部门（如设备维护部、发电运行部、燃料部、化水部、燃料质检中心等）负责对交旧物资申报和可利旧物资申请。

4. 修旧利废程序及规定

4.1 修旧利废按照以下流程进行。

4.1.1 各部门可随时向生产管理部提交"修旧利废申请及验收单"；生产管理部应在两个工作日内完成鉴定工作。

4.1.2 经生产管理部鉴定可由检修部门自行修复的物质，检修部门指定修复负责人开始工作。对于可能会产生重大影响的关键设备，检修部门须编制《修复方案》，并由生产管理部组织专家论证、审批。

生产管理部应在两个工作日内完成验收工作，验收合格后填写"修旧利废申请及验收单"，由检修部门交经营管理部指定仓库代管备用。

4.1.3 经鉴定为无法修复或无修复价值的物质（修理费超过新品价值的50%；特殊情况除外），按《物资管理制度》交旧物质，执行相关奖励政策。

4.1.4 经鉴定修理费较高但仍有部分利用价值的物质，交经营管理部指定仓库代管。

4.1.5 经鉴定不能自行修复可外委修复的，且修理费用小于新品价值50%的物质，由经营管理部外委修理加工，操作程序按《物资管理制度》执行。

4.2 修旧利废需零配件的单独申报材料计划（按物资管理制度执行），费用列支修理费。

4.3 各部门应优先领用修复物资，凡拒绝领用者应说明理由，经生产管理部批准后方可执行。

4.4 各部门应对修旧利废工作进行专项管理，并建立台账，经营管理部负责编制月度"修旧利废统计表"，并上报公司备案。

5. 奖励与考核

5.1 经营管理部每月10日前根据各部门修旧利废情况向公司申报奖励，奖励标准如下。

5.1.1 奖励计算公式

奖励＝节约值×系数＝（修后价值—修前价值—修理成本）×系数

修后价值＝物资原值×80%

修前价值＝物资原值×50%

修理成本＝修理中发生的材料费用

5.1.2 节约1 000元（不含1 000元）以内按30%奖励；节约1 000元（含1 000元）至5 000元（不含5 000元）按20%奖励；节约5 000元（含5 000元）至10 000元（不含10 000元）按10%奖励；10 000元（含10 000元）以上按8%奖励。

5.1.3 经验收合格后首先提取奖励金额的80%用于奖励参与修复的班组和人员，质保期满时发放余额，在质保期内出现质量问题的，不再发放修旧利废质保金。

5.1.4 公司年终进行修旧利废工作总结，对优秀部门及管理人员给予一次性奖励。

5.2 修旧利废的质保期：自安装之日起计算，机械类设备90天，电子类设备180天。

5.3 各部门修旧利废出现弄虚作假的行为，发现一次扣100元。

学习笔记

通过学习本章内容，想必您已经掌握了不少学习心得，请仔细填写下来，以便继续巩固学习。如果您在学习中遇到了一些难点，也请如实写下来，方便今后重复学习，彻底解决这些难点。

同时本章列举了大量实景图片，与具体的文本内容互为参照和补充，方便您边学边用，请如实填写您的运用计划，以使工作与学习相结合。

我的学习心得：

1. _____
2. _____
3. _____
4. _____
5. _____

我的学习难点：

1. _____
2. _____
3. _____
4. _____
5. _____

我的运用计划：

1. _____
2. _____
3. _____
4. _____
5. _____

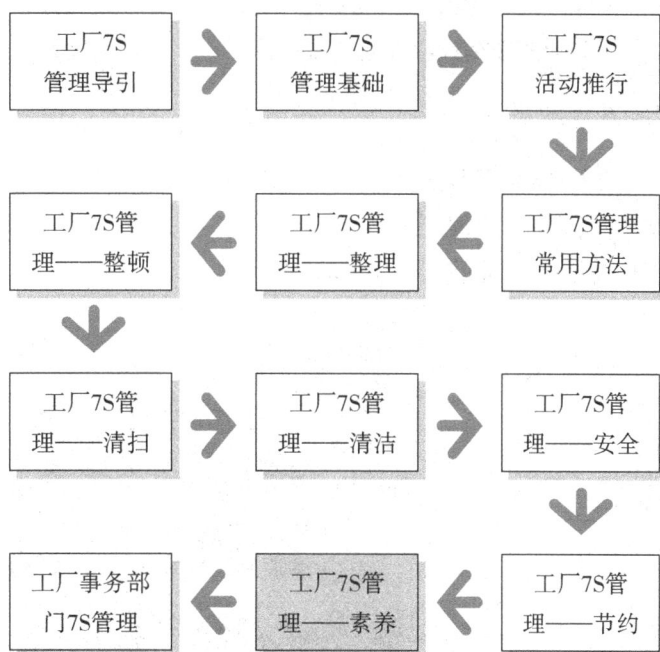

第11章

工厂7S管理——素养

导视图

·········· 关键指引 ········

推行素养管理这项措施的目的是使员工时刻牢记7S规范，自觉进行整理、整顿、清扫、清洁、节约、安全，使7S活动更重于实质，而不是流于形式。素养是指员工在言行举止上都具有良好的习惯。

要点01：素养的含义与目的

1．素养的含义

素养就是以"人性"为出发点，通过整理、整顿、清扫、清洁等合理化的改善活动，使全体员工养成遵守标准和规定的习惯，促进企业全面提升管理水平。

2．素养的目的

（1）培养高素质的人才。

（2）打造团队精神。

（3）创造一个充满良好风气的工作场所。

要点02：素养的基本要求

素养是一种习惯，也有一些明确的要求，员工的日常行为应达到素养的要求。

1．员工应有的工作态度要求

（1）上班前

①保持愉快的心情。

②提前10分钟到达岗位，并按规定着装。

③遇到同事及上司应主动问好。

④进入工作现场后应将随身物品放置于指定位置。

⑤开通各种通信设施，检查往来联络情报。

⑥上班时间一到，立即停止一切非工作事情，如吃早餐、看报及聊天等。

（2）守时

①严格遵守作息时间，做到不迟到、不早退。

②参加会议、培训、洽谈或与人约定时应守时。

③工作有计划，注重期限，争取时效。

④对于约定的事，要全力完成。

（3）守序

①了解企业的历史、组织结构、规章制度和产品，尊重客户。

②保持严肃的工作气氛，不得喧哗及嬉戏。

③上班时间不做私人事务，无重要事宜不会见亲友。

④遵守关于吸烟的安全规定。

⑤保持环境整洁。

（4）履职

①对工作认真负责。

②尊重上司听从安排。

③知错必改，不强辩、不掩饰。

④不断追求进步，丰富自己的知识。

⑤不擅离职守，坚守岗位。

⑥视工作状况适当调整吃饭或下班时间。

⑦保持正确坐姿，不得歪歪斜斜。

⑧着正装，不得打赤膊。

（5）文件处理

①将已解决或未解决、紧急或普通文件分开，并做出迅速处理。

②文件处理后应签章并注明日期。

③传递或会签的文件应依类别编号、归档。

④废弃的文件应按规定登记、销毁。

（6）台面及抽屉

①办公桌上只可放置必需的办公用品及文件。

②文具、茶杯、电话、文件应定位放置，以利取放。

③不应将重要、机密文件放置桌上。

④定期清理抽屉里的物件，并放置整齐，私人物品应携带回家。

（7）离开座位

①外出时，应将地点、目的、预定返回时间向上级报告或以"出厂单"明确表示。

②工作时间内，不可随便离开岗位。

③离开座位时，需整理桌上文件，并将椅子归位。

④走路时要轻声，进出电梯时应"先出后进"。

⑤不要在走廊、茶水间、培训室、洗手间内聊天。

⑥进出大门、电梯及通过走廊时，应让客人及上司先行。

（8）薪资

①不询问或打听他人薪资。

②不羡慕或忌妒他人的高薪，应以实力及表现来争取。

③不因调薪之多少而影响工作态度。

④不拿薪资作横向比较。

（9）请假

①请假需事先提出，临时请假要通过电话向主管报批，及时通知人事行政部。

②请假前应将待办事项交代给职务代理人，并留下联络电话。

③充分利用公共假日休息或办理私人事务。

④不可因请假而影响工作。

（10）出差

①出差也是上班，不是旅行，不应放松心情。

②出差是代表企业，需注意个人形象。

③减少不必要的出差，考虑出差成本与效益。

④出差前应做好出差计划，以免费时费力，出差后应提交出差报告。

⑤出差时应注意安全，合理安排生活，以免影响工作。

（11）加班

①应在办公时间内完成工作。

②如果工作未能及时完成，或突发某项紧急工作时，应主动加班。

③加班时仍应保持正常的工作态度。

④加班也应按规定打卡。

（12）惜物

①爱护企业设备，绝不挪为私用，不随意破坏。

②借用后应立即归还。

③个人保管的公物应妥为保管、保养。

④节约使用文具、纸张、复印机、水电等一切公共消耗品。

⑤应经常擦拭、保养办公设备，保持其整洁，遇有损坏应立即报修。

（13）下班时

①接近下班时间，才可开始收拾东西或等待下班。

②今日事，今日毕；下班前预定明日的工作计划。

③将桌上物件放回抽屉及柜内，保持桌面干净。

④应将电脑、打印机、空调的开关和水电设施关上。

⑤将椅子、设备、工具归位。

⑥不影响其他尚在工作的同事。

⑦与上司及同事道别。

⑧最后离开者确认门窗是否关好。

2．员工行为规范要求

（1）仪表要求

①女性员工避免穿着华丽的衣服或佩戴贵重的装饰品。

②女性员工的妆容宜淡雅朴实，不得涂鲜艳的指甲油。

③男性员工着装应穿着整洁。

④进入厂区必须按工厂规定着装。

⑤整齐的头发会使自己显得更有精神，男性员工不得留得胡须。

⑥指甲、牙齿、鞋子甚至内衣均不可忽视卫生。

（2）待人要求

①不因对某人的好恶，而影响自己对他工作的评价。

②不固执己见，应有雅量接受别人不同的意见。

③不要恃才傲物，不因某人的学历或职位低而轻视他人。

④不拉帮结派。

⑤同事之间要保持适当的尊重。

⑥平时多与同事沟通，对工作上的协调合作自有裨益。

⑦不随意批评别人，不传他人隐私，不宣扬别人过失，不搬弄是非。

⑧寻求与同事相处的乐趣，增进彼此的关系。

⑨不随便斥责他人。

⑩不因资历老而自视高人一等。

（3）说话要求

①保持轻松的态度、适当的音调、清晰的发音。

②把握重点内容，长话短说，尤其是打电话时。

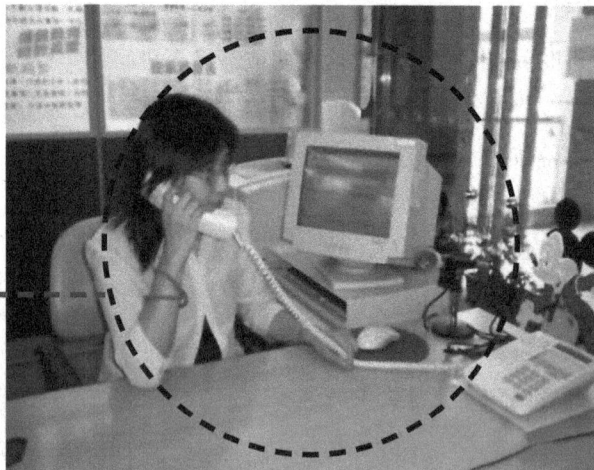

③认真倾听对方讲话，不打岔。

④适时附和对方的谈话。

⑤进入他人场所办事时，应先敲门。

⑥不和正在计算的人谈话。

（4）休息时间

①不在办公场所吃东西。

②不将会客室、会议室、培训室作为休息之用。

③应注意休息时的坐姿、站姿。

④不因外出或休息过头而耽误工作。

⑤不高声谈笑、打电话、追逐嬉戏，走路要放轻脚步。

⑥避免剧烈运动，以免工作时精神不振。

> **请注意**
>
> 企业要使员工养成良好的习惯，不仅需要一些规范章程的约束和鞭策，更需要潜移默化地灌输与影响。

要点03：素养的实施

素养的推行主要通过推进前6个S、制定章程制度、开展各种精神提升活动来实现。

1．继续推动前6个S的活动

前6个S是基本动作，也是手段，企业主要借助这些基本动作或手段使员工养成一种保持整洁的习惯。

2．设置"自鉴镜"

企业可以在员工上下班的必经之处设置"自鉴镜"，让员工每天在上班之前都能对照着改善自己的仪容仪表。

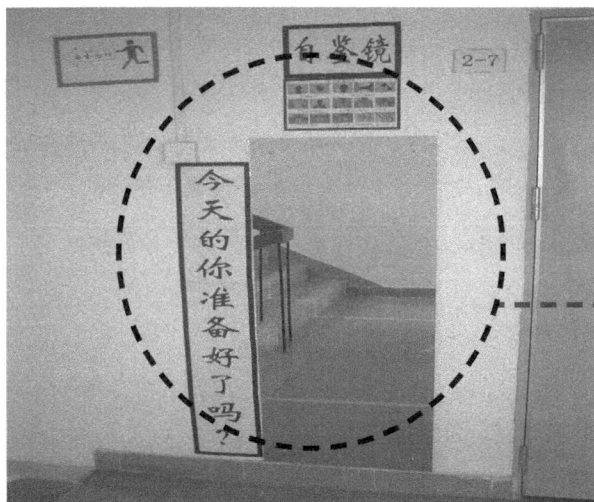

3. 电话上张贴简单的礼貌用语

在电话上张贴简单的礼貌用语，可以提醒员工通话时注意自己的态度等。

4. 制定相关的规章制度并严格执行

规章制度是员工达成共识、塑造企业文化的基础。企业制定相应的"语言礼仪"、"行为礼仪"及"员工守则"等，可以保证员工达到素养的最低限度，并逐渐提高。规章制度一经制定，任何人都必须严格遵守，否则就失去了原有的意义。

以下是一份员工礼仪手册示例，仅供参考。

【参考范本】公司员工礼仪手册

公司员工礼仪手册

一、语言礼仪

古人说："良言一句三冬暖，恶语伤人六月寒。"由此可见，语言与态度是何等的重要。鲁迅先生说："语言有三美，意美在感心，音美在感观，形美在感目。"令人"三感"之美，贵在语言的表述上。望员工的每句话都能使人心暖"三冬"、情感"三美"。请员工常用下面的礼仪语言

（一）见面时不理不睬不礼貌，而要打招呼问好，如使用"您好"、"您早"、"早上好"、"早"等问候语；对长者、尊者、上级应谦恭地问候；对较熟的人要亲切地问候；对不太熟的人可点头微笑打招呼。

（二）寻求别人帮助和请人办事，首先要说"请"、"劳驾"、"拜托"、"有劳您"等请托语。

（三）对给过帮助的人应用感谢语，如"谢谢"、"多谢"、"让您费心了"、"难为您了"等。

（四）当影响、打扰、不利于人时，应向人道歉，如"实在对不起"、"很抱歉"、"请原谅"、"打扰您了"、"太不应该了"、"真过意不去了"、"不好意思"等。

（五）在正式场合称呼：张小姐、赵先生、李太太、孙经理、周厂长、陈工、于主任、于科长、徐处长；对有声望的老人尊称：钱老、陆老、您老；非正式场合称呼：小李、老张、张大姐、王伯伯、丁叔叔。

（六）问对方姓、单位礼仪时应说"贵姓"、"贵公司"、"贵厂"。

（七）电话礼仪

1. 最好在电话响第一声时就接听，最多不可超过三声（不然显得管理不善）。

2. 即使受对方极大的责难，仍要保持礼貌和耐心。

3. 电话交谈时要用优美的语言和令人愉快的声调。

4. 接、打电话的第一句话是："您好！这里是……"

5. 拨错电话要说："对不起，我打错了。"

6. 当来电说"您好，请问张小姐在吗"时，接听者存在以下三种情况：

（1）正好是张小姐本人接电话，应这样开头："您好！我就是，请问您是哪一位？"

（2）张小姐在场，旁人接电话，可这样开头："您好！她在，请稍等。"

（3）张小姐不在，旁人接电话，可这样开头："对不起，她不在，请问您是哪一位？"在这里千万不能先问对方是谁，然后告诉他要找的人不在，如"您好！请问您是哪一位？她不在。"以免造成人在而不愿接电话的误会。

（八）当别人赞美自己时，应以感谢的态度来表达。例如，于先生对李先生说："你的文章写得真好。"李先生应有礼貌地说："谢谢，您过奖了！"或说："谢谢，您太客气了。"千万不要说："好什么呀，别讽刺我了。"这种回答令人十分尴尬，非常不礼貌。

（九）介绍顺序原则如下。

将年轻人介绍给年长的人；

将地位低的人介绍给地位高的人；

把男士介绍给女士；

把本公司的人介绍给外公司的人。

一般用"请允许我向您介绍……"、"让我介绍一下……"或"这位是……"等句式，其内容可以有姓名、籍贯、工作单位、职业、职位、兴趣、特长等。

（十）当对方说"谢谢"时，应回答说"没关系"或"不客气"，或"没什么"等；要打断别人讲话前应先说："对不起，请允许我插一句。"

二、仪表礼仪

（一）员工应常常保持恰到好处的微笑，让人感到平易近人、和蔼可亲。不能总板着面孔对人不理不睬。男性既要彬彬有礼又要落落大方；女性既要楚楚动人又要自然庄重。

（二）站姿。头正颈直，嘴微闭，两眼平视前方；收腰挺胸，两臂自然下垂；两膝并拢，脚跟靠拢，脚尖张开50度，从整体上形成一种精神饱满的感觉，切忌头下垂或上仰，弓背弯腰。

（三）坐姿。男性将手置膝上或放于大腿中前部，体现男子的自信豁达。女性则是膝盖并拢，体现其庄重矜持，落座声轻，动作协调，先退半步（穿裙子时双手从上而下理直后裙）后坐下，要坐椅面的一半或2/3处，两脚垂直地面或稍倾斜或稍内收，脚尖并拢或前后差半脚。腰挺直，两手自然弯曲，扶膝部或交叉放于大腿半前部，切忌叉开两腿、跷二郎腿、摇腿，或弓背弯腰。

（四）走姿。头正颈直，挺胸收腹，目光平视，两手自然下垂，前后摆动，前摆向里35度，后摆向外45度，脚尖直指正前方，身体平稳，两肩不要左右晃动。男性显出阳刚之美，女性显出柔和之美。不论男性或女性，均切忌八字步。不要多人一起并排行走，不要勾肩搭背。在狭窄通道上如遇领导、尊者、贵宾、女士，应主动站在一旁，以手示意或说声"请"，让其先走。上下楼梯不要弯腰弓背，手撑大腿，不要一步踏两三个台阶。应靠一侧行走。遇尊、老、女、幼应主动让出有扶手的一边。在工作区域（车间）内行走时，要走固定通道，不可穿越斑马线。

（五）头发、化妆

1. 员工的头发要保持整齐、干净，不能又脏又乱。选择发型时要美观大方，便于生活和工作。

2. 男性不留长发，不烫发，可作适当的局部修饰，留胡子者需修理整齐。

3. 女性要根据自己的年龄、职业、脸型、体形、气质和环境来选定发式，以大众化为好，不能过于夸张，如爆炸式发型，在办公室是很不协调的。

4. 女性可以化淡妆，以示对人有礼貌。不适合在办公场所浓妆艳抹。

三、服饰礼仪

服装要干净整洁、合乎时宜。男性衣着以大方稳重、潇洒而不粗野为好。女性衣着以高雅文静为好。

女性衣着不可过于暴露，那样会显得不庄重，可适当选配项链、胸针、戒指、手链、耳环等起到画龙点睛的作用。该扣的扣子要扣好，该系的鞋带要系好，鞋袜不能有脏污，皮鞋要擦亮。

在公司内，员工应按要求穿戴好工作服和安全防护用品。

四、行为礼仪

（一）真诚谦恭待人，以"对上级的谦恭是职责，对平级的谦恭是礼貌，对下级的谦恭是高尚"为座右铭。

（二）办公室内要用语文明，不说粗话、脏话、刻薄话，不可高声喧哗，以免影响他人。

（三）不乱扔纸屑、烟头、果皮，吐痰入盂，工作区域内不得吸烟。

（四）工作有条不紊，物品整齐干净。

（五）任何言谈举止不得有损公司形象。

5. 加强员工教育培训

企业应向每一位员工灌输遵守规章制度和工作纪律的意识，此外，还要创造一个具有良好风气的工作场所。此过程有助于员工养成遵守规章制度的习惯，培养员工对企业、部门及同事的热情和责任感。

培训分岗前培训和在岗培训两种。

（1）岗前培训

岗前培训就是上岗之前的培训。岗前培训是素养的第一个阶段，从新员工入职的那一天起，不论是技术人员、管理人员，还是作业人员都必须接受培训。它包括以下四个方面的内容。

①学习该岗位所需要的专门技能。

②学习企业的各项规章制度。

③学习待人接物的基本礼仪。

④熟悉企业环境、作息时间等。

（2）在岗培训

在岗培训是指为了提高员工的工作技能，员工在完成工作的同时，接受的各种有针对性的培训活动。在岗培训是将员工素养提高到一个更高层次的重要手段，但不能只限制在作业技能的提升方面，也应当重视日常行为规范方面，如对翘腿的员工进行培训，使其调整为标准坐姿。

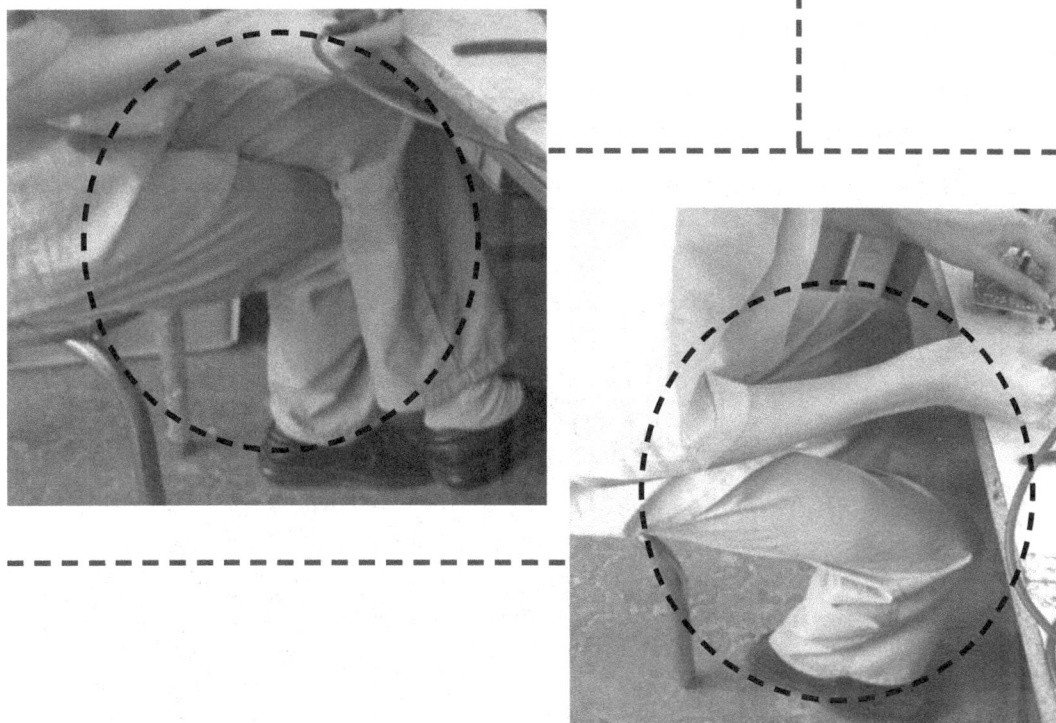

不同岗位的在岗培训其侧重点各不相同，常见的在岗培训如图11-1所示。

| 1 | 相同岗位间的情报横向交流、参观、评比，以先进带动后进 |

| 2 | 同一人员在不同工作岗位上轮训 |

| 3 | 组织外出参观、研修，获取新知识、新观点、新方法 |

| 4 | 就某一主题展开活动，如体育活动、演出活动、社交活动等 |

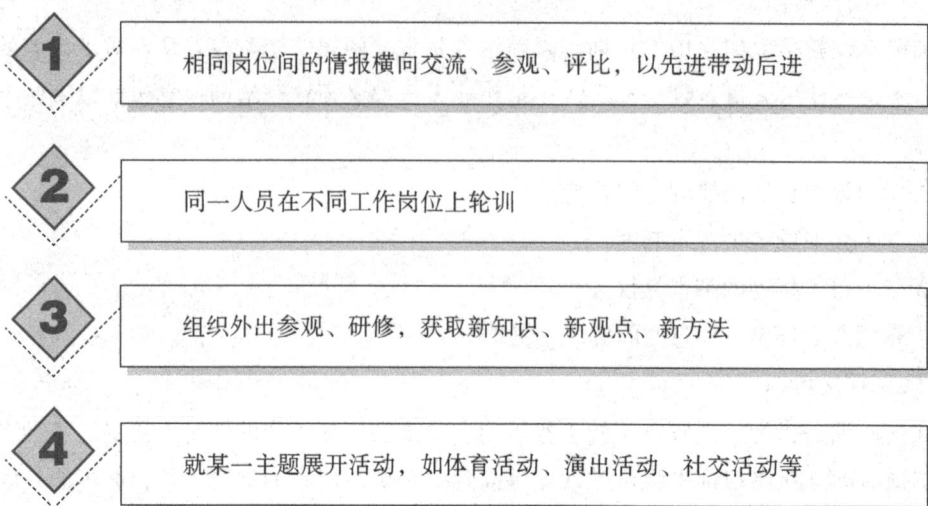

图11-1　常见的在岗培训

4. 开展各种精神提升的活动

（1）早会

早会是一个非常好的提升员工文明礼貌素养的平台。企业应建立早会制度，这样有利于培养团队精神，使员工保持良好的精神面貌。原则上于每天正常上班前10分钟开早会，一般控制在5~10分钟。早会应注意以下内容。

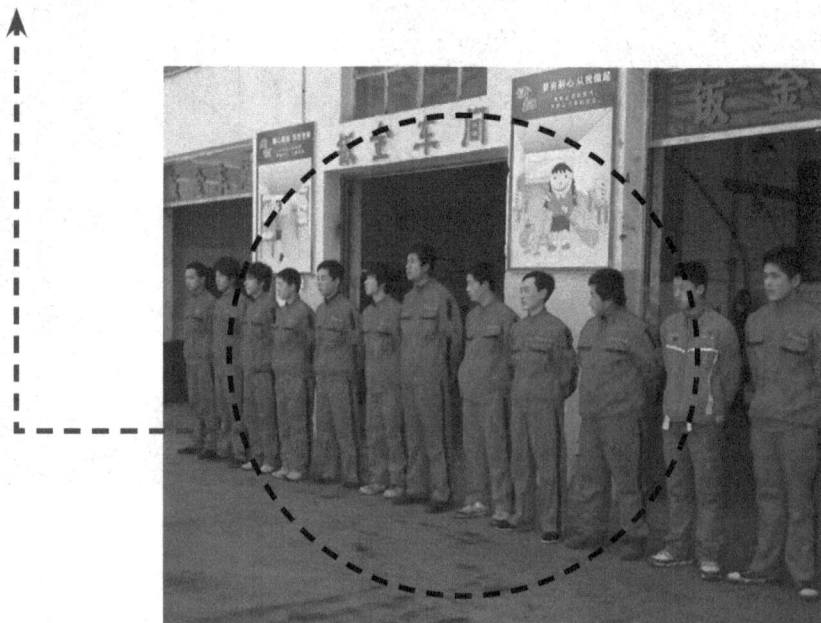

①参会人员应准时参加。

②参会人员应着装整齐，正确佩戴厂牌。

③参会人员应精神饱满，整齐列队。

④指定早会主持人员或以轮值主持的方式进行。

⑤早会主持人针对工作计划、工作效率、品质、工作中应注意的内容、企业推行事项等做简要的传达和交流。

（2）征文比赛

企业开展7S活动征文比赛，可加深广大员工对7S活动的理解和认识，使每位员工都能分享到7S活动带来的成就感，从而有利于活动更持久有效地开展。

（3）7S活动知识竞赛

企业开展7S活动知识竞赛，可进一步强化员工对7S管理的认识，营造氛围，增强部门之间的团队合作精神，对推行7S活动将会起到很好的促进作用。

> **请注意**
>
> 企业推行各种7S活动时，必须让员工参与进来。只有员工广泛参与，才能保证7S工作的效果落到实处。

要点04：检查素养效果

开展素养之后，企业要对素养的各个方面进行检查，查看效果如何。素养的检查内容如下。

1. 日常活动

（1）企业是否已经成立7S小组。

（2）企业是否经常开展有关7S活动方面的交流、培训。

（3）企业领导是否重视7S，并率先推广。

（4）全体员工是否实施7S，并对实施7S活动充满热情。

2. 员工行为规范

（1）是否做到举止文明。

（2）是否遵守公共场所的规定。

（3）是否能够在工作中齐心协力。

（4）是否遵守工作时间，不迟到早退。

（5）同事之间是否友好地沟通交流。

3. 服装仪表

（1）员工是否穿着规定的工作服上岗；服装是否干净、整洁。

（2）员工是否按规定佩戴厂牌等。

（3）鞋子是否干净。

（4）员工是否勤修指甲。

（5）员工是否勤梳理头发，面部是否清洁并充满朝气。

学习笔记

通过学习本章内容，想必您已经掌握了不少学习心得，请仔细填写下来，以便继续巩固学习。如果您在学习中遇到了一些难点，也请如实写下来，方便今后重复学习，彻底解决这些难点。

同时本章列举了大量实景图片，与具体的文本内容互为参照和补充，方便您边学边用，请如实填写您的运用计划，以使工作与学习相结合。

我的学习心得：

1. _____
2. _____
3. _____
4. _____
5. _____

我的学习难点：

1. _____
2. _____
3. _____
4. _____
5. _____

我的运用计划：

1. _____
2. _____
3. _____
4. _____
5. _____

第12章

工厂事务部门7S管理

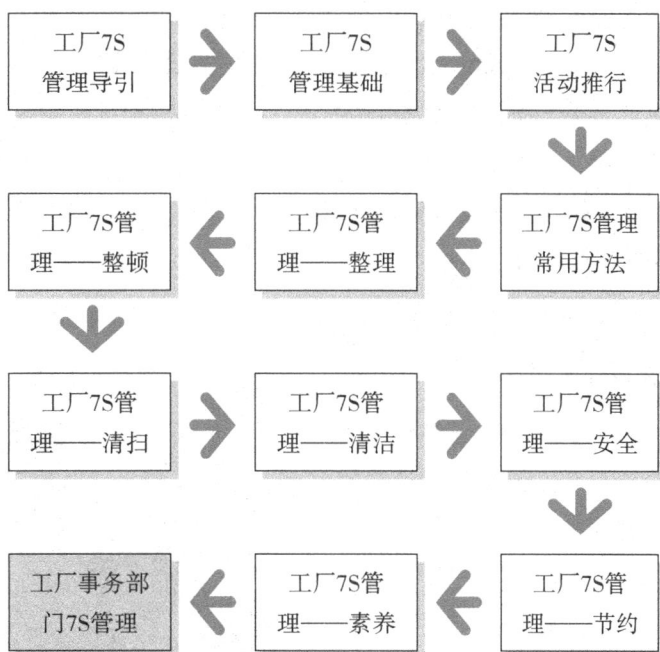

导视图

关键指引

7S管理不应只在生产现场推行，行政、安全、财务等部门也应当积极推行，使整个企业都保持整齐、干净。

要点01：事务部门的特点

事务部门包括行政、安全、财务、人事、生产管理、产品质量管理、采购、对外承包、成本管理、生产技术、设计、设备保全、工程管理和资料管理等部门。

事务部门有两项任务：第一项任务是指生产工程的前期任务，包括设计、生产准备以及材料调配等；第二项任务是作为支援生产的任务，包括确保员工的教育、训练以及构筑快捷的信息体系。

1. 与生产现场相比，它主要有以下特点

（1）事务部门实施7S活动的对象主要是与办公室间接相关的物品，包括办公场地、办公设备设施、办公用具和文件等。

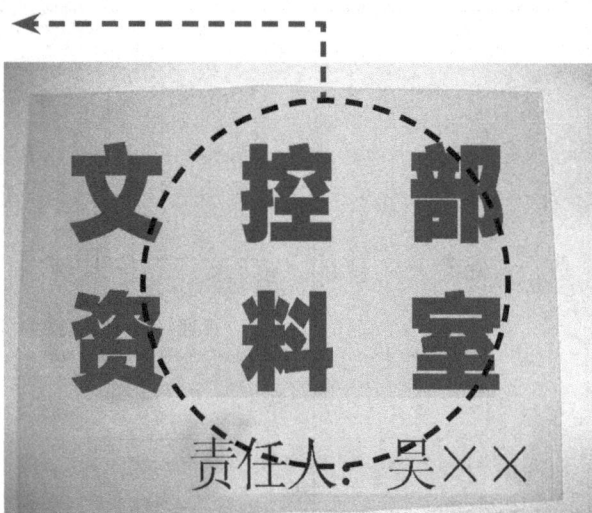

文控部资料室
责任人：吴××

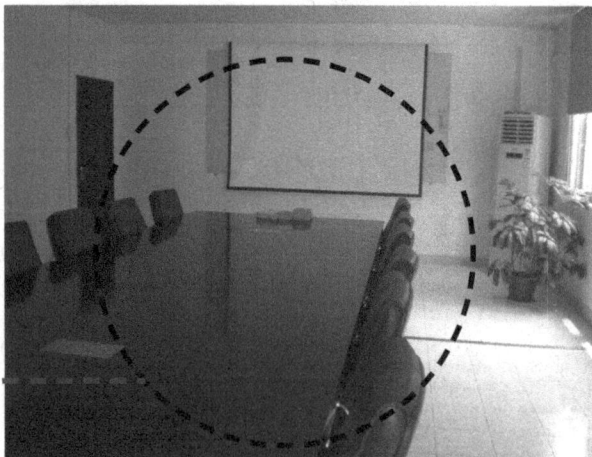

（2）生产现场开展7S活动的参与者主要是一线员工，而事务部门主要是一些部门职员，他们对7S的认识与一线员工有所不同。

（3）不像生产现场的7S一样有比较明显的评价标准，因为没有明确的办法评价办公效率的高低。

2．事务部门推行7S活动的必要性

多数企业的事务部门都会出现如下现象。

（1）文件、单据过多

造成文件、单据过多的原因有鼓励使用书面联络、书面报告和书面指示，多余文件不丢弃，答复其他部门的文件都整理成资料等。

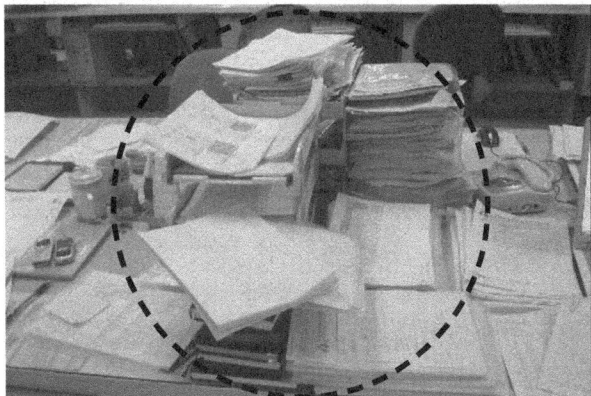

（2）必要的文件、单据却没有。

因此，在事务部门推行7S活动就非常有必要，通过推行7S管理，可以达到以下目的。

（1）减少文件和单据的数量。

（2）对企业外部及其他部门的文件尽早作答。

（3）扩大办公室的使用空间。

请注意

事务部门也是企业推行7S活动的部门之一，要摒弃"事务部门不用做7S"、"事务部门7S不好做"等错误观点。

要点02：文件的7S管理

企业对文件进行7S管理的目的主要是为了提高办公效率，缩短查找文件的时间，创造一个整洁、高效的办公环境。

1．确定文件管理流程

许多企业的文件和单据由各个部门的专业人员保管，没有一定的保管基准。企业执行7S活动时应首先制作文件和单据的管理流程：保管→保存→废弃。

保管就是将文件装在文件夹里，在工作场所的保管库里放置一定时间，超过期限就作废弃处理，或者移往仓库保存。

保存就是在仓库里永久放置或放置一定时间。除永久保存的文件外，其余文件经过一定期限后就作废弃处理。

品质部的文件保管保存期限范例如表12-1所示。

表12-1　品质部的文件保管保存期限范例

单据	保管（年）	保存（年）
工程设计书	初期流动管理期间为止	1
QC工程表（试产）	量产开始为止	0.5
QC工程表（量产）	2	1
不合格产品管理意见书	0.5	1.5
……	……	……

2．一个部门一套文件

企业在实施7S活动前往往是这种情况：各个员工根据自己的需要分别保管文件，这样就会出现同一部门内的同一份文件和单据在多名员工处保管的现象。

为了减少不必要的文件，企业应实施"一个部门一套文件"的文件保管方法，即一个部门只保管一套文件。将员工保管的文件全部集中到一个地方，可以做到资源共享。

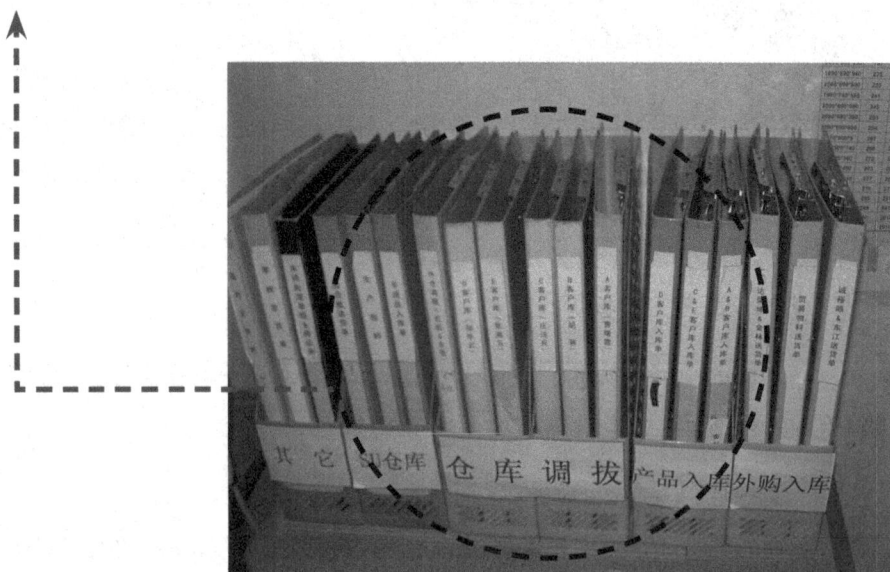

3. 按处理状况摆放文件

在同一个部门中，员工可以将是否已被处理作为标准，把不同文件放入不同的文件夹中，方便辨认。

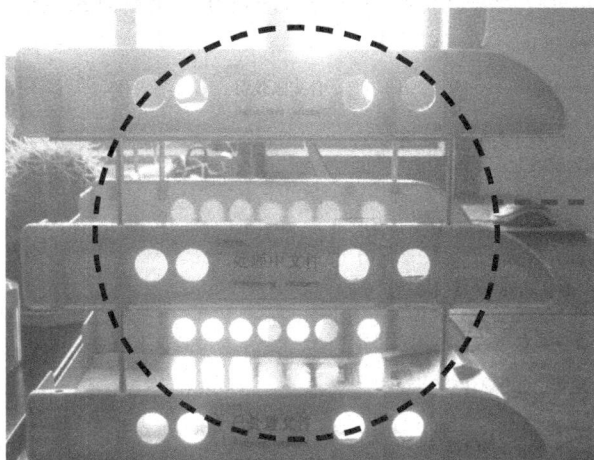

4. 文件的保管方式

一般企业对文件的保管方式是：将文件放在文件柜里保管，文件柜不够时再购买。有些文件柜有门，有些文件柜没有门。

实施7S后企业重新确定以下文件保管方式。

（1）公开的文件管理体系

公开的文件管理体系是保管文件的文件柜长期呈开启状态，什么文件在什么地方都一目了然。

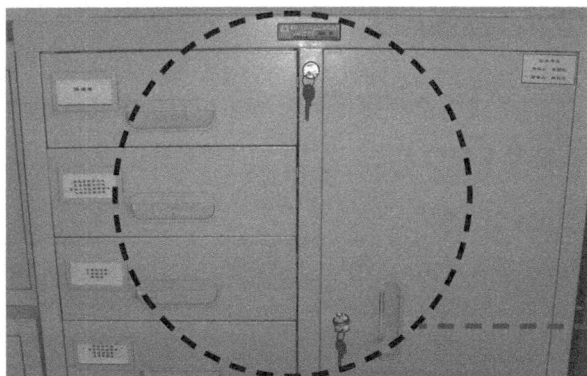

（2）非公开的文件管理体系

非公开的文件管理体系主要是对财务相关文件和机密文件等不能公开的文件进行管理，这些文件都要放在加锁的、不能随便取阅的文件柜里。

有些文件柜的门是用玻璃做的，这是在采取公开的文件管理体系的同时，出于保管方便的目的而设置的。

5. 统一纸张尺寸

实施7S后，企业应统一用纸尺寸，方便对纸张进行有序管理。信封则使用A4或A5纸的信封。

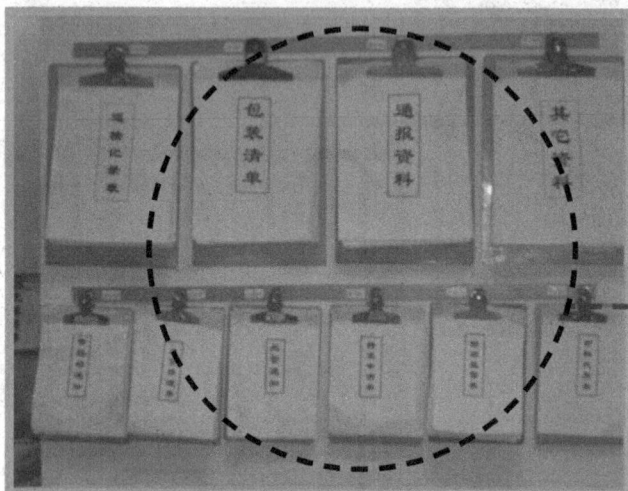

6. 文件夹的形式

许多企业往往对文件夹的形式没有做特别规定，员工可选用自己感到较方便的文件夹。采购部则根据各部门的购买要求订购文件夹。

实施7S后企业须统一文件夹的形式。文件夹的形式包括多页软文件夹、硬文件夹、单页软文件夹和悬挂文件夹。

硬文件夹可直接放在文件柜里保管，单页软文件夹和悬挂文件夹应放在文件盒里再并排放在文件柜里。企业需统一文件夹的形式使文件装订实现标准化。

7. 文件夹的整理方法

若企业对文件夹的整理没有特别的规定，员工就会根据不同场所使用自己感到方便的整理方法。因此，企业应制定各个部门的文件分类整理方法。

（1）按客户分类。

（2）按主题分类。

（3）按形式分类。

（4）按标题分类。

同时，企业可以使用透明玻璃柜，而且在文件夹上采用斜线定位，做到一目了然。

8. 文件夹夹脊的标识

多数企业对文件夹夹脊的标识没有特别的规定，员工根据不同的场所按自己习惯的方式标注。实施7S后，企业须制作标示项目和标示文字大小的标准书，并发给各个部门。

（1）硬文件夹

①颜色区分标签（市场上销售的硬文件夹夹脊标签纸有很多是按颜色分类的）。

②主题、时间。

③同一主题的硬文件夹编号。

④文件柜编号。

（2）文件盒

①颜色区分标签。

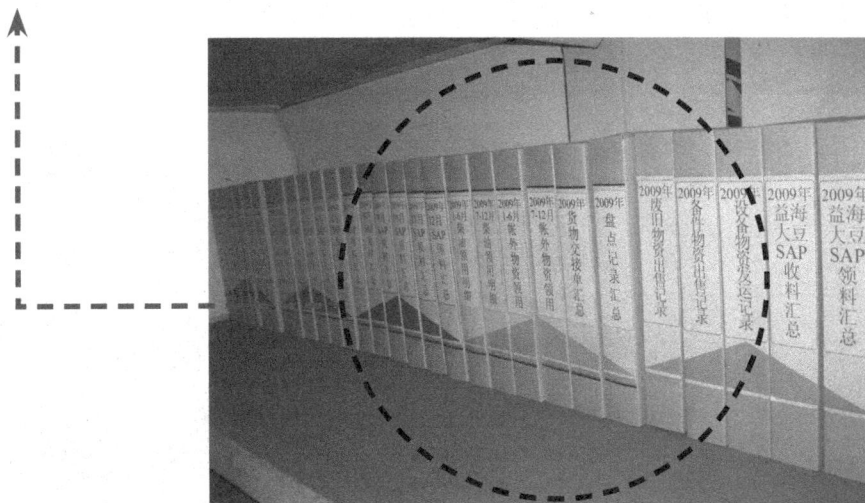

②大类别的主题。

③小类别的主题、时间。

④文件盒编号。

⑤分类记号、编号。

⑥文件柜编号。

9．文件的日期

许多企业的文件夹上没有记载文件整理、整顿的日期。作为文件管理中的一环，员工应该定期（每月或每周）对抽屉和文件柜进行清理，分类清理出应保存的文件与应废弃的文件。

（1）实施人员：该部门全体员工。

（2）时间：早会结束后15分钟（如每周星期一），或早会结束后30分钟（如每月第二个星期二）。

（3）内容：自己的办公桌以及自己负责的区域。

要点03：办公空间的7S管理

许多事务部门都存在着房间狭小、通道窄，以及因放置文件柜和橱柜而无法利用墙壁空间等问题。这些问题都是因为没有整理办公空间而造成的，所以企业急需节省办公空间。

1．拆掉各个办公室之间的隔墙

在许多企业里，总务部的办公室区域与其他部门（如生产管理、产品品质管理、采购）的办公区域之间有隔墙。

若实施7S可拆掉隔墙，这样可以充分利用办公室的空间。另外，这样做也可改善部门间的关系。

2．共用办公桌

办公室里的所有员工都一人用一张办公桌，这是许多企业常见的现象，其实经理以上级人员可保持不变，主管以下的员工则可几人共用一张长办公桌，这样做可以节省空间。

员工将办公用具如圆珠笔、活动铅笔、橡皮擦、涂改液、量具、文件传达指南、记录纸等全部装在一个箱子（30厘米×15厘米×3厘米大小）里，放在共用办公桌的中间位置。指定一名员工每天检查箱子内的东西，如有缺损，及时补充。

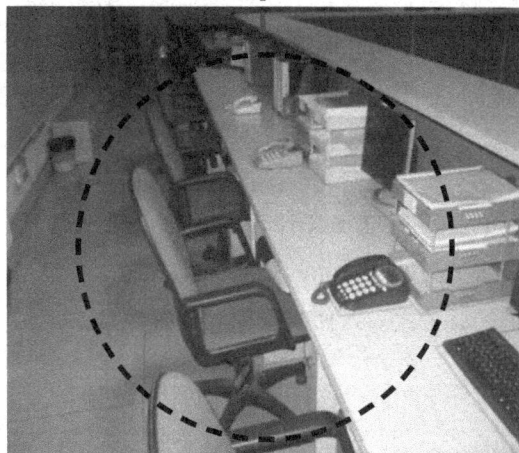

3．重新认识保管文件的基准

企业需制作保管的基准，重新认识文件保管。保管文件到一定期限后就转入仓库保存。

4．重新认识暂时放置场所

员工以往将样品、产品、材料等暂时放在办公桌的旁边，因此，办公空间变得很狭窄，有时甚至放在经常开关的门前和随时可能用到的消火栓前面。员工可以通过设置暂时放置物品的三角架，将样品、产品和材料等物品放在三角架上。禁止在门前和消火栓前放置任何物品。

5．雨伞放置场所

采用"形迹法"设置专用的雨伞放置场所，并用黄线划定其区域，避免雨伞乱放情况的发生。

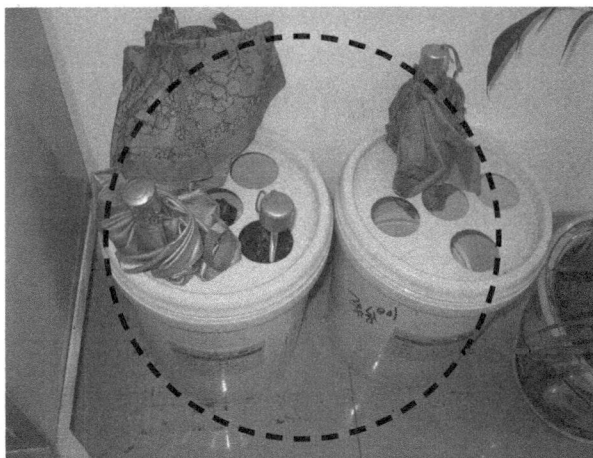

6. 重叠放置文件柜

企业可改变以前文件柜都并排放在地板上的做法，而在一个文件柜上叠放另一个文件柜。这样可节省出相当于一个文件柜（约50厘米×180厘米）的空间。

7. 增加文件柜的层数

企业可增加文件柜的层数，使文件柜各层的高度与物品的高度保持一致。经过这样的改善之后，使文件柜上没有浪费多余的空间。

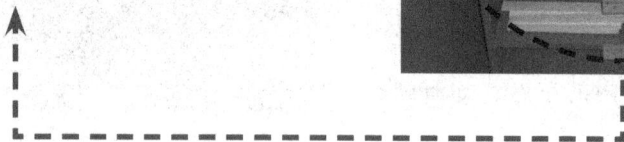

8. 把文件柜搬到走廊上

企业可在办公室之间的走廊上设置书架，将收集起来的书籍、杂志放在书架上。除经常使用的词典、便条之外，办公室里一般不放书籍和杂志。

要点04：办公用品的7S管理

事务部门在开展7S活动中，整理、整顿、节约办公用品是活动的重要内容之一。做好办公用品的7S管理，可以达到使办公桌变得洁净、美观以及减少浪费、节省开支的目的。

1. 办公用品的使用现状

（1）个人办公桌上办公用品过多，使用过程中浪费大（没有用完就过期或作废）。

（2）办公用品重复库存多（企业、部门、班组、个人层层有库存）。

（3）办公用品品种繁多，购买的随意性大。

（4）非办公用品占用办公用品的空间，如桌上堆着员工的各种小玩具。

2. 办公桌上办公用品的整理、整顿

许多员工的办公桌抽屉里放满了各色办公用品。有些新员工刚进企业的时候可以领到笔、橡皮擦、涂改液、回形针、裁刀、订书机、打孔器、各色本子和公文纸等20多种办公用品。

要解决个人办公桌上用品过多，使用过程中浪费大等问题，做好办公桌上办公用品的整理、整顿工作是关键。具体方法如下。

（1）制定部门及个人的办公用品持有标准

企业要规定部门（部、科、班组等）和员工可以持有的办公用品及其数量，避免不必要的重复持有（多层持有），只有在用完之后才可以补充。

（2）清点多余的办公用品

对照标准清点所有的办公用品，将那些不用的或不常用的物品集中回收到部门办公用品管理员处或仓库。员工将每天工作中经常用到的办公用品留下来，或作为个人持有，或作为部门或班组公用。

（3）决定办公用品的摆放

确定办公用品的合理摆放方法，如形迹定位管理，办公用品桌面摆放可视化等。

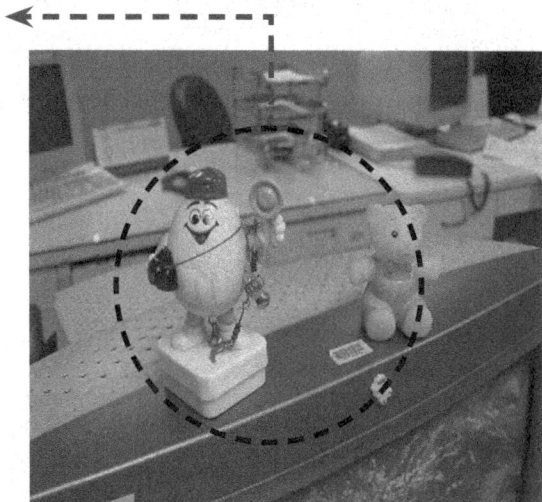

3. 减少办公用品的活动

（1）尽可能减少个人持有量

企业应根据部门特点决定满足工作所需最少的办公用品持有量，通常每名员工常用的办公用品只有几种，如铅笔、黑色签字笔、红色标记笔和笔记本，负责文件处理的人可以外加一个订书机，经常进行运算的员工可以外加一个计算器。

（2）放入抽屉中

对一些不常用的办公用品放入专用的抽屉中并整齐摆放，避免到处乱放。同时要将私人用品、常用文具等放入不同的抽屉中，并在抽屉外进行标识。

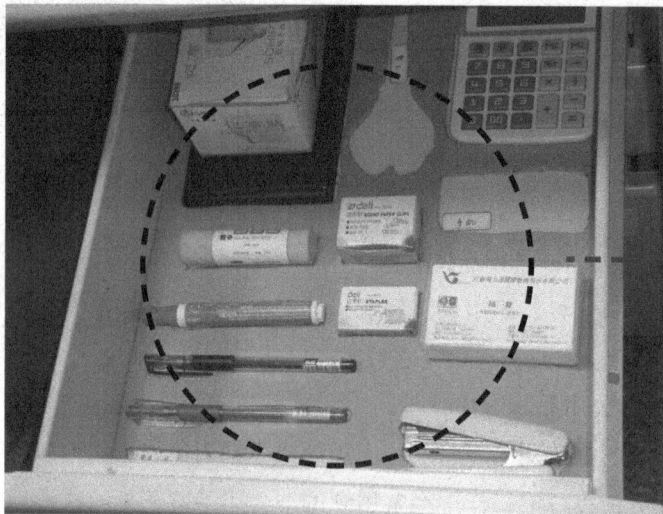

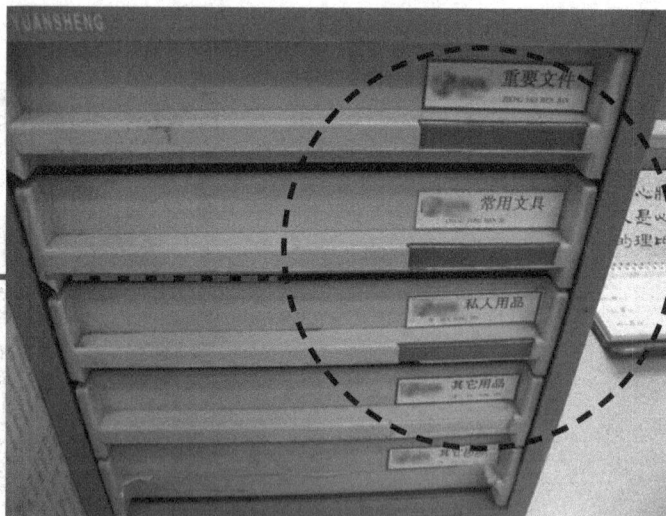

（3）尽可能让办公用品发挥最大的功效

可以将一些使用频率较低的物品变成部门或小组公用的物品。如打孔器、剪刀、尺子、订书机、计算器等都可以确定为部门或小组公用。员工可把这些共用物品放置在一个公共区域，以便大家拿取。

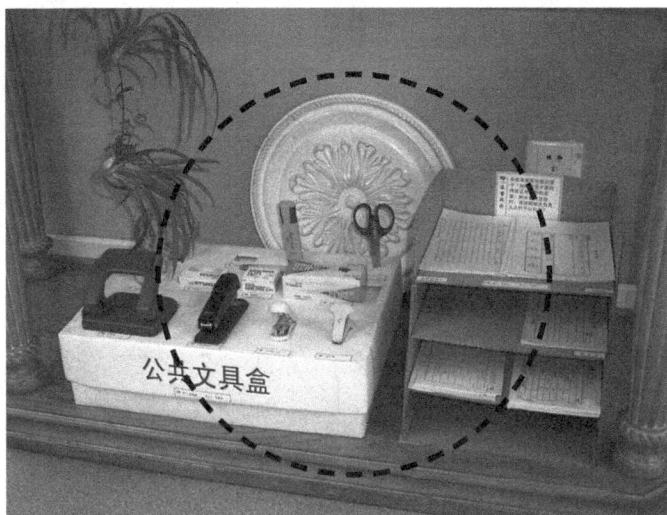

（4）最大限度地减少办公用品的品种

对于非必需的办公用品，可以不用或不买，如笔筒、双层文件盒等。

（5）固定存放办公用品

有些办公用品，如胶布等，因为形状不规则，单独放置时容易滚动，因此应将其集中起来，放置在固定区域，防止其随意滚动而造成丢失。

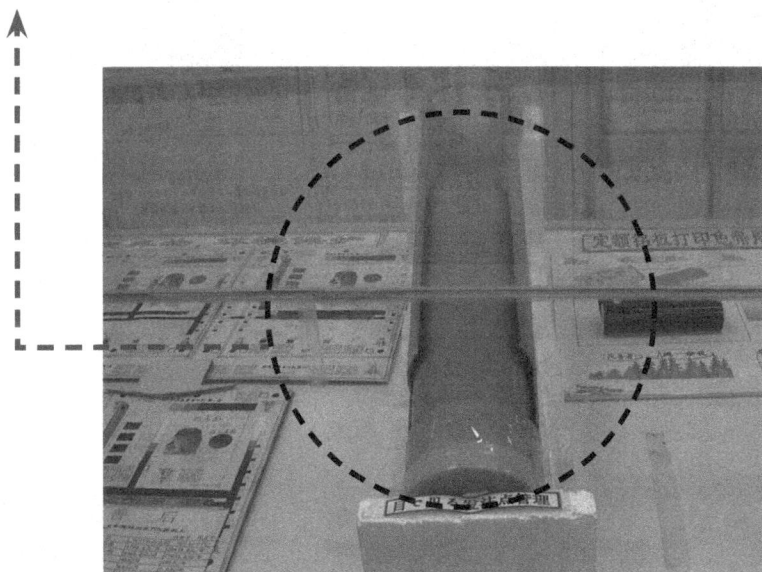

（6）最大限度地减少办公用品库存

①企业实现办公用品统一管理

取消各部门的办公用品库存，员工需用时统一到企业有关部门领取。

②实行办公用品预算管理制度

每年初各部门提出办公用品预算申请（与企业内的预算制度同步进行），经有关部门认可后方可执行。在执行过程中，部门负责人对部门办公用品的使用情况进行自主监督管理。

③供应商即时供货方式

企业要求供应商在交货时间和供给方法上提供支持，以减少库存量。

要点05：电子文件的7S管理

很多企业的文件都以电子版的形式存在，如doc格式、xls格式、ppt格式、pdf格式等，文件的内容包括商务合同、会议记录、产品手册、客户资料、设计文档、推广文案、竞争对手资料等。这些电子文件可能是过渡性质的，也可能是企业正式发布的公告，可能处于编写阶段，也可能已经归档不能再修改。

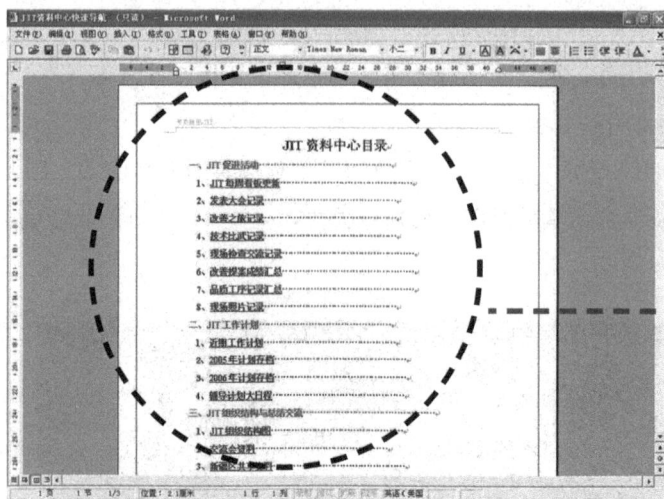

1. 电子文件管理的问题

企业在进行电子文件管理的过程中经常会遇到以下问题：

（1）海量文件存储、管理困难；

（2）查找缓慢，效率低下；

（3）文件版本管理混乱；

（4）文件安全缺乏保障；

（5）文件无法有效共享；

（6）知识管理举步维艰等。

2．电子文件的收集

电子文件的类型包括文本文件、图像文件、图形文件、影像文件、声音文件、多媒体文件、超媒体链接文件、程序文件和数据库文件。电子文件的收集要求如表12-2所示。

表12-2　电子文件的收集要求

序号	文件类型	文件说明	收集要求
1	文本文件	指用计算机文字处理技术形成的文字文件、表格文件等	收集时应注明文件存储格式、文字处理工具等，必要时应保留文字处理工具软件。归档时应重点收集定稿电子文件和正式电子文件。文字型电子文件以XML、RTF、TXT、NSF为通用格式，归档后文控室要尽可能将文本文件转为PDF格式保存，以确保电子文件的真实性和不可改动
2	图像文件	指用扫描仪、数码相机等外部设备获得的静态图像文件	对用扫描仪等设备获得的非通用格式的图像电子文件，收集时档案里应将其转换为通用格式，如无法转换，则应将相关软件一并收集。扫描型电子文件以JPEG、TIFF为通用格式
3	图形文件	指采用计算机辅助设计或绘图工具获得的静态图形文件	收集时应注意其设备依赖性、易修改性等问题，不要遗漏相关软件及各种数据信息。对通过计算机辅助设计或绘图等获得的图形电子文件，收集时应注明其软硬件环境和相关数据
4	影像文件	指用数码摄像机、视频采集卡等视频设备获得的动态图像文件	对用视频或多媒体设备获得的文件以及用超媒体链接技术制作的文件，文控室应同时收集其非通用格式的压缩算法和相关软件。视频和多媒体电子文件以MPEG、AVI为通用格式
5	声音文件	指用音频设备获得并经计算机处理的文件，归档时应注意收集其属性标识和相关软件	音频电子文件以WAV、MP3为通用格式

（续表）

序号	文件类型	文件说明	收集要求
6	超媒体链接文件	指用计算机超媒体链接技术制作的文件	WEB网页形式
7	数据库文件	指用计算机软硬件系统进行信息处理等过程中形成的各种管理数据、参数等	数据库文件以DBF、XLS文件为通用格式
8	计算机程序	指计算机使用的商用或自主开发的系统软件、应用软件等	
9	专用软件产生的电子文件	指使用专用软件而产生的电子文件	原则上应转换成通用型电子文件，如不能转换，则应连同专用软件一并收集归档

4. 电子文件的归档

（1）电子文件的归档范围

通常，电子文件的归档范围与纸质文件的归档范围相同。此外，企业还应将各部门形成的有重要参考利用价值的数据库文件和相关软件、多媒体课件、超媒体链接文件（WEB网页）、数字化的影像文件、声音文件、CAD图形文件等电子文件收集归档。

（2）归档的方法

电子文件的归档可分为两步进行，对实时进行的归档先做逻辑归档，然后定期完成物理归档。

① 逻辑归档

具有稳定可靠的网络环境、有严密安全管理措施以及对内容重要的电子文件制作了纸质版本的部门，可以直接向档案室实施逻辑归档，其基本要求如下。

a. 电子文件归档操作由具体经办人完成，办理完毕的电子文件要注明标识。同时，同类型的文件，要放在一起，方便查找。

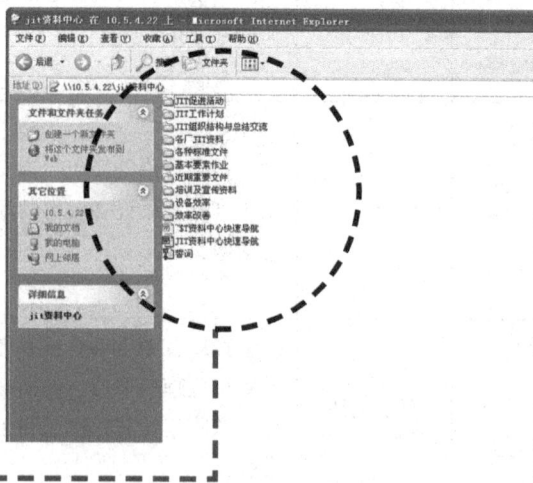

b. 文控室要会同各部门设定查询归档电子文件的权限。

c. 网络管理人员要把归档电子文件的物理地址存放于指定的计算机服务器上，服务器必须采取双机备份等可靠的措施。

d. 归档的电子文件要有该电子文件产生及运行过程的背景信息及元数据。

e. 局域网内部要有可靠的安全防范措施，系统设备更新时，必须制定严密的数据转换办法，确保数据准确无误并能在新系统中准确运行。

f. 电子文件归档后，文控人员、网络管理人员要及时清理计算机或网络上重复的电子文件。

g. 各部门更新设备时要及时做好数据转换工作，做好数据更新记录，将转换后的新数据向档案室移交归档。

②物理归档

文控室应在每年一季度将已逻辑归档的电子文件分门别类地制作成光盘，并制作相应的"归档电子文件登记表"一式两份，待各归档部门确认无误后双方签署，以实现物理归档。物理归档的基本要求如下。

a. 电子文件承办人应根据归档范围，在电子文件产生时于对应归档电子文件上标注一定的标记（文件题名、形成日期、编号等）。

b. 各部门办理完毕的电子文件，在规定的期限内进行逻辑归档，凡在网络中予以逻辑归档的电子文件，均应定期完成物理归档。物理归档的电子文件仍要在部门保留一年后方可销毁。

c. 特殊格式的电子文件（非通用格式），归档时应在存储载体上同时备份相应查看软件。对用数据库管理系统生成的数据库文件，数据库结构字段名为非汉字的结构归档时应附《数据库结构说明书》，标明每个字段的汉字名称；如记录内容用代码表示的应全部转换为汉字表示，以确保数据库信息的可利用性。

学习笔记

通过学习本章内容，想必您已经掌握了不少学习心得，请仔细填写下来，以便继续巩固学习。如果您在学习中遇到了一些难点，也请如实写下来，方便今后重复学习，彻底解决这些难点。

同时本章列举了大量实景图片，与具体的文本内容互为参照和补充，方便您边学边用，请如实填写您的运用计划，以使工作与学习相结合。

我的学习心得：

1. _____
2. _____
3. _____
4. _____
5. _____

我的学习难点：

1. _____
2. _____
3. _____
4. _____
5. _____

我的运用计划：

1. _____
2. _____
3. _____
4. _____
5. _____

《图说工厂7S管理（实战升级版）》
编读互动信息卡

亲爱的读者：

感谢您购买本书。只要您通过以下三种方式之一成为普华公司的**会员**，即可免费获得普华每月新书信息快递，在线订购图书或向我们邮购图书时可获得免付图书邮寄费的优惠：①详细填写本卡并以**传真（复印有效）**或邮寄返回我们；②**登录普华公司官网注册成普华会员**；③关注微博：@普华文化（新浪微博）。会员单笔定购金额满300元，可免费获赠普华当月新书一本。

哪些因素促使您购买本书（可多选）

○本书摆放在书店显著位置　　　　○封面推荐　　　　　　○书名

○作者及出版社　　　　　　　　　○封面设计及版式　　　○媒体书评

○前言　　　　　　　　　　　　　○内容　　　　　　　　○价格

○其他（　　　　　　　　　　　　　　　　　　　　　　　　　　　）

您最近三个月购买的其他经济管理类图书有

1.《　　　　　　　　　　　　　》　　2.《　　　　　　　　　　　　　》

3.《　　　　　　　　　　　　　》　　4.《　　　　　　　　　　　　　》

您还希望我们提供的服务有

1. 作者讲座或培训　　　　　　　　2. 附赠光盘

3. 新书信息　　　　　　　　　　　4. 其他（　　　　　　　　　　　）

请附阁下资料，便于我们向您提供图书信息

姓　　名　　　　　　　　联系电话　　　　　　职　　务

电子邮箱　　　　　　　　工作单位

地　　址

地　　址：北京市丰台区成寿寺路11号邮电出版大厦1108室　北京普华文化发展有限公司（100164）

传　　真：010-81055644

读者热线：010-81055656

编辑邮箱：liuying@puhuabook.com

投稿邮箱：tougao@puhuabook.com，或请登录普华官网"作者投稿专区"。

购书电话：010-81055656　　　　　　　　淘宝店网址：http://shop60686916.taobao.com

媒体及活动联系电话：010-81055656　　　邮件地址：hanjuan@puhuabook.com

普华官网：http://www.puhuabook.com.cn

博　　客：http://blog.sina.com.cn/u/1812635437

新浪微博：@普华文化（关注微博，免费订阅普华每月新书信息速递）